CORDULA EICH

SUPER SCHOPPEN SHOPPER 2014 - 2015

GENIAL FÜR DEN WEINKAUF BEIM EINKAUF

Was macht Cordula Eich, wenn sie gerade nicht die Sortimente der deutschen Weinregale auseinander nimmt? Schauen Sie doch mal auf dem Blog vorbei, besuchen Sie den Super Schoppen Shopper auf Facebook oder folgen Sie Cordula auf Twitter. Es gibt das ganze Jahr genügend zu entdecken:

www.superschoppen.com
www.facebook.com/super.schoppen
www.twitter.com/CordulaEich

Im jeweiligen App-Store finden Sie für Apple und Android die kostenlose Super Schoppen (W)Einkaufsliste. Den direkten Link zur App gibt's natürlich auch auf unserer Webseite.

Gestaltung und Produktion: Vandenberg | Printmedia, Maarn

ISBN 978-94-90538-08-8

INHALT

VORWORT

Saison Sechs für den Super Schoppen Shopper.
Bei inzwischen insgesamt nahezu 10.000 verkosteten Weinen für diese Unternehmung war es jetzt höchste Zeit für Verstärkung im Team! Den Traumjob „Supermarkt-Weintester“ teile ich mir jetzt mit zwei neuen Kollegen. ☺

Und darum an erster Stelle ein warmes Willkommen und auch gleich ein herzliches Dankeschön an Susanne Werth-Rosarius und Friedhelm Beckensträter für den grandiosen und beherzten Einsatz! Das Teilen der Arbeit bringt doppelten Spaß. Davon sind mein langjähriger Weggefährte, Michel Polderman, und ich inzwischen überzeugt. Ich freue mich, dass sich unsere Wege gekreuzt haben und hoffe auf viele gemeinsame Entdeckungsreisen.

Zu entdecken gab es nämlich wieder jede Menge in diesem Jahr: 1.757 Weine zum Beschnüffeln und Probieren. So viele wie noch nie! Im Gegenzug war Bacchus gnädig und hat uns kaum vom Blitz treffen lassen. Die Zahl der grob fehlerhaften Tropfen ist erfreulich stark zurückgegangen. (Obwohl es ja ein bisschen schade um die bösen Geschichten ist, die man dazu schreiben konnte ...) Die engmaschigen Qualitätskontrollen, die in den letzten Jahren im Handel ihren Einzug gehalten haben, scheinen gut zu greifen.
Und da wo wir vor einigen Jahren noch 3 Korkenzieher in einer Saison verschlissen haben, wird jetzt fast alles im Handumdrehen aufgeschraubt. Das wurde auch Zeit!
Weinhaltige Mixgetränke werde ich, egal wie oft ich sie im Regal antreffe, weiterhin ignorieren. Mir ist der Wein vielfältig genug.

Jetzt wünsche ich viel Spaß beim Lesen und natürlich auch beim Trinken! Und sollten Sie mal nicht meiner Meinung sein, nehmen Sie’s gelassen. We can agree to disagree ... Es ist nur (m)eine Meinung.

Zum Wohl!
Cordula Eich

DAS TRAUBENPHÄNOMEN

Kein anderes Getränk der Welt ist so vielfältig wie Wein. Von fast farblos bis gülden, zartrosa bis tiefrot, vom Ziegelton bis hin zum üppigen Purpur. Schon die Variationen in der Farbe sind ein Grund, sich immer wieder daran zu erfreuen.

Und dann erst die Unendlichkeit der Geschmacks- und Geruchssensationen! Man dürfte eigentlich erwarten, dass ein Produkt, das aus Trauben gemacht ist, auch nach Trauben schmeckt und riecht. Das ist aber nur selten der Fall. Aber wonach duftet und mundet es dann?
Das schreit nach näherer Untersuchung!

Halten wir der Ordnung halber erst einmal fest, dass sich im Wein tatsächlich nur Trauben befinden (natürlich in gepresster und vergorener Form, mit allem was dazu gehört: Wasser, Alkohol, Zucker, Säuren, Farb- und Gerbstoffe, Eiweißverbindungen, Vitamine, Mineralstoffe, Spurenelemente und produktionsbedingte Hilfsstoffe). Alles andere, was uns im Glas begegnet, ist, egal wie überzeugend, nichts als schöner Schein!

Springen einem aus dem Glas nasse Pappkartons, muffige Putzlappen, leckende Benzinkanister oder der verbrannte Gummi der Sportwagenreifen nach der scharfen Kurve entgegen, dann ist deutlich etwas schief gelaufen! Reden wir nicht weiter drüber! Beim nächsten Mal wird es hoffentlich besser. Schließlich war die Rede von „schönem Schein"! Auch die poetischen Ausschweifungen so mancher Weinschreiber, wie der Morgenschweiß einer Meerjungfrau, die Sohle der Balletschuhe der Spitzentänzerin oder die Tautropfen auf der Haut einer Waldnymphe, lassen wir hier einfach mal außer Betracht.

Gehen wir mal davon aus, dass die Welt ideal ist und alle Weine rein und gut gemacht sind. Dann darf man von **Weißweinen** hauptsächlich die folgende Palette erwarten:

TRAUBEN

Gott sei Dank gibt es doch tatsächlich ein paar Weine, die schlicht und ergreifend nach Trauben schmecken und riechen. Das haben sie der Muskattraube zu verdanken. Diese Süßweine kommen vor allem aus Frankreich, oder in der Form von leichtem, schäumendem Wein aus Italien.

CITRUS

Weiße Weine brauchen Frische. Ohne Frische werden sie schlapp und uninteressant. Zitronensaft ist vielleicht ein bisschen viel des Guten, aber der Geschmack einer abgeriebenen Schale einer Zitrone im Wein ist herrlich. Genau wie Limette oder Grapefruit. Citrus betonte Weine sind oft aus Rieslingtrauben, Sauvignon Blanc oder Grünem Veltliner gemacht. Auch der berühmte Chardonnay aus Chablis darf in dieser Reihe nicht fehlen.

APFEL

Den Geschmack von Äpfeln findet man oft im Glas, auch bei den etwas einfacheren Weinen. Grüne Äpfel bieten erfrischende Säure, zum Beispiel im Chenin Blanc und Semillion. Gelbe Äpfel können angenehm saftig sein, leider aber auch manchmal ein bisschen mehlig.

HELLES OBST

Das wäre dann der Obstkorb mit den Birnen, den Pfirsichen, den Nektarinen und den Aprikosen. Ihr Aroma findet man oft in Pinot Grigio und in fast allen deutschen Rebsorten für weißen Wein.

TROPISCHE FRÜCHTE

Ananas, Mango, Passionsfrucht, die verschiedensten Melonen und andere ausgefallene Konsorten, wie zum Beispiel die Guave tummeln sich gerne in reichhaltigen Chardonnays aus den wärmeren Klimazonen. Auch etwas komplexere Rieslinge mögen diese Exoten.

GRAS UND KRÄUTER

Ob frisch gemäht oder noch auf der Wiese, das frische Gras im Glas ist nicht nur für den Sauvignon Blanc ein Pluspunkt. Auch der Chenin Blanc freut sich, wenn er damit prahlen kann. Besonders die italienischen Tropfen schmücken sich gerne mit Kräutern und diversem herben Grünzeug.

Aber das besonders Nette am Weißwein ist nicht nur, dass er vom Sektfrühstück bis hin zum abendlichen Dessert ein fröhlicher Begleiter ist, nein, er bringt sogar oft noch Blumen mit!

BLUMEN

Angefangen mit verführerischem Jasmin, über duftende Orangenblüten, bis hin zu Veilchen. Von üppigen Lavendelfeldern, bis hin zu wilden Feldblumen oder einem klassischen Strauß Rosen.
Also: Nase ins Glas und tief einatmen!

Auf der Liste der Weißweindüfte darf ein obskurer Klassiker keinesfalls fehlen: Katzenpipi auf Buchsbaum! Diesen schreibt man so manchem Sauvignon Blanc zu, und seltsam genug wird das als Kompliment gesehen ...

Rotweine erfreuen unsere Sinne hauptsächlich mit den folgenden Aromen:

BEEREN

Erdbeeren, Johannisbeeren, Brombeeren, Himbeeren, gemischte Waldbeeren, noch mehr Beeren! Immer mit einem erfrischenden, leicht sauren Unterton. Diese Säure ist das Rückgrat des Rotweins. Die roten Beeren – und die Kirschen – tummeln sich im Spätburgunder und im Dornfelder. Die Spanier Garnacha und Tempranillo lieben sie ebenso, wie der Weltbürger Merlot. Brombeeren kommen hauptsächlich im Syrah vor. Das macht es einfach, den Weinkenner zu mimen. Schmeckt man Brombeeren, sagt man entweder „Oh, Rhône!" oder „Ah, ein Australier!" An der Rhône sind die Brombeeren frisch in den Wein gehüpft. Down-under kocht man davon erst einmal Marmelade und nennt ihn dann Shiraz.

PFLAUMEN UND KIRSCHEN

Die Weine mit den wenigsten Beeren kommen oft aus Italien. Sie erhalten ihre Säure von Pflaumen und Kirschen. Deutlich unterscheidet man schwarze und rote Kirschen. Bekannte Vertreter dieser Fraktion sind Sangiovese, Nebbiolo oder Primitivo.

Nebst Obst haben rote Weine aber noch jede Menge anderer Varianten im Programm wie zum Beispiel **Gemüse, Gewürze und einige sonderbare Exoten.**

GEMÜSE

Paprika, Kohl und andere Gemüsesorten, die man gerne im Eintopf trifft, gesellen sich nicht selten vorsorglich zum Wein, vor allem in Frankreich, wohl aus Angst, auf dem Teller stiefmütterlich behandelt zu werden.

SCHWARZE OLIVEN UND TRÜFFEL

Oliven findet man ebenfalls oft in französischen Weinen. Sowohl die namhaften Schwergewichte von der Rhône als auch Cabernet und Merlot aus Bordeaux würzen gerne mit diesem Ton. Trüffel ist eher selten und teuer! Ihn findet man in den hochpreisigen Barolos und Barbarescos aus Piemont.

KRÄUTER

Der Kräutergarten des Weins ist fast grenzenlos. Als Faustregel kann man sich merken: Die Kräuter die wild in einem Weingebiet wachsen, finden sich fast immer auch geschmacklich im Wein wieder.

TABAK

Gute Nachrichten für verkappte Raucher! Fast alle schweren Rotweine haben entweder Zigaretten oder Zigarren im Gepäck. Wenn sie keinen Tabak dabei haben, dann fast immer einen Hauch Teer. Besonders bemerkenswert sind in diesem Zusammenhang die Weine der Nebbiolotraube. Sie bieten die ideale Kombination von Tabak, Teer und gebranntem Kaffee.

Blumig ist roter Wein eher selten. In diesem Bereich wird sich meist auf ein paar Veilchen beschränkt.

Auch in der Abteilung Rotwein gibt es einige anrüchige Aromen, wie zum Beispiel nasses Unterholz, feuchter Waldboden, Leder oder jede Menge Fleischwaren. So absurd wie Katzenpipi wird es hier allerdings nicht.

Viele Geschmacksnoten, die noch nennenswert sind, stammen nicht von den Trauben, sondern vom **Holz**, das im Herstellungsprozess verwendet wurde: Vanille, Karamell und natürlich alle eigentlichen Holzdüfte ... Aber die sprechen für sich.

Jetzt wo die heile Welt beschrieben ist, wird es höchste Zeit die Wirklichkeit zu untersuchen!

DIE GRUNDLAGEN

Damit unsere Feldstudie repräsentative und verständliche Ergebnisse liefert, ist es zwingend notwendig, dass allen Beteiligten Ziel, Durchführung und Rahmenbedingungen deutlich sind. Hierfür gelten die folgenden Prämissen:

FORSCHUNGSGEBIET

Unser Untersuchungsgebiet beschränkt sich auf Unternehmen mit bundesweitem Filialnetz. Wenn Sie meinen, wir würden jemanden übersehen, melden Sie uns das bitte. Sie erreichen uns jederzeit über unsere Webseite. Alle Vorschläge werden geprüft.

FORSCHUNGSOBJEKTE

Im Prinzip gehört in diesen Einkaufsführer nur, was in allen Filialen ganzjährig erhältlich ist. Regionalartikel, Saisonware und Aktionsweine werden, sofern als solche zu erkennen, nicht mit aufgenommen.
Das gestaltet sich nicht in allen Fällen ganz so einfach.
Mit größter Sorgfalt wird recherchiert, nachgefragt und kontrolliert. Trotzdem werden Sie ab und zu Weine im Buch finden, die in „Ihrer" Filiale nicht verkauft werden. Vor allem bei EDEKA und REWE wird dies häufiger der Fall sein. Man kennt hier nämlich keine Sortimentsbindung. Haben Sie bitte Nachsicht!
Umgekehrt werden Sie ganz sicher viele Flaschen finden, die ich nicht erwähne. Freuen Sie sich dann darüber, dass Sie etwas kaufen können, das Ihnen und Ihrem näheren Umkreis vorbehalten ist, und wagen Sie einfach mal das Experiment am eigenen Leib. Im Selbstversuch, sozusagen.

FORSCHUNSMETHODE

Wie in jedem vernünftigen Nachschlagewerk wird auch hier mit System gearbeitet! Und weil es sich schon so lange bewährt, orientiere ich mich am Telefonbuch!
Wir beginnen also mit dem Ort: Zunächst sind die Einkaufsstätten in alphabetischer Reihenfolge aufgeführt.
Die Weine werden dann nach Farbe sortiert. Ich beginne mit Weiß, es folgt Rosé, dann Rot und abgerundet wird festlich mit allem, was prickelt...

Innerhalb der Farbe wird das Sortiment entsprechend seiner Herkunft gelistet. Ein bisschen Patriotismus darf sein, und weil in Deutschland die heimischen Weine am meisten getrunken werden, fange ich auch jeweils mit den deutschen Weinen an. Die einzelnen deutschen Weinregionen sind wiederum alphabetisch geordnet.
Ebenso ergeht es anschließend dem Rest der weinproduzierenden Welt: Anständig nach ABC ... Hier bleibt es dann allerdings beim Land – eine Aufteilung in Regionen habe ich mir auf internationalem Gebiet erspart.
Jeder Wein – wie sollte es auch anders sein – erscheint natürlich entsprechend selbiger Ordnung innerhalb seiner Kategorie.

Da in den letzten Jahren immer mehr Weine in den Sortimenten auftauchen und dieses Buch nicht immer dicker werden soll, schließlich soll es ja in die Handtasche oder das Handschuhfach passen, habe ich beschlossen, Markenschaumweine, die in allen großen Supermärkten gleichermaßen verkauft werden, in einem eigenen Kapitel zu behandeln. Das spart nicht nur Platz im Buch, sondern steigert auch das Lesevergnügen, da man sich ständige Wiederholungen spart.

BENAMUNG

Im Prinzip wird bei jedem Wein erst der Produzent aufgeführt und dann der Markenname. Es folgen dann, dem Etikett entsprechend, nähere Angaben zum Herkunftsgebiet, der Rebsorte und anderen wissenswerten Details. Von diesem Prinzip wird abgewichen, wenn das Etikett nachdrücklich dazu auffordert. Es geht schließlich darum, dass Sie die Weine wiederfinden ...

JAHRGÄNGE

Supermarktweine sind Konsumartikel und gehören nicht ins Anlagevermögen! Nur ein eher nichtiger Teil der sich im Regal befindenden Flaschen eignet sich zur mehrjährigen Lagerung. Und mit Lagerung ist niemals das jahrelange Herumstehen im Neonlicht gemeint! Daraus lässt sich schließen, dass Sie grundsätzlich den frischesten erhältlichen Jahrgang erwerben sollten! Leider stehen in manchen Märkten nach wie vor viele Leichen im Regal ... Aufgepasst, also!!!!
Ich habe jeweils den Jahrgang der verkosteten Flasche aufgeführt. Finden Sie einen älteren, lassen Sie ihn stehen. Oder noch besser:

Meckern Sie beim Marktleiter. Vielleicht hat das ja einen positiven Effekt auf die künftige Regalpflege.
Ist „Ihr“ Wein jünger? Dann dürfte er in der Regel besser sein. Meine Verkostungsnotizen beziehen sich ausdrücklich jedoch nur auf den jeweils angegebenen Jahrgang. Anderer Jahrgang – anderer Wein!

PREISE

Die genannten Preise sind diejenigen, die ich 2014 bei meiner Einkaufstour im jeweiligen Laden habe bezahlen müssen. Nichts ist jedoch so unstet wie ein Preis! Und wenn sich Preise verändern, dann leider nur selten nach unten ... Logisch ist auch, dass Ladenmieten in der Großstadt teurer sind als auf dem Lande - und dementsprechend manchmal die Produkte ein wenig teurer. Läden mit höherem Umsatz können sich wiederum günstigere Preise erlauben ...Seien Sie bitte nachsichtig, wenn Sie feststellen, dass ein Wein € 0,20 mehr kostet als genannt! Vielleicht habe ich ja meinen alten Jahrgang zum Sonderpreis ergattert ...

BEURTEILUNG

Alle verkosteten Weine sind, nebst der allgemeinen Qualität, vor allem nach ihrem Preis-Leistungsverhältnis beurteilt.
An eine Flasche für € 5,99 stelle ich ganz andere Ansprüche als an einen Tetrapak für € 1,89! Logisch!
Demzufolge kann zum Beispiel ein günstiger Rosé (🍷🍷) erhalten, obwohl ich ihn nicht zum Abendessen servieren würde, wenn er zum sommerlichen Picknick hält was er verspricht. Natürlich muss er auch dafür korrekt und rein sein!
Ein vergleichbarer Wein, der € 2,- mehr kostet als der gerade genannte Rosé, muss sich dann mit (🍷) begnügen, da die Erwartungen an einen teureren Vertreter höher sind.

WISSENSCHAFT, DIE WISSEN SCHAFT

Damit unser angewandtes Bewertungssystem nicht nur theoretisch bleibt, sondern Sie sich auch leibhaftig etwas darunter vorstellen können, hier ein kleiner bildhafter Einblick in das, was gemeint ist:

⚡ Dr. Frankenstein hat es sicher irgendwie gut gemeint, als er in seinem Eifer Leichenteile schlampig aneinander nähte und diese mit Blitzeinschlägen und anderen Wunderapparaten zu neuem Leben erweckte. Rausgekommen ist allerdings ein ekelerregendes Monster!

Nichts? Genau! Nichts!
Bahnbrechende Erkenntnis am Pelagus Profundum Instiut für postfuturistische Biowissenschaften: Karnickel vermehren sich schneller als Pottwale! Sonst noch Neuigkeiten?

🍷 Die Mütze mit aufsteckbarem Klorollenhalter auf der Stirn für Patienten mit Dauerschnupfen. Wenn die Nase läuft, ist Papier immer in Reichweite! Genial? Sicher nicht! Charmant? Es gibt grazilere Lösungen. Aber wenn die Not groß ist, ist man für jede Lösung dankbar. Und man erzielt zumindest einige Lacher!

🍷🍷 Die fundamentale Wechselwirkung der Grundkräfte ist das, was unsere Welt zusammenhält. Vier elementare Bausteine, die jeder für sich erforscht und in schlauen Theorien erklärt sind. An dem hohen Streben, Quarks, Higgs-Teilchen und Erdanziehung in einer alles umfassenden Weltformel miteinander zu verknüpfen, beißt man sich allerdings die Zähne aus. Selbst das Genie Einstein ist daran gescheitert.

🍷🍷🍷 Jugend forscht, Bundeswettbewerb Endrunde! Erstaunlich, auf was für Ideen die Kinder kommen. „Berechnung und Visualisierung gravitativer Phänomene"?! Hut ab! Wenn die so weiter machen, werden die mal ganz groß! Bemerkenswertes Potenzial. (Vielleicht knackt ja doch noch jemand die Weltformel ...)

🍷🍷🍷🍷 Die besten Dinge im Leben sind nicht die, die man für das meiste Geld bekommt, sondern die, für die es die meisten Gläser gibt! (frei nach Albert Einstein) Wer etwas nicht ganz einfach erklären kann, der hat es ganz einfach selber nicht richtig verstanden: Kaufen! Zu diesem Preis wird es nicht mehr besser. Zum Wohl!

Alles ist relativ! Aber der Super Schoppen ist einfach genial!

DIE FELDSTUDIE

AUF EINEN BLICK

Böse! Hier lernt man das Fürchten!

War da was?

Simpel, aber nicht unsympathisch.

Lobenswerte Ambitionen. Jetzt noch die Ergebnisse ...

Talente mit echtem Potenzial.

Besser wird es zu diesem Preis nicht!

Super Schoppen! Einfach genial!

ALDI NORD

Ob Auftrieb, Hebelwirkung oder Kreisberechnung, der antike Meister Archimedes beherrschte die brillante Kunst der klaren Formulierung. Er lässt alles ganz einfach erscheinen.
Eine deutliche Formel findet man auch im Weinregal von Aldi Nord: Wir sind einfach ein no-nonsense Discounter! Wobei auch hier die Glanzleistung im „einfach“ zu suchen ist.
Ein kleines Sortiment, in dem jede Flasche ihr Geld wert ist. Sorgfältig und aus einer deutlichen Philosophie heraus zusammengestellt.

Archimedes würde sicher wieder vor Freude rufen:
„Heureka! Ich hab's gefunden!“

Es wurden insgesamt 46 Weine verkostet.

Davon waren:

ϟ	0	0,0 %
	0	0,0 %
🍷	14	30,4 %
🍷🍷	23	50,0 %
🍷🍷🍷	5	10,9 %
🍷🍷🍷🍷	4	8,7 %
SUPER SCHOPPEN	8	17,4 %

WEISS

DEUTSCHLAND

RHEINHESSEN

DEUTSCHER PRÄDIKATSWEIN KABINETT, 2013 €1,89

Auffallen tut er wegen seiner außergewöhnlichen Kapsel und dem bunten Etikett. Vom Inhalt her ist er eher bescheiden. Sauber und ordentlich, aber einfach gestrickt.

RIESLING, FEINHERB, LITERFLASCHE, 2013 €2,59

Was soll uns der Duschvorhang auf dem Etikett erzählen? Der Wein ist verwässert? Stimmt! Das Duschgel des Tages ist citrusfrisch? Auch das! Würde jemand mal bitte die Haare aus dem Siphon entfernen?!

RIVANER WEISSER BURGUNDER, 2013 €1,99

Das große Glück, wenn man in einem günstigen Wein eine echte Litschi gefunden hat! Das ist fast wie ein Sechser im Lotto! Modern und peppig, mit dem Swing und Soul von Nelson Müller.

SILVANER GRAUER BURGUNDER, 2013 €1,99

Man bekommt unerwartet Besuch. Sechs Personen mehr zum Essen - damit hat man nicht gerechnet. Man schaut in den Kühlschrank und improvisiert aus allerlei Kleinigkeiten doch eine Mahlzeit zusammen. Natürlich kein abgestimmtes Menü, aber das hat jetzt auch keiner erwartet. Der Abend lebt von der guten Stimmung.

SONNENECK, DEUTSCHER QUALITÄTSWEIN, LIEBLICH, LITERFLASCHE, 2013 €1,99

Sprite mit einem Schuss Wodka ist ein erfrischender Longdrink. Wem das zu viel sprudelt, der kann auch einfach ein Glas mit Sonneneck füllen, eine Mangoscheibe auf den Rand hängen, buntes Schirmchen hinein pieksen ... Jetzt noch das Hula-Röckchen an und los geht's mit der Party am Baggersee.

AUSTRALIEN

GREEN BRIDGE, CHARDONNAY, 2013 — € 2,89

Wir haben eine kleine Umfrage veranstaltet: Wenn ein Wein Green Bridge heißt, was ist dann wohl auf dem Etikett abgebildet? Und welche Farbe wird es wohl haben? Seltsamerweise hat sich niemand für die Lösungsmöglichkeit „Opernhaus von Sydney und Ockergelb" entschieden ... Ansonsten ist dies ein Chardonnay mit einem typischen australischen Touch und einem etwas zu breit ausgefallenen Hinterteil. Joggen hilft!

EUROPA

REBENSCHOPPEN, 1L TETRAPAK — € 1,19

Kaugummi mit Apfelgeschmack. Es wundert einen, dass er nicht quietschgrün ist.

FRANKREICH

CHARETTE, CHARDONNAY, 2013 — € 1,89

Armer kleiner Chardonnay, der durch Südfrankreich gewandert ist, auf der Suche nach Frucht. Alles was er finden konnte, waren Gras, Kräuter und ein paar Blümchen am Straßenrand. Und dann noch die heiße Sonne ... Wäre er doch bloß, wie Mama schon gewarnt hat, im wohligen Burgund geblieben. Aber Fleiß ist auch lobenswert!

COLOMBARD SAUVIGNON, COMTÉ TOLOSAN, 2013 — € 2,79

SUPER SCHOPPEN

Das Konzert von Beyoncé in Berlin ist ausverkauft. Man stellt sich halt vor das Adlon, in der Hoffnung, wenigstens einen Blick auf den Star werfen zu können. Auf einmal kommt die Queen of Music persönlich nach draußen und drückt einem so mir nichts dir nichts eine Backstage-Karte in die Hände?!?! Wenn das keine sensationelle Überraschung ist. Auch hier im Wein treffen lauter unerwartete Eindrücke auf angenehmste Weise aufeinander. Eine Erfolgsgeschichte!

ITALIEN

PINETTA, PINOT GRIGIO, TRENTINO, 2013 € 2,79

Den Kurs ‚Torte verzieren' hat er mit Erfolg abgeschlossen. Die Kür beherrscht er prima. Die schwierige Aufgabe des italienischen Mandelbitters ist für ihn eine Leichtigkeit. Jetzt sollte ihm aber doch jemand erklären, dass man erst einmal die Torte backen muss. Wie war das noch mit dem Biskuitteig? Beim Weinmachen ist die Basis auch nicht so schwierig: Die Trauben in der Sonne hängen lassen, bis sie reif sind. Dann hat der Wein auch Saft.

VILLA ALBERTI, SOAVE, 2013 € 1,59

Villa Alberti im klassisch italienischen Design. Klare Linien und erkennbarer Stil. Da fällt es einem kaum noch auf, dass der Inhalt gar nicht so außergewöhnlich ist.

PORTUGAL

ESPIRAL, VINHO VERDE € 2,59

Der Charme der Flasche ist deutlich die ausgefallene Ausstattung: Rosen, Tautropfen auf einem Blatt und Wasserringe in einer modernen Collage. Das macht neugierig. Der Zusammenhang zum Inhalt bleibt unklar, aber dessen Geschichte ist nicht weniger spannend: Pampelmuse, Rohrzucker und Aprikosenschnaps. Als sommerlicher Weincocktail gar keine schlechte Idee.

SPANIEN

GUTBIO, SEÑOR DE LA GRANJA, AIRÈN, LA MANCHA, BIO, 2013 € 2,59

Unbeschwerter Tri-tra-trallala-Wein, der Don Quichote und Sancho Panza auf ihren abenteuerlichen Reisen bestimmt den Durst gelöscht hätte. Hoffentlich geht ihm nicht zu schnell die Luft aus.

SÜDAFRIKA

SUMERTON, SAUVIGNON BLANC, 2013 € 2,59 🍷🍷

Safari zum Sonnenuntergang. Man freut sich auf die Wild-Life-Erlebnisse. Leider sitzt man im zweiten Jeep und schluckt vor allem die Staubwolke des ersten Fahrzeugs ... Statt Löwe gibt es Rücklichter ... Aber immerhin, man war auf Safari! Den Staub spült man mit Sumerton runter.

ROSÉ

DEUTSCHLAND

RHEINHESSEN

SONNENECK, PORTUGIESER WEISSHERBST, LIEBLICH, LITERFLASCHE, 2013 € 1,69 🍷🍷

Niedlicher Weißherbst, der nicht unangenehm auffällt. Seine größte Stärke ist, dass er fast nach nichts schmeckt. Er löscht erfrischend den Durst. Hiervon kann sich der Makrameeclub für sein Sommerfest auch mit knappem Budget gerne ein paar Flaschen leisten.

FRANKREICH

CHARETTE, SYRAH ROSÉ, 2013 € 1,99 🍷

Wie ein rosa Kaugummi, der einem an der Schuhsohle pappt ... Nicht ganz frisch und klebt wie verrückt.

USA

FALSTAFF, ZINFANDEL ROSÉ, 2013 € 2,79 🍷🍷

Die muskulösen Beachboys, die auf dem Etikett Volleyball spielen, trinken diesen Rosé ganz sicher nicht. Sie lecken auch nicht an Zuckerstangen! Aber die Cheerleaders, die ganz bestimmt am Feldrand sitzen, lassen sich diesen Erdbeertropfen munden.

ROT

DEUTSCHLAND

BADEN

SPÄTBURGUNDER, FEINHERB, 2013 € 2,99

Hier bekommt der Begriff ‚feinherb' Leben eingehaucht. Nicht banal süß, sondern reife Früchte mit einer fein herben Würze. Ein Wein für unkomplizierte Lebensgenießer.

PFALZ

GUTBIO, DORNFELDER SPÄTBURGUNDER, BIO, 2013 € 2,99

So gesichtslos wie der Bauer auf dem Etikett ist dieser Wein nun gar nicht! Ein charaktervoller Bio-Schoppen, der aussieht und schmeckt, als hätte man ihn auf dem Wochenmarkt direkt vom passionierten Hersteller erstanden. Saftig, rein und voller Beeren. Wenn alle Bio-Weine wären wie dieser, wäre bio ein Selbstläufer.

RHEINHESSEN

DORNFELDER, TROCKEN, 2013 € 1,79

Dieser streng erzogene Dornfelder geht am Sonntag gleich zweimal in die Kirche. Dazwischen gibt es dann den Frühschoppen, bei dem die Psalmen besprochen werden. Es soll ja nicht zu lustig werden.

REMBERT FREIHERR VON SCHORLEMER, DORNFELDER, IM BARRIQUE GEREIFT, 2012 € 2,99

Wer mit Zweiundvierzig immer noch erwartet, dass Mama und Papa zum Geburtstag Girlanden aufhängen und eine Torte backen, mit Kerzen drauf, der wird wahrscheinlich lange warten ... Selbermachen heißt die Devise! Blumen auf den Tisch, Freunde einladen, dann wird es gesellig! Der Freiherr wartet und wartet ... Hoffnungsvoll, aber vergeblich ...

ROT - DEUTSCHLAND - RHEINHESSEN - WÜRTTEMBERG - AUSTRALIEN - CHILE - FRANKREICH

SPÄTBURGUNDER DORNFELDER, LIEBLICH, 2012 — € 1,79

Von den drei Bahnen im Kegelclub sind zwei kaputt ... Damit man nicht so lange warten muss, bis man wieder dran ist, haben die Frauen beschlossen, zwischendurch Aquarelle zu malen ... Sinnvoller Zeitvertreib. Man sollte immer das Beste draus machen.

WÜRTTEMBERG

DREI LÖWEN, TROLLINGER MIT LEMBERGER, FEINHERB, LITERFLASCHE, 2012 — € 3,69

Eher ein Smart als ein Mercedes ... Die Löwen sind in Wirklichkeit Miezekatzen. Aber warum nicht. Hauptsache es schnurrt.

AUSTRALIEN

GREEN BRIDGE, SHIRAZ CABERNET, 2013 — € 2,99

SUPER SCHOPPEN

Die coolen Surfer schmeißen sich gerade den gefangenen weißen Hai über die Schulter, auf dem Strand brutzelt das Känguru über dem Feuer und auf der Gitarre werden die Lieder von Jack Johnson gezupft. Ein Glas Green Bridge und man gehört dazu! Kräftige, würzige, dunkle Brombeeren und ein Blatt Eukalyptus.

CHILE

VALMADURO, CABERNET SAUVIGNON, 2013 — € 1,69

Das hat man davon, wenn alle den billigen Wein für € 1,69 kaufen! Der gute Cabernet Sauvignon war fast zur Neige, also musste er gestreckt werden, als die neue Bestellung kam. Die Trauben waren alle, also mussten die Blätter herhalten.

FRANKREICH

BARON DE SAINT JEAN, BORDEAUX SUPÉRIEUR, IM BARRIQUE GEREIFT, 2012 — € 3,99

Der Baron versucht mit allen Mitteln sich so nobel wie möglich zu inszenieren. Goldenes Siegel, Damastservietten als Etiketthintergrund, den guten Namen der Familie mit ins Bild gebracht ... Was er bei aller Sorgfalt vergessen hat, ist, dass Wein ein Genussmittel ist. Auch wenn er auf den ersten Blick lieb anmutet, er ist streng, kurz angebunden und nimmt das Leben schwer.

CHARETTE, MERLOT, PAYS D'OC, 2013 — € 1,79

Der absolute Champion unter den Merlots für unter € 3,-! Deutlich französischer Merlot, aber ohne die nervigen Bitternoten und mit leckeren reifen dunklen Beeren. Und er sieht auch noch deutlich teurer aus als er ist! Bingo!

CHÂTEAU TOUR SAINT GEORGE, BORDEAUX, 2012 — € 2,49

Der Weinmacher Patrick Barrière hat viele Barrièren aufgebaut, damit wir das Château nicht erreichen ... Das riesige Tor ist auf dem Etikett abgebildet. Vielleicht möchte er ja verhindern, dass wir dahinter kommen, dass das Schloss nur eine Pappkulisse ist? Dann hätte er aber auch auf die Kartonhinweise im Wein verzichten sollen.

GUTBIO, CÔTES DU RHÔNE, BIO, 2013 — € 3,49

Die Rhône bietet ideale Bedingungen für Biowein. Im tosenden Mistral gelingt es keinem Schimmelpilz, keiner Bakterie und keinem anderen Ungeziefer, sich an den Reben festzuklammern. Leider hat der Wind hier auch einige Trauben verweht ... Ein bisschen dünn auf den Rippen, dieser Biobruder.

ITALIEN

RUBINAIA, GRANDE AMOROSO, PUGLIA, 2013 — € 4,99

Die große Liebe ist schon wuchtig! Bei so viel Holz vor der Hütte sind viele Kerle vor Begeisterung blind. Wer braucht da noch Subtilität? Saftig, kirschig und ganz viel Vanille. Einfach geil!

RUBINELLO, CHIANTI, 2013 — € 2,49

Den wonneproppigen Putten auf dem Etikett würde hier der Spaß wohl vergehen ... „Passt zu fast allen Gerichten" ist eine gewagte Aussage ... Passt zur Tiefkühlpizza und Ravioli aus der Dose. Trocken und fruchtlos.

VILLA ALBERTI, NERO D'AVOLA MERLOT, 2012 € 2,79

Villa Alberti steht an der sechsspurigen Autobahn und nicht an der pittoresken Landstraße, aber das Tagesmenü ist prima. Pasta alla Casa, dann natürlich Fleisch und dazu ein Glas kräftigen Wein.

VINO NOBILE DI MONTEPULCIANO, RISERVA, 2009 € 5,99

Opa war früher immer streng und fast zum Fürchten. Inzwischen ist er so zerstreut, dass es schon wieder herzerwärmend ist ... Wir wünschen Opa in aller Liebe, dass er ein friedliches Ende findet.

ÖSTERREICH

BLAUER ZWEIGELT, TROCKEN, 2013 € 1,99

Sommerlicher Rotwein, der am besten schmeckt, wenn er direkt aus dem Kühlschrank serviert wird. Bratwurst vom Grill und Kartoffelsalat dazu ... Bei den Tischnachbarn einhaken, Lied singen und mit schunkeln, dann gibt es wieder einen Schluck.

SPANIEN

LOS ROYALES, RESERVA, TEMPRANILLO, CARIÑENA, 2009 € 2,49

Wir sind nur selten mit der Berliner Wine Trophy einer Meinung ... Aber wo die Herrschaften die Goldmedaille für diesen falschen Adel ausgegraben haben, ist wirklich nicht nachvollziehbar.

RAMON LOPEZ MURILLO, RIOJA RESERVA, 2009 € 4,99

Ramon ist Bauunternehmer in Spanien. Von diesem Projekt steht nur noch das Gerüst ... Wir wünschen Ramon, dass die Wirtschaft bald wieder anzieht.

SÜDAFRIKA

SUMERTON, CABERNET SAUVIGNON PINOTAGE, 2013 € 2,59

Im letzten Jahr war es in Kapstadt noch Sommer! Mit reifen Früchten und viel Sonnenschein. Jetzt scheint der Tafelberg plötzlich ein aktiver Vulkan zu sein?! Oder woher kommen die dunklen Aschewolken, die nicht nur das Etikett schwarz färben, sondern auch dem Wein eine ganze Ladung verbrannten Gummis mitgeben. Ausgefallen.

USA

LONGWOOD, RUBY CABERNET, CALIFORNIA, 2012 € 1,99

Die erst Hälfte der Ernte wurde unreif gepflückt. Dann kam das Sommercamp. Nach den Ferien waren die Trauben überreif … Aber unreif + überreif ergibt nicht reif! Im nächsten Jahr den Urlaub verschieben und am richtigen Tag gleich alles ernten.

PRICKELND

DEUTSCHLAND

HERZOG ALBA, HALBTROCKEN, SEKT € 2,79

A-Hörnchen und B-Hörnchen feiern Geburtstag! Natürlich wollen sie einen Sekt mit Haselnusskrokant! Das ist so was von niedlich …

RIESLING, EXTRA TROCKEN, JAHRGANGSEKT, 2012 € 3,79

Suggestion ist alles! Goldenen Mantel anziehen, Wappen führen … schon im Ziel? Nicht ganz, aber der Anfang ist da.

STOLZENFELS, ROSÉ, TROCKEN, SEKT € 2,79

Wirklich hübsch anzusehen und sprudelt dezent. Geschmacklich ist es ein netter Mitläufer … Was ihn sympathisch macht, wenn man seinen leicht provokativen Duft berücksichtigt.

STOLZENFELS, TROCKEN, SEKT € 2,79

Konfektioniertes Mittelmaß in der Flasche. Größe 38 … C&A hat inzwischen wirklich ganz modische Klamotten.

FRANKREICH

VEUVE DURAND, CHAMPAGNE € 12,99

Wenn der Korken verschrumpelt aus der Flasche kommt, weiß man Bescheid: Über diesem Obstkorb üben die Fruchtfliegen ihre Kunststücke. Wenn man den Schampus ein bisschen lüften lässt, ist das Fest jedoch noch lange nicht verdorben!

ITALIEN

COLLINETTA, PROSECCO € 1,99

Der Erbe, der seinem Namen nur Schande bereitet. Kann nichts, will nichts und verhökert das Familienvermögen.

SANT'OSSOLA, ASTI € 3,99

SUPER SCHOPPEN

Lustwandeln mit dem Liebsten durch den Mandarinenhain. Im Sonnenschein unter einem Baum ausruhen bei einem prickelnden Glas Asti. Das ist an Romantik kaum zu übertreffen.

SPANIEN

DELMORA, CAVA, HALBTROCKEN € 3,69

Pappsüßer, platter Cava, der sich in seiner eigenen Liga ganz gut schlägt. Es soll ja Menschen geben, die das mögen. Auf jeden Fall ist er günstiger als sein vergleichbarer Markenkonkurrent.

ALDI SÜD

„Der wesentliche Kern der Schaffenskraft ist, den Misserfolg nicht zu fürchten“ lehrt Newton, und so erfreut ALDI Süd jahrelang mutig mit einem Sortiment, das rechts und links vom Mainstream mit spannenden Überraschungen aufwartet.
Aber „gegenüber jeder Aktion steht eine Reaktion“ weiß nicht nur der weise Isaac ... Wenn die Kundschaft um Nummer sicher bittet, dann gibt es eben Nummer sicher, denn schließlich ist der Kunde König.

Schicksal? „Schicksal ist nie eine Frage der Chance, sondern eine Frage der Wahl.” (wiederum Isaac Newton)

Es wurden insgesamt 80 Weine verkostet.

Davon waren:

ϟ	0	0,0 %
	4	5,0 %
🍷	22	27,5 %
🍷🍷	30	37,5 %
🍷🍷🍷	21	26,3 %
🍷🍷🍷🍷	3	3,8 %
SUPER SCHOPPEN	10	12,5 %

WEISS

DEUTSCHLAND

BADEN

EDITION FRITZ KELLER, WEISSER BURGUNDER, 2013 € 5,99

Ein badischer Weißer Burgunder nach Hollywood Erfolgsrezept: Gute Besetzung, gründliches Skript und abendfüllendes Vergnügen. Wirklich nette Unterhaltung, aber zum Preisträger fehlt ein bisschen Spannung.

GRAUER BURGUNDER, TROCKEN, 2013 € 3,59

Sechzehnjähriger Schönling im straffen T-Shirt, der sich in eine Axe-Wolke hüllt und voller Erwartungen in die Disco stiefelt.

GUTEDEL, TROCKEN, LITERFLASCHE, 2013 € 2,79

Vergleichbar mit einer Torte aus Fertigboden mit Obst aus der Konserve.

KAISERSTÜHLER WEISSER BURGUNDER, TROCKEN, 2013 € 3,29

Badischer Sonnenschein in der Flasche eingefangen. Der Kaiserstühler des badischen Trios besticht mit zarten Birnen.

KRAICHGAUER WEISSER BURGUNDER, TROCKEN, 2013 € 3,29

Im Kraichgau strahlt die Frische! Weiße Blüten und jede Menge Citrus.

MARKGRÄFLER WEISSER BURGUNDER, TROCKEN, 2013 € 3,29

Fröhlich und leichtfüßig schließt der Markgräfler die Runde mit Melone und grünen Wiesenkräutern.

MÜLLER-THURGAU, HALBTROCKEN, LITERFLASCHE, 2013 € 2,59

Wird empfohlen zu Spargel und Fisch?!?!? Spargel - niemals! Nicht einmal zu Dosenspargel! Beim Fisch könnte man über Tilapiafilet mit Früchtekompott reden. Dann passt der Wein wenigstens zum Kompott! Aber ansonsten löscht er den Durst.

FRANKEN

FRÄNKISCHES WEINKONTOR, MÜLLER-THURGAU KABINETT, HALBTROCKEN, 2013 € 3,19

Wenn Franz und Gerda mit dem Wohnwagen in Urlaub fahren, nehmen sie einen ganzen Vorrat Bocksbeutel mit. Ein bisschen Heimat in der Ferne kann nie schaden! Hier haben wir Franken von seiner charmantesten Seite im Gepäck.

FRÄNKISCHES WEINKONTOR, SILVANER KABINETT, TROCKEN, 2013 € 3,49

Leider beim Kochen das Salz vergessen ... Und nein, Bohnen aus der Konserve schmecken nicht genauso wie frische Schnippelböhnchen!

MITTELRHEIN

RIESLING, FEINHERB, 2013 € 2,99

Zwar löblich in Sachen Hygiene, dass die Trauben vor dem Pressen noch alle mit Seife gewaschen wurden, aber dem Geschmack hätte es gut getan, man hätte sie noch einmal abgeduscht.

MOSEL

MOSEL, LIEBLICH, LITERFLASCHE, 2013 € 2,39

Für einen „Lieblich" sogar sehr erfrischend. Bestimmt herrlich zum Grießbrei mit Kirschen.

NAHE

RIESLING, FEINHERB, 2013 € 2,99

Ein Spritzer Zitronensaft hätte diesem mehligen Apfelkuchen gut getan. Mit ganz viel Sahne lässt er sich aber doch noch genießen.

PFALZ

MÜLLER-THURGAU, TROCKEN, LITERFLASCHE, 2013 € 2,19

Ein ganzer Liter Wirtschaftswunder! Ärmel hochkrempeln, mit Freude an die Arbeit, viel schaffen und zum Schluss zufrieden einen Schoppen petzen.

WEISS - DEUTSCHLAND - PFALZ - RHEINHESSEN - WÜRTTEMBERG - AUSTRALIEN

RIESLING CHARDONNAY, FEINHERB, 2013 € 2,19

Ein echtes Wunder! Man steckt Riesling und Chardonnay zusammen in die Flasche und, hocus pocus fidibus, raus kommt Grapefruitsaft?! Bitte nicht zum Frühstück trinken und unbedingt von Kindern fern halten. Welchen Spruch braucht man, um das Ganze wieder zu Wein werden zu lassen?

WEISSER BURGUNDER, TROCKEN, 2013 € 2,59

Eine Freude für alle, die als Kinder gerne Brausepulver geschleckt haben. Bitzelt auf der Zunge und erfrischt.

RHEINHESSEN

RIESLING CLASSIC, 2013 € 2,49

Am Samstagnachmittag - der Fußballverein hat gerade gewonnen - zur Boulette, die Mutti mit Liebe gemacht hat. Ein einfaches, aber nicht zu unterschätzendes Vergnügen!

RIESLING, FEINHERB, LITERFLASCHE, 2013 € 2,79

Dieser Riesling ist ein Fiesling. Stinkt, kratzt und beißt.

SILVANER, HALBTROCKEN, LITERFLASCHE, 2013 € 2,59

Lindenstraße, Gute Zeiten, Schlechte Zeiten ... Nachmittagszeitvertreib mit einem passenden Glas Silvaner.

WÜRTTEMBERG

COLLECTION WÜRTTEMBERG, RIESLING, HALBTROCKEN, LITERFLASCHE, 2012 € 2,89

Ein netter Versuch, die Königin der Reben mit der Königin der Früchte zu kombinieren: Riesling und Ananas. Leider sind beide gerade nicht in Bestform ... Die Ananas ist überreif und Riesling hat schlechte Laune.

AUSTRALIEN

CHARDONNAY, 0,25L, 2013 € 0,79

Warum, warum, warum ... sind die Bananen krumm? Ehhh ... schwarz? Das kann auch der Karamellmantel nicht verhüllen.

FRANKREICH

VIN D'ALSACE, RIESLING, 2013 € 3,59

10 Leute, die alle 50 Cent beisteuern, sich eine Flasche Riesling aus dem Elsass und ein paar saure Gurken kaufen, alle einen Schluck aus der Flasche nehmen und dann Witze über die unfähigen Franzosen reißen ... Ein sehr zweifelhaftes Vergnügen!

ITALIEN

BIANCO DELLE DOLOMITI, LITERFLASCHE, 2013 € 2,19

SUPER SCHOPPEN

Erfrischend wie ein Schluck aus dem Bergbach bei der Wanderung. Nichts aus dem Picknickkorb kann einen mehr erfreuen! Zum Nudelsalat gibt man spontan noch ein paar Kräuter von der Wiese, die Wurst gibt's ausnahmsweise ohne Brot. Fertig ist die Gourmetmahlzeit!

BIANCO, TERRE SICILIANE, BIO, 2013 € 2,49

Eiskalt eingeschenkt in einem sizilianischen Bergdorf, ganz bestimmt ein Anlass zur guten Laune. Ob sich die Erinnerungen zuhause im Regen hiermit wecken lassen? Es bleibt zu hoffen ...

LUGANA, TROCKEN, 2013 € 4,79

Zum ersten Date die Zähne nicht geputzt und die Haare nicht gekämmt?! Auch wenn der Abend noch gesellig wird - eine echte Annäherung wird's nicht.

MARIO COLLINA, CHARDONNAY, VALDADIGE, 2013 € 2,19

Süffige Zitronenlimonade für Erwachsene. Sympathisch, aber wenig subtil. Stimmungsmacher auf der Humpapa-Party.

MARIO COLLINA, PINOT GRIGIO, VALDADIGE, 2013 € 2,79

Ich bin immer ein großer Fan von Mario Collina gewesen ... Was ist passiert? Er ruht sich hoffentlich nicht auf seinen Lorbeeren aus? Oder rutscht gar völlig ab, wie Justin Bieber ... Mario! Ich weiß, dass du es kannst!

ÖSTERREICH

EDITION LEO HILLINGER, WEINVIERTEL, GRÜNER VELTLINER, 2013 — € 4,59

Schmucker Veltliner mit viel Geschmack. Jetzt noch einmal die Zofe bestellen, die das Korsett straff anzieht ...

HEURIGER GRÜNER VELTLINER, LITERFLASCHE, 2013 — € 2,89

Wiener Schnitzel, Bratkartoffeln und Heuriger ... Fehlt nur noch der Walzer zum Nachtisch. Nach einer halben Flasche ist man wieder voll verliebt!

PORTUGAL

VINHO VERDE, FRUCHTIG, 2013 — € 2,59

Wein für Nicht-Weintrinker. Im Picknickkorb mit an den Strand. Zwischen Schleckeis und Sonnenmilch macht ein kühles Glas auch noch Spaß.

SÜDAFRIKA

AFRICAN ROCK, SELECTION, SAUVIGNON BLANC, 2013 — € 2,59

Für dieses Geld bleibt der Wein ein Super Schnäppchen. Allerdings fehlt ihm das gewisse Etwas, das er in der Vergangenheit hatte. Der Sauvignon hat in der früheren „Volksküchenvariante" besser geschmeckt als in der heutigen Fast-Food-Version. Wir zahlen gerne 10 Cent mehr für die höheren Ambitionen. ;-) Dieser Löwe hat etwas zu lange faul in der Sonne gelegen.

UNGARN

MÄDCHENTRAUBE, SZEKÉRVÁR, 2013 — € 1,79

Die Flasche lässt Höfisches vermuten. Der Name weist einen auf die Zofe, statt auf die Prinzessin. Der Geschmack warnt vor Intrige.

ROSÉ

DEUTSCHLAND

BADEN

EDITION FRITZ KELLER, ROSÉ, 2013 — € 4,99

Verspielter junger Hund, der alle zum Lachen bringt. Macht richtig Spaß! Nur schade, dass er auch immer wieder in die Pfütze springt ... Nasser Hund in der Nase - knapp am Super Schoppen vorbei.

SPÄTBURGUNDER WEISSHERBST, HALBTROCKEN, 2013 — € 2,19

Zur Sweet-Sixteen-Party dürfen die Mädchen ruhig ein Glas Weißherbst trinken! Bei jedem Glas wird das Gekicher lauter und die Selfies witziger.

DORNFELDER ROSÉ, HALBTROCKEN, 2013 — € 1,59

Sauberes Mittelmaß. Bei diesem Preis ist das ein Kompliment. Vorsicht, es ist Alkohol drin.

WÜRTTEMBERG

SCHWARZRIESLING ROSÉ, TROCKEN, LITERFLASCHE, 2013 — € 3,79

SUPER SCHOPPEN

Wer braucht schon Rosé aus Italien, Spanien oder Frankreich? Dort würde man uns um unseren Schwarzriesling zu diesem Preis beneiden! Prosit auf die vielen kleinen Walderdbeeren im Glas!

FRANKREICH

CÔTES DE PROVENCE, TROCKEN, 2013 — € 3,59

Das Flair von Côtes de Provence lebt von dem Glamour von Filmstars in Saint Tropez. Hier hat jemand eine Autogrammkarte auf dem Bürgersteig gefunden, den Star aber leider nicht gesehen ... Besser als nichts, aber nicht das „echte" Gefühl.

SYRAH ROSÉ, TROCKEN, 0,25L, 2013 — € 0,79

Einen Syrah zu Rosé zu verarbeiten ist ebenso schade, wie ein Rumpsteak zu Gulasch zu machen. Übrigens liegt dieser Pfirsich schon sehr lange in der Obstschale ...

ITALIEN

MARIO COLLINA, CASTEL DEL MONTE, ROSATO, 2013 — € 1,99

Wer will noch ein Erdbeerbonbon?

SPANIEN

VIÑA DEL ASADOR, RIOJA ROSADO, 2013 — € 2,39

Schon jemals auf einen leeren Magen brechen müssen? Der Hals brennt ... Alles tut weh! Jämmerlich! Lassen wir das ...

ROT

DEUTSCHLAND

BADEN

EDITION FRITZ KELLER, SPÄTBURGUNDER, 2012 — € 5,99

Idealer Begleiter zur klassischen Schlachtplatte. Ausreichender Tiefgang für Weintrinker und jede Menge Frische, die Vorfreude auf den zweiten Schluck macht. Ein Spätburgunder, wie es sich gehört: jede Menge Himbeeren und einen Hauch frischen Kohls.

KAISERSTÜHLER SPÄTBURGUNDER, FEINHERB, LITERFLASCHE, 2013 — € 3,99

Hier ist das ‚feinherb' tatsächlich fein und herb gelungen! Ein süffiger Geselle, der jeden Bingonachmittag zum vollen Erfolg werden lässt.

SPÄTBURGUNDER, TROCKEN, 2013 — € 2,99

Baden ohne Hügel ... Ein zweidimensionaler Schoppenwein. Nett, aber wenig spannend.

PFALZ

DORNFELDER IM BARRIQUE GEREIFT, 2012 — € 3,59

Ein guter Grund, den Dornfelder zu kaufen, ist der tolle Glasverschluss! Immer wieder eine stilvolle Art und Weise, die nicht leer getrunkenen Flaschen zu verschließen. Das macht Eindruck!

ROT - DEUTSCHLAND - PFALZ - WÜRTTEMBERG - AUSTRALIEN

DORNFELDER SPÄTBURGUNDER, HALBTROCKEN, LITERFLASCHE, 2013 — € 2,39

Wenn man Obst beschreiben soll, dann gibt es folgende Kategorien: unreif und hart, dann kommt knackig, gefolgt von saftig ... Langsam geht es von reif zu überreif, dann wird es matschig ... Ab jetzt freuen sich die Fruchtfliegen! Wir befinden uns hier schon in der fortgeschrittenen Fruchtfliegenextase!

DORNFELDER, TROCKEN, 2013 — € 1,79

Eintopf aus der Kantine ... Alle Reste der vorigen Woche in Brühe aufgekocht, püriert und Aromat dazu ... Mmmmmm!

WÜRTTEMBERG

COLLECTION WÜRTTEMBERG, TROLLINGER MIT LEMBERGER, HALBTROCKEN, LITERFLASCHE, 2012 — € 3,69

Ein echtes Allround-Talent! Ein Wein, den man das ganze Jahr im Haus haben sollte. Schmeckt als Schoppenwein, verleiht Fleischgerichten einen besonderen Touch, verfeinert jede Soße und ist eine tolle Basis für eine fruchtige Sangria und im Winter eine Zimtstange und Nelke dazu und fertig ist der hausgemachte Glückwein! Ehh ... Glühwein!

COLLECTION WÜRTTEMBERG, SCHWARZRIESLING, HALBTROCKEN, LITERFLASCHE, 2012 — € 3,79

Kein Wein für Vegetarier. (Oder gerade doch???) Man denkt sofort an Speck, Wurst und Hausmacher. Sind aber wirklich nur Trauben drin!

VILLA STUTTGART, TROLLINGER, 2012 — € 3,99

Die goldene Karosse auf dem Etikett soll Eindruck machen ... Ein Opel Astra wäre hier aber realistischer gewesen ... Gründlich, zuverlässig, handwerklich gut gemacht - aber ohne Status.

AUSTRALIEN

FOREST HILL, SHIRAZ CABERNET, 2013 — € 2,99

Fast unwahrscheinlich, dass man so viel Geschmack aus Trauben bekommen kann: Maracujasaft, Eukalyptusbonbons, Brombeermarmelade, Würfelzucker ... Manchmal ist weniger mehr.

WOLF BLASS, HERITAGE RELEASE, SHIRAZ, 2012 € 5,99

Australien von seiner besten Seite: Diesmal ist man endlich Weltmeister im Rugby geworden und im Cricket hat man sich auch nicht lumpen lassen ... Sogar Ian Thorpe ist wieder voll in Form! Das raue, natürliche Australien mit dem internationalen Flair der Weltstadt Sydney.

CHILE

MERLOT, 0,25L, 2013 € 0,79

Wein von seiner unromantischen Seite: große Plastikbehälter, LKWs, menschenleere Abfüllerei ... Effizient, aber ohne Genussfaktor. Besser als keinen Wein zu trinken? Hm ... Vielleicht doch lieber die große Flasche mit dem leckeren Wein über drei Tage verteilen.

FRANKREICH

BORDEAUX, 2013 € 2,29

Wenn er mal groß ist, will er ein Grand Vin de Bordeaux werden! Träumen darf man ja.

BORDEAUX SUPÉRIEUR, IM BARRIQUE GEREIFT, 2012 € 3,79

Hier hat der Winzer etwas falsch verstanden ... Der Wein sollte im Barrique reifen! Stattdessen ist das Barrique im Wein gereift - bis hin zur Auflösung.

CHÂTEAU LES GRANGES DE CIVRAC, MÉDOC, CRU BOURGEOIS, 2011 € 4,99

Der Duft verspricht einen Super Schoppen! Der Turner glänzt mit einem erstklassigen Absprung. Schade, dass die Landung etwas verwackelt ist. Hier ist ‚trocken' etwas zu trocken geraten.

LE ROUGE, PAYS D'HERAULT, LITERFLASCHE, 2013 € 1,79

Fröhlicher Camping-Wein: Würstchen vom Gaskocher, Wein aus dem Pappbecher, französischer Sonnenschein ... Hoffentlich hat die Luftmatratze kein Loch!

MERLOT, PAYS D'OC, TROCKEN, 2013 — € 1,79

Alles, was man an Frankreich so lieb hat: die alte Ente, mit der man zum Café fährt, das Croissant, das man in den Milchkaffee tunkt und abends den Landwein aus dem Becherglas - heute sogar in Luxusausstattung! Es steht „Merlot" auf dem Etikett.

ITALIEN

BRUNELLO DI MONTALCINO, 2009 — € 12,99

Ein gut zusammengeschnittener Trailer eines wirklich spannenden Films! Man bekommt Lust auf mehr und hat schon einen guten Eindruck, was man erwarten darf. Man legt das Geld fürs große Kino gerne schon mal zur Seite.

GIACONDI, NERO D'AVOLA MERLOT, 2012 — € 2,79

Klassischer Italiener, der eher zur Secondo Piatto passt als zur Pizza oder Pasta ... Zum Rinderschmorbraten zum Beispiel, der 6 Stunden in der Röhre war.

MARIO COLLINA, MERLOT, TRENTINO, 2013 — € 2,29

Ein Alpha Romeo in der Flasche ... Auf den ersten Blick echt etwas für Liebhaber. Es bleibt aber zu hoffen, dass der ADAC nicht allzu oft zu Hilfe eilen muss ... Er rasselt hier und da verdächtig.

MONTEPULCIANO D'ABRUZZO, BIO, 2012 — € 2,19

Da ist wohl ein fauler Winzer auf den Geschmack gekommen: Weniger Pflanzenschutzmittel und weniger Arbeit = bio! Bringt auch noch mehr Geld in die Kasse! Modern bio geht aber anders ... Wir wollen Leidenschaft statt Minimalismus.

SÜDTIROLER EDELVERNATSCH, 2013 — € 2,99

Wer mit schmerzenden Blasen an den Füßen auf der Wanderhütte angekommen ist, der findet bei einem Gläschen dieses kühlendem Nichts vielleicht noch Trost. Ansonsten nicht wirklich eine Empfehlung wert.

TERREDAVINO, BAROLO, 2009 € 8,99 🍷🍷

Ein 19-jähriger Student, der eine Mitgliedschaft im Zigarrenclub beantragt. Mensch, Junge, das Leben hat doch noch so viel Fröhlicheres zu bieten. Zigarren rauchen kannst du in 10 Jahren auch noch und dann bist du immer noch jung! Dieser Status steht dir jetzt noch nicht.

ÖSTERREICH

EDITION LEO HILLINGER, SELECTION ZWEIGELT BLAUFRÄNKISCH ST. LAURENT, BURGENLAND, 2013 € 3,99 🍷

Hilft bestimmt gegen Husten und Heiserkeit ... Lakritzfans kann man vielleicht noch eine Freude machen?!

ZWEIGELT, CUVÉE CLASSIC, 2013 € 1,99 🍷

Wer sich billig betrinken will, tut sich hiermit nicht weh und die Flasche sieht zumindest teurer aus als sie ist. Da fällt es nicht sofort auf ...

SPANIEN

CASTILLO DE AGUARÒN, GRAN RESERVA, CARIÑENA, 2007 € 2,99 🍷

Ein Wein für die eher traurigen Anlässe ... „Wenn ich Opas Briefmarken bekomme, kriegst du seinen Kautabak."

GUIA REAL, RIOJA RESERVA, 2009 € 4,99 🍷

Ein Flashback an den Skatabend von gestern Abend: volle Aschenbecher, der Qualm hängt noch in der Luft und Karl hat mal wieder mit quietschenden Reifen die Einfahrt verlassen. Man riecht sogar noch den verbrannten Gummi ... Eigentlich reicht diese Erinnerung. Man braucht sich nicht auch noch mit Wein aufzufrischen.

TEMPRANILLO, TROCKEN, 0,25L, 2013 € 0,79 🍷

Im Stadion wedeln alle mit weißen Taschentüchern ... Ob das dem Weinmacher gilt? „Du sollst nach Hause gehen, du sollst nach Hause gehen ..." Aber sie werfen noch keine Tomaten!

VIÑA DEL ASADOR, RIOJA, 2013 € 2,19

Ein Torero im zu bunten Polyesterkostüm, der schon ein bisschen humpelt, weil ihn der Stier mal wieder auf dem falschen Fuß erwischt hat. Zu Ehren des Stiers würde ich glatt ein Gläschen trinken ... (aber nur eins!)

SÜDAFRIKA

AFRICAN ROCK, SELECTION CABERNET SAUVIGNON PINOTAGE, 2013 € 2,59

Der kernige Rugbyhulk Pinotage hat sich die hübsche Cheerleaderin Cabernet geangelt. Egal wie viel Mühe sich die internationale Schönheit gibt, das Paar bleibt auf geselligem Grillfestniveau hängen. Leckere Burger und saftiges Fleisch haben doch auch ihren Reiz.

USA

BURLWOOD, CABERNET SAUVIGNON, 2012 € 2,79

Ein Daewoo, der jetzt Chevy heißt ... Viel Drumherum, wenig drin ... Bringt einen aber von A nach B, wenn man es gerne amerikanisch mag.

PRICKELND

DEUTSCHLAND

ERLENBRUNN, RIESLING SEKT, EXTRA TROCKEN € 3,79

Aus dem Land der Elfen und Feen. Wenn der Zwergenkönig zur Hochzeitsfeier lädt, gibt es Erlenbrunn und gefüllte Wachteleier für alle.

LOHENECK, SEKT, HALBTROCKEN, 3 X 0,2 L € 2,49

Schluck Sekt am Morgen vertreibt Kummer und Sorgen ... Es bügelt sich viel besser mit ein bisschen Schwung.

EUROPA

AUERBACH HALBTROCKEN € 2,79

Auerbach oder Aua! Bah! ? Nein, tut nicht weh. Aber lecker ist anders.

AUERBACH, SEKT, TROCKEN € 2,79

Um sich die Abi-Feier zu finanzieren, haben die Mädels eine Bikini-Carwash-Aktion ins Leben gerufen. Mit diesem unkomplizierten Schäumer kommen sie in Stimmung und wenn eine Flasche über den Autos leer gespritzt wird, ist es auch nicht schlimm ...

AUERBACH, SEKT, TROCKEN, ROSÉ, BLANC ET NOIR € 2,79

Der Makramee-Club feiert 25-jähriges Bestehen. Heute gibt es Haselnussbaiser und Auerbach Rosé!

FRANKREICH

MARQUIS DE BEAUCEL, CRÉMANT DE LOIRE € 5,89

Wenn das kein Hauptgewinn ist! Für einen Schnäppchenpreis bekommt man einen Logenplatz mit persönlichem Vorprogramm und einem Meet-and-Greet mit den Stars, ausschließlich A-Prominenz auf der Gästeliste und alle Herren im Smoking. Niemandem fällt auf, dass es sich gar nicht um einen Champagner handelt! (Und ich verrate nichts!)

VEUVE MONSIGNY, CHAMPAGNER, BRUT € 12,99

Klassischer Champagner mit den Aromen von gelben Äpfeln, Haselnüssen und Toast. Ein bisschen altmodisch ... Eine Ballerina, die inzwischen nicht mehr ganz so grazil ihre Pirouetten dreht, wie früher, aber immerhin ... Sie tanzt viel besser als ich!

ITALIEN

MARIO COLLINA, PROSECCO € 1,99

Hiermit kann der italienische Abend, bei dem es nicht auf eine Flasche mehr oder weniger ankommt, nicht mehr schief gehen! Fröhlich, spritzig mit viel Pfirsich.

PROSECCO, SUPERIORE, VALDOBBIADENE, EXTRA DRY € 5,49

Weil die Tupper-Party so ein Renner war, gibt es nächste Woche im selben Kreis einen Dessous-Abend! Nebst einem Glas zur Einstimmung gibt es für alle, die drei Höschen bestellen auch noch eine Flasche Prosecco mit nach Hause. Erfolg garantiert!

SPANIEN

DELMORA, CAVA, HALBTROCKEN € 3,69

Pampelmusen-Spritzz. Schlechte Kopie des Originals, das in diesem Buch auch immer schlecht abschneidet. (Welcher das ist? Fräägʻsch nett!)

EDEKA

EDEKA versucht es jedem recht zu machen! Aber was will der Kunde eigentlich wirklich? Den günstigsten Preis? Das größte Angebot? Die beste Qualität? Das schönste Ambiente in der Filiale? Es bleibt eine Herausforderung, alles unter einen Hut zu bekommen und dem Kunden die unausgesprochenen Wünsche von den Lippen abzulesen! Aber EDEKA hat i-DEKA-Ambitionen und das muss man schätzen, auch wenn der Kampf an den Fronten zwischen Fachhandelsqualität und Discounterpreisen ein fast unmöglicher ist.

„Es ist wirklich schwer, Produkte nach Fokusgruppen zu gestalten. Oft wissen Menschen nicht, was sie wollen, bis du es ihnen zeigst", wusste sogar Steve Jobs.

Es wurden insgesamt 437 Weine verkostet.

Davon waren:

ϟ	3	0,7 %
	29	6,6 %
🍷	85	19,5 %
🍷🍷	179	41,0 %
🍷🍷🍷	91	20,8 %
🍷🍷🍷🍷	50	11,4 %
SUPER SCHOPPEN S	53	12,1 %

WEISS

DEUTSCHLAND

BADEN

ALDE GOTT, GRAUER BURGUNDER, TROCKEN, 2012 € 7,99

Der erste Preis im Preisausschreiben ist ein Wellnesswochende im Schwarzwald. Das Hotel ist zwar ein bisschen rustikal, aber das Zimmer schaut auf den Wald, allerdings nach den Kosmetikbehandlungen fühlt man sich gleich um 5 Jahre jünger. Es fehlt nur ein ganz kleines bisschen Extravaganz. Dafür gibt es ein köstliches Viergangmenü und einen hervorragenden Grauburgunder, wie man ihn sich wünscht, angenehm trocken, fruchtig, ein wenig nussig und ein langer Abgang.

GRAUER BURGUNDER, KÄSLEBERG, OBERROTWEILER, 2013 € 4,99

Lieber Käsleberg als Käslefüß ...

GREEN MOMENTS, 2013 € 4,99

Dieser Weinflüchtling versucht an den internationalen Grenzen zu erzählen, dass er seinen Pass verloren hat und beantragt in jedem Exportmarkt Asyl. Wir wünschen ihm, dass Baden ihn irgendwann aus dem Ayslbewerberheim abholt, ihm ein neues Profil verpasst und er sich wieder zu seiner Heimat bekennt.

HEINRICH HANSJAKOB, GUTEDEL TROCKEN, LITERFLASCHE, 2013 € 3,99

Nachdem der Fritz wieder einstimmig zum Vorsitzenden des Fußballvereins gewählt wurde, lässt er sich nicht lumpen: Ein ganzes Viertele Gutedel für jeden und das Versprechen, dass die Mannschaft in der nächsten Saison endlich aufsteigt! Hipp hipp, hurra!

HEINRICH HANSJAKOB, MÜLLER-THURGAU, TROCKEN, LITERFLASCHE, 2013 € 3,99

Die Wohnung glänzt blitzblank, Mutti kommt gut gelaunt und entspannt vom Friseur, Vati bringt Blumen mit und Max hat diese Woche eine Eins im Diktat bekommen. Abends gemeinsam bei Lachsschnittchen „Wetten dass..." gucken. Pures Familienglück!

HEINRICH HANSJAKOB, WEISSER BURGUNDER TROCKEN, LITERFLASCHE, 2013 € 4,79

Vor dem Regen noch schnell den Rasen mähen. Heinrich zieht die Bahnen immer akkurat und schnurgerade. Gelernt ist gelernt. Und auf der langen Geraden gibt er mal richtig Gas. Wie Vettel auf dem Nürburgring.

MARTIN SCHONGAUER, GRAUER BURGUNDER, TROCKEN, 2013 € 4,99

Mutter Beimer aus der Flasche. Urdeutsch, beliebt, unkompliziert und zeitlos. Die Welt wird sie nicht verändern, auch wenn sie jedem in Erinnerung ist.

MARTIN SCHONGAUER, WEISSER BURGUNDER, TROCKEN, 2013 € 3,99

Fred Astaire, der trotz seines reifen Alters der begehrteste aller Tänzer war: Leichtfüßig steppend, immer mit charmantem Lächeln, verführerisch und mit Charakter. Die Damen werden schwach und die Herren bewundern ein bisschen neidisch ...

MÜLLER-THURGAU, HALBTROCKEN, LITERFLASCHE, 2013 € 2,59

Hiermit kann man jede Fete schmeißen! Angenehm fruchtig. Und wem er zu süß ist, der kann ja einen Spritzer Limettensaft dazu geben. Das nimmt der Wein auch nicht übel.

FRANKEN

DIE JUNGEN FRANKEN, MÜLLER-THURGAU, 2013 € 3,99

Die jungen Franken müssen wohl noch ein wenig die Schulbank drücken. Lektion 1: Was ist der Unterschied zwischen Pampelmusensaft und Müller-Thurgau? Lektion 2: Warum sollte ein Etikett von Raumspray anders aussehen als das einer Weinflasche?

MOSEL

ERBEN ORIGINAL, RIESLING, HALBTROCKEN, 2013 € 3,99

Thema verfehlt, halbtrocken ist etwas anderes! Trinkt sich aber unfallfrei.

GOLDSCHILD, RIESLING SPÄTLESE, MÜDENER FUNKENBERG, 2013 € 8,49

Gar nicht müde, sondern funky, dieser Funkenberg! Hier ist die Süße nicht klebrig, sondern schmeckt nach mehr. Wie ein reifer Pfirsich, in den man beißt, und der Saft fängt an zu laufen ... Man schlürft, kaut, schluckt und genießt gleichzeitig.

GOLDSCHILD, RIESLING,TROCKEN, SAAR, 2013 € 6,49

Riesling, bei dem das Gold zu dick aufgetragen ist ... Das Model, das auf dem Laufsteg stolpert. Erst ‚ahhhh' und ‚ohhhh', dann ‚huch!' ... Ein wenig entzaubert.

HOFGUT, RIESLING, 2012 € 5,99

Ein Wein für einen guten Zweck. Das Weingut gehört dem Deutschen Roten Kreuz. Dort finden behinderte Menschen Arbeit. Der Wein ist angenehm süß und fruchtig, und in Anbetracht der guten Sache und des mehr als anständigen Weins geben wir gerne ganz lieb gemeinte 3 Gläser.

MOSELLAND AKZENTE, BLANC DE NOIRS SPÄTBURGUNDER, 2013 € 4,49

Goldmedaillengewinner auf den Paralymics der Spätburgunder! Ambitioniert, gut trainiert, positiv eingestellt - ein geborener Sieger. Warum rot, wenn es auch weiß geht!

MOSELLAND AKZENTE, ELBLING, TROCKEN, 2013 € 4,59

Der ältesten Rebsorte Deutschlands merkt man die Jahrhunderte ganz bestimmt nicht an. Jugendlich, knackig und modern. Es läuft einem das Wasser im Mund zusammen von der erfrischenden Kombination von Äpfeln und Quitten. Daran haben sich schon die römischen Legionäre gelabt.

MOSELLAND AKZENTE, GRAUER BURGUNDER, TROCKEN, 2013 € 4,49

Er trägt die Akzente nur im Namen ... Dieser Grauburgunder ist glatt und geschniegelt. Ein paar Ecken und Kanten würden ihn noch sympathischer machen.

MOSELLAND AKZENTE, WEISSER BURGUNDER, TROCKEN, 2013 € 4,49

Überraschender Auftritt des Jugendorchesters. Musizierende Kinder machen grundsätzlich froh - und dann auch noch auf so hohem Niveau! Das bietet Perspektive.

MOSELLAND, ELBLING, TROCKEN, BIO, 2013 € 4,99

Ein Wein mit Birkenstock-Charme ... Als ob ‚gut für die Welt' nicht auch grazil und schick sein darf. Auch eine Frau die ihre Beine rasiert kann ein Umweltgewissen haben.

MOSELLAND, MÜLLER-THURGAU, HALBTROCKEN, BIO, 2013 € 4,99

Weg mit allen Vorurteilen! Wer hat etwas gegen halbtrockenen Müller-Thurgau? Erfrischender, fröhlicher Biotropfen, der zum Mittagessen auf den Tisch mit den weißen Tafellaken darf.

MOSELLAND, RIESLING AUS DER STEILLAGE, LIEBLICH, 2013 € 5,49

Diese Steillagen-Prinzessin hat Biss! Lassen Sie sich nicht durch ihre niedlichen Zöpfe und das Blümchenkleid täuschen. Ein erfrischender Wirbelwind, wenn es um Stimmungsmache geht.

MOSELLAND, RIESLING AUS DER STEILLAGE, TROCKEN, 2013 € 5,49

Man schmeckt den Morgentau auf den knackfrischen Trauben, die die Pflücker in der Morgendämmerung bei der Steillagenerklimmung mit in den Korb befördert haben. Echte Winzerromantik.

MOSELLAND, RIESLING AUSLESE AUS DER STEILLAGE, 2012 € 7,69

Die Krönung des deutschen Fleißes! Wer den ganzen Tag in der Steillage geschuftet hat, hat sich einen solchen goldenen Honigtautropfen verdient! Wenn süß nicht klebt, sondern zu mehr verführt.

MOSELLAND, RIESLING SPÄTLESE AUS DER STEILLAGE, 2012 € 6,49

Leichtfüßige Spätlese, die einen Stepptanz auf dem Tisch aufführt. Gefälliger Rhythmus, geschmeidige Bewegung ... Ein peppiger Publikumsliebling.

ROMAN GRAEFT, RIESLING CLASSIC AUS DER STEILLAGE, 2012 € 5,49

Warum mag eigentlich niemand mehr Moselriesling trinken? Dem einen ist er zu süß, dem nächsten hat er zu viel Säure und dem dritten ist er zu teuer. Papperlapapp, dieser hier hat genau die richtige Balance zwischen ganz zarter Süße, feiner Säure, schönem Pfirsicharoma und diese tolle Mineralik, die man nur an der Mosel findet. Und zu teuer? Wir finden, dass er jeden Cent wert ist.

NAHE

DR. FAUST, GRAUER BURGUNDER PINOT BLANC, TROCKEN, 2013 € 4,99

Dr. Faust ist deutlich ein Gelehrter! Nebst Deutsch spricht er auch Französisch. Seit wann so ein Snob, Herr Doktor? Oder soll das Gretchen von diesem Joie de Vivre beeindruckt werden? Wir wissen doch, dass sich hinter dem Pinot Blanc ein kleiner molliger Weißburgunder versteckt.

DR. FAUST, WEISSER BURGUNDER, TROCKEN, 2013 € 5,29

Die weltweiten Pinot Blanc Winzer würden allesamt ihre Seele dem Teufel verkaufen, wenn sie dafür das Geheimnis des Dr. Faust erfahren würden. Ein Weißburgunder mit Rückgrat, der mit Pfirsichen und Nektarinen lockt, die Damen verführt und den Herren Paroli bietet.

PFALZ

ANSELMANN, GEWÜRZTRAMINER, KABINETT, 2013 € 5,90

Aschenputtel 5 nach Mitternacht: Immer noch das wunderschöne Mädchen, aber ihre Kutsche ist schon wieder ein Kürbis geworden. Ganz knapp am Hauptpreis vorbei, aber immerhin hat der Prinz sie schon gesehen. Vielleicht gibt es ein Wiedersehen im Jahrgang 2014.

ANSELMANN, GRAUBURGUNDER, CLASSIC, 2013 € 5,90

Er geht mit viel Elan ins Rennen, schafft aber nur mit Mühe die Ziellinie. Aber: Dabeisein ist alles!

ANSELMANN, RIESLING, CLASSIC, 2013 € 5,90

Man merkt, dass die Anselmänner seit 1541 Riesling machen. Gekonnt ist gekonnt.

ANSELMANN, RIESLING, TROCKEN, LITERFLASCHE, 2013 € 5,90

Sommerlicher Schoppenwein zum Salat mit dem extra Spritzer Zitronensaft. Das kann nicht jeder Riesling so gut vertragen.

DEUTSCHES WEINTOR, GRAUBURGUNDER WEISSBURGUNDER, MILD, 2013 € 4,69

Die gertenschlanke blonde Schönheit entpuppt sich bei näherem Hinsehen als künstlicher Ladyboy.

DEUTSCHES WEINTOR, GRAUER BURGUNDER, TROCKEN, 2013 € 4,69

Mittfünfziger, der am Marathon teilnimmt. Er hat gut und ausgiebig trainiert, ist wirklich fit und schafft es ganz sicher mit einer beachtlichen Zeit ins Ziel. Seine Freunde und Kollegen jubeln ihm anfeuernd vom Straßenrand zu. Klasse Leistung im Amateursport. Zu den Olympischen Spielen tritt er nicht an.

DEUTSCHES WEINTOR, RIESLING, TROCKEN, 2013 € 4,49

Riesling von der Stange. Zum Glück passt Größe 50 immer und ist der Schnitt zeitlos und die Farbe voll im Trend. Warum sollte man zum Maßschneider gehen?

ERBEN ORIGINAL, GRAUBURGUNDER TROCKEN, 2013 €3,99

Der Pfälzer mag es ja gerne ein wenig knarziger, aber zum Schluss ist er dann doch noch ein bisschen süß - der Wein.

J. HETTINGER, KERNER, TROCKEN, LITERFLASCHE, 2012 €3,59

Ein klassischer Schoppenwein zur Pfälzer Leberwurst, spritzig, fruchtig, trocken. Schönen Feierabend.

J. HETTINGER, RIESLING, TROCKEN, LITERFLASCHE, 2013 €3,59

Was ist der Unterschied zwischen Humor und diesem Wein? Humor kann nicht trocken genug sein.

KENDERMANNS, GRAUBURGUNDER, TROCKEN, 2013 €4,99

Wenn man hier statt ‚Grauburgunder' ‚Pinot Grigio' drauf schreiben würde und beim ‚Kendermanns' ein ‚n' streichen und ein Apostroph einfügen würde, wäre er wahrscheinlich sofort ein internationaler Star! Aber andererseits dürfen wir natürlich froh sein, dass wir ihn in Deutschland ganz alleine austrinken dürfen. Voller Geschmack und herrlich erfrischend. Viel Citrus, aber nicht zu sauer, die edle Bitternote von abgeriebener Zitronenschale und dann noch ein saftiger Pfirsich.

KENDERMANNS, RIESLING, TROCKEN, 2013 €4,49

Riesling soll international werden ... Weil er jedem gefallen soll, darf die Marketingabteilung mitreden. „Nicht zu viel Citrus, sonst mögen ihn die Amis nicht!", „Nicht zu trocken, denn das verkauft man nicht.", „Apfel! Apfel macht sich immer gut!" Bis alle fertig sind ist der Riesling zum gesichtslosen Hauswein aus der Kneipe an der Ecke geworden. Sogar seinen Namen hat er an der Tür abgegeben.

MICHEL SCHNEIDER, CHARDONNAY, TROCKEN, 2012 € 4,49 🍷🍷
Das zweite Weingesetz der Cordula besagt, dass ein Spritzer Limettensaft müde Weine wieder aufpeppt. Dann stellen wir uns diesen eben als Reparaturwein für solche Zwecke in den Kühlschrank.

MICHEL SCHNEIDER, GRAUER BURGUNDER, TROCKEN, 2013 € 2,99 🍷🍷
Bitte legen Sie nicht auf, der nächste freie Platz ist für Sie reserviert! Bitte legen Sie nicht auf ... Weswegen wollte man die Nummer noch mal anrufen? Hach, vergessen.

MICHEL SCHNEIDER, RIESLING CLASSIC, 2013 € 2,99 🍷🍷
Die neue Aufmachung der Flasche ist schon mal eine Riesenverbesserung. Der Wein hinkt noch ein bisschen hinterher. Michel hau rein!

MICHEL SCHNEIDER, RIESLING, TROCKEN, 2013 € 2,99 🍷🍷
Wurstmarkt wie in der Pfalz in Tötensen, leider kommt die gute Leberwurst aus der Konserve und das Brot aus der Plastiktüte. Da passt der Wein ja.

MICHEL SCHNEIDER, WEISSER BURGUNDER, TROCKEN, 2013 € 2,99 🍷🍷
Sohnemann hat die Birne im Schulranzen vergessen. Nach zwei Tagen haben wir es gemerkt. Für Kompott konnte man sie noch gebrauchen. Auch lecker.

PFÄLZER LANDWEIN, TROCKEN, LITERFLASCHE, 2013 € 2,49 🍷🍷
Wird empfohlen zu Aufschnittplatten und würzigem Käse. Wir meinen, eher zu Scheibletten und Würstchen aus der Vakuumverpackung.

RHEINBERG, GRAUER BURGUNDER, TROCKEN, 2013 € 2,79 🍷🍷
Beim Pinotgrigiocontest Deutschland gegen Italien steht es knapp 1:0 für uns. Weiter so, Jungs.

RHEINBERG, KERNER, HALBTROCKEN, 2013 € 2,99 🍷
Kerner kommt nicht von kernig, wer's nicht glaubt, kann es hier ja probieren.

RHEINBERG, MORIO MUSKAT, LIEBLICH, 2013 — € 2,99

Manche Filme muss man einfach immer wieder sehen, das gehört dazu. Aber doch nicht Sissi-Filme an Weihnachten, Schwiegerelternbesuch ist schon anstrengend genug.

RHEINBERG, RIESLING, TROCKEN, 2013 — € 2,99

Ausflug zum Hambacher Schloss, Herr Eberl doziert die ganze deutsche Geschichte vom Wartburgfest bis zur Märzrevolution. Seine Frau hält die Wanderfreunde derweil mit ein bisschen Riesling bei der Stange.

RIETBURG, CREATION, GEWÜRZTRAMINER, HALBTROCKEN, 2013 — € 4,49

Im Morgentau gepflückter Feldblumenstrauß. Knackig frisch verbreitet er gute Laune. Von wegen halbtrocken ...

RIETBURG, CREATION, GRAUER BURGUNDER, TROCKEN, 2013 — € 4,49

Eine hübsche Frau, mit der man sich stundenlang unterhalten könnte. Sie hat wirklich etwas zu erzählen. Wenn nur dieses aufdringliche Parfüm nicht wäre ...

RIETBURG, CREATION, WEISSER BURGUNDER, TROCKEN, 2013 — € 3,99

Haribo hat sein Sortiment erweitert. Neben Sauren Gurken, Sauren Pommes und Sauren Bohnen gibt es jetzt auch Weißen Burgunder! Lecker Schlecker für Erwachsene.

RIETBURG, KERNER, TROCKEN, 2013 — € 3,69

SUPER SCHOPPEN

Ein Star in der vegetarischen Küche! Er nimmt die Spargel mit Leichtigkeit, schmeichelt der Artischocke und erschreckt nicht, wenn sich der Spinat angekündigt hat. Ein Weißwein mit mutigem Charakter. Ein saftiger Geselle, der mit seiner milden Bitternote Stärke beweist.

RIETBURG, RIVANER, TROCKEN, 2013 — € 3,99

Prima Wein zum Fußballgucken! Riecht nach Gras, schmeckt nach Gras. Für das Fankurven-Gefühl. Löscht den Durst und macht Laune.

SCHNEIDER, KAITUI, 2013 — € 10,99

Ein Sauvignon Blanc ganz im neuseeländischen Stil. Daher auch der Maori Name Kaitui - was Schneider bedeutet. Markus, wir finden deinen Wein pai mahi, nui! Stachelbeere, noch mehr Stachelbeere und ein Finale von Stachelbeere. Das nennt man Fokus!

SCHNEIDER, RIESLING, 2013 — € 9,99

Es wundert niemanden, dass das tapfere Schneiderlein zur Belohnung die Prinzessin bekommt! Hat es ja auch toll gemacht, die Sache mit den Sieben auf einen Streich und dem Einhorn und so ... Zu diesem klasse milden Riesling gibt es auf dem Etikett das Märchen dazu. Mutig und grazil, so hat man seinen Riesling gern - und das Schneiderlein auch.

SCHNEIDER, WEISSBURGUNDER, 2013 — € 9,99

Wir wissen, was das tapfere Schneiderlein im Reich des Einhorns getrunken hat: Weißburgunder! Zauberhafter Elfentrunk. Aber nicht für Weicheier ... Ein Wein für die, die sieben auf einen Streich schaffen!

TURMFALKE, GRAUER BRUGUNDER, TROCKEN, 2013 — € 2,89

Wenn Du nicht mit dem zusammen sein kannst, den Du liebst, liebe den, mit dem Du zusammen bist. Also den Wein, oder was habt Ihr denn gedacht?

VOLLMER, RIESLING TROCKEN, 2012 — € 4,99

Mehr Riesling geht kaum. Feiner Duft nach Pfirsichblüte, schmeckt frisch und saftig nach Citrusfrüchten und Pfirsich. Den packen wir noch schnell in den Rucksack, wenn wir durch den Pfälzer Wald wandern.

RHEINGAU

G.H. VON MUMM, RHEINGAU RIESLING, TROCKEN, LITERFLASCHE, 2012 € 6,79

Ein Rheingau Riesling im französischen Stil. Das kommt nur selten vor. Vielleicht findet die Familie von Mumm das ja schick, ist aber nicht als ausgesprochenes Kompliment gemeint. Wenig subtil und ein Duft von Landluft und Benzin.

G.H. VON MUMM, RIESLING FEINHERB, TAUNUSQUARZIT, 2013 € 6,99

'Taunusquarzit' ... Klingt toll und macht richtig neugierig. Duft von reifem Pfirsich, ein bisschen salzig, feines Süße-Säure-Spiel. So muss Riesling sein.

KLOSTER EBERBACH, HOCHHEIMER RIESLING, TROCKEN, 2013 € 7,99

Jedes namhafte deutsche Auto wird auf eine Höchstgeschwindigkeit von 250 km/h begrenzt. Das ist aufregend genug, besser für die Lebensdauer des Fahrzeugs und sicherer für alle Verkehrsteilnehmer. Dieser hochkarätige Markenriesling hält sich auch an die Vernunftsgrenzen. Er ist beherrscht und zeigt sich von seiner besten Seite. Überschwänglichkeit lässt einen aus der Kurve fliegen. Wer will das schon.

WEINLAND RHEINGAU, HOCHHEIMER DAUBHAUS, RIESLING, HALBTROCKEN, 2013 € 4,99

Das wohlgeformte Maxi-Model hat plötzlich beschlossen eine Diät zu machen. Die Gute will auch in Kleidergröße 36 passen! Warum nur? Sie war gerade wegen ihrer Rundungen so erfolgreich. Heim zur Mutter und wieder ein paar Pfund auf die Rippen!

RHEINHESSEN

BIOWEIN, RIESLING, TROCKEN, 2013 € 3,99

Nachdem die Kantinenbeauftragten der Firma das Bioessen durchgesetzt haben, wird auch im Vorstandskasino nur noch ökologisch einwandfrei gekocht. Und bei Geschäftsessen Biowein ausgeschenkt. Wenn man es nicht eigens erwähnt, bemerkt aber niemand einen Unterschied.

CARL ZUCKMAYER, GRAUER BURGUNDER, TROCKEN, 2012 — € 4,99
Mehlige Äpfel und Pfirsiche mit braunen Flecken kann man immer noch im Kuchen verwerten. Will man sie im Wein verwenden, sollte man nicht vergessen, ein bisschen Citrus hinzuzufügen ...

CARL ZUCKMAYER, SILVANER, TROCKEN, 2013 — € 3,99
Carl Zuckmayers Komödie hat in diesem Fall eine deutliche Kernaussage: Sauer macht lustig. Wirklich lustig ist es aber, wenn zum Schluss noch alle lachen und nicht, wenn die Hauptperson erschossen ist. Hier verschwindet die Frucht im letzten Akt geheimnisvoll und auf nimmer Wiedersehen. Ein schaler Nachgeschmack.

CARL ZUCKMAYER, WEISSER BURGUNDER, TROCKEN, 2013 — € 4,49
Dieses Zuckmayersche Stück hat tatsächlich ein Happy End. Leichtfüßiges Volkstheater mit fröhlichem Gesang und Mitgeschunkel. Man schaut es sich gerne noch ein zweites Mal an.

ERBEN LANDWEIN, HALBTROCKEN, 2013 — € 2,99
Das Unwetter hat die Aprikosen noch ein wenig unreif vom Baum gefegt, aber auf dem Kuchen mit ein bisschen Zucker schmecken sie ganz gut. Ein paar Mandelblättchen hätten der Sache noch einen besonderen Pfiff gegeben,

ERBEN ORIGINAL, KABINETT, LIEBLICH, 2013 — € 3,99
Auf der Flasche steht: „Der Abnehmwein!" Man hätte auch drauf schreiben können: Der Einschlafwein!

ERBEN SPÄTLESE, FEINFRUCHTIG, 2012 — € 3,99
Wenn sich die Erben anfangen zu streiten, dann ist es alles andere als ‚fein'. Diese Früchtchen!

KÄFER, PINOT GRIGIO, 2013 — € 3,33
Grauburgunder mögen die golfspielenden Damen gar nicht, aber so ein Gläschen Pinot Grigio nach der gemütlichen Runde über 9 Löcher, da sagen sie nicht nein.

MAYBACH, RIESLING, TROCKEN, 2013 €3,99

Schnitzelteller im Dorfgasthaus, der langweilige Balsamicokringel am Tellerrand macht noch keine Sterneküche. Dafür sind die Portionen üppig und der Wein großzügig eingeschenkt.

MORIO MUSKAT, LIEBLICH, 2013 €1,99

Der Damenkarnevalsverein muss ja schon im August anfangen, die Kostüme für die neue Saison zu nähen. Die richtige närrische Stimmung will sich dabei erst mit einem Gläschen Wein, gut gekühlt und angenehm süß, einstellen. Der ist feinfruchtig, schmelzig mit zartsüßen Citrus- und Aprikosenaromen. Und er hat nicht so viel Alkohol, dass es den Damen die Naht verreißt.

MÜLLER THURGAU, TROCKEN, OPPENHEIMER KRÖTENBRUNNEN, LITERFLASCHE, 2013 €3,29

Tische raus in den Garten, Bratwürste auf den Grill, dazu ein leckerer Schoppen - so macht der Feierabend Spaß. Die Mädels pflücken sich noch frischen Waldmeister und geben ihn zum Wein mit Sprudel als Schorle. Wenn nur Schorsch nicht immer nach drei Gläsern „Auf der Reeperbahn nachts um halb eins“ singen würde.

PETER&PETER, ZELLER RIESLING AUS DER STEILLAGE, FEINHERB, 2013 €4,99

Da muss man nicht viele Worte machen: Kaufen, marsch, marsch! So viel Wein fürs Geld: Weich und schmeichelnd, feine Pfirsich- und Citrusnoten, nicht zu süß und recht erfrischend. Gekühlt genießen!

RHEINBERG, DEUTSCHE KLASSIKER, SCHEUREBE, LIEBLICH, LITERFLASCHE, 2013 €2,99

Deutsche Klassiker sind vielleicht ein bisschen verstaubt und langweilig. Gehören aber in jeden Haushalt. Schließlich sind wir das Land der Dichter und Denker. Und mit einem frischen Glas Wein liest man sich auch noch mal durch Goethes Wahlverwandtschaften.

RHEINBERG, OPPENHEIMER KRÖTENBRUNNEN, SPÄTLESE, SÜSS, 2012 — € 2,99

Das waren die Weine, die Deutschland berühmt gemacht haben - und manchmal leider nur berüchtigt. Aber prima, dass man sich wieder auf die Guten zurückbesinnt.

RHEINBERG, DEUTSCHE KLASSIKER, RIESLING,HALBTROCKEN, LITERFLASCHE, 2013 — € 2,99

Klassiker! Der Name ist Programm: So und nicht anders sollte ein halbtrockener Riesling sein. Und so viel Spaß machen sollte er auch.

RHEINBERG, DEUTSCHE KLASSIKER, SILVANER, TROCKEN, LITERFLASCHE, 2013 — € 2,99

Auch ein Klassiker: Wer niemals einen Rausch gehabt, der ist kein braver Mann! Wer seinen Durst mit Achteln labt, der fang erst gar nicht an.

RHEINBERG, MÜLLER THURGAU, TROCKEN, LITERFLASCHE, 2013 — € 2,99

Fröhlich lässt Herr Dr. Müller-Thurgau die Ente zu Wasser und freut sich, dass er mit niemandem seine Badewanne und seine gute Zitronengrasseife teilen muss.

WEISSBURGUNDER RIVANER, TROCKEN, 2013 — € 1,99

Mehr als man für € 1.99 erwarten kann, frisch und ein bisschen spritzig. Umkompliziertes Trinkvergnügen.

WÜRTTEMBERG

LAUFFENER KATZENBEISSER, WEISSBURGUNDER, TROCKEN, 2012 — € 4,99

Die Schmetterlinge haben den Bauch verlassen. Jetzt beginnt der Alltag. Auch der ist durchaus harmonisch. Vielleicht kommt mit dem 2013er wieder ein bisschen mehr Spannung?

LAUFFENER WEINGÄRTNER, RIESLING, TROCKEN, 2013 — € 4,49

SUPER SCHOPPEN

Mit einem Sprung zur Goldmedaille! Wie Carina Vogt in Sotchi. Ein Riesling auf dem Höhenflug. Jung, knackig, sympathisch und auf den Punkt.

WEISS - WÜRTTEMBERG - AUSTRALIEN - CHILE - FRANKREICH

LAUFFENER WEINGÄRTNER, SCHWARZ WEISS, TROCKEN, 2013 € 4,49

Schwarzriesling an sich ist ja schon eine Seltenheit und dann auch noch ein so wunderbar zarter, frischer Weißwein aus dieser roten Rebsorte. Das muss einen doch begeistern!

LAUFFENER, „EDUARD MÖRIKE", GRAUBURGUNDER, KABINETT TROCKEN, 2013 € 6,99

„Und in der Mitten liegt holdes Bescheiden" sagt Mörike; wir hätten es gerne etwas unbescheidener.

AUSTRALIEN

OVERSEAS, CHARDONNAY, TROCKEN, 2013 € 2,99

Trinkst Du ein Gläschen mit? Nein danke, ich muss noch fahren.

CHILE

ALIWEN RESERVA, UNDURRAGA,SAUVIGNON BLANC, TROCKEN, 2013 € 7,99

Das Honigbienchen weiß gar nicht, zu welcher Blüte es zuerst fliegen soll, die duften alle so verführerisch. Vielleicht fängt es mit den Orangenbäumen an.

UNDURRAGA, CHARDONNAY, TROCKEN, 2013 € 5,99

Ernsthafte Weinkritiker fragen an dieser Stelle immer: „Kann Chile Chardonnay?" Bitte sehr: Zarter Beerenduft, angenehm trocken und frisch, ein bisschen Grapefruitaroma!

FRANKREICH

BARON DE LUZE, BORDEAUX, SAUVIGNON, 2012 € 4,99

Das Vorurteil lässt sich wohl nicht ausrotten, dass man einfach nur „Bordeaux" auf die Flasche zu schreiben braucht, und schon reißen sich alle um den Wein. Hier hilft noch nicht mal, dass auch noch „Baron de ..." drauf steht.

BREE WHITE, CHARDONNAY, TROCKEN, 2013 € 3,99

Die schicke Flasche macht sich gut auf dem Tisch, und der Wein macht sich prima in der Schorle.

CORSAIRE, RÉSERVE DU PRÉSIDENT, TRADITION, 2013 — € 4,99

Das nenne ich Tradition: der alljährliche Lehrerstreik in Frankreich. Die Professoren gehen für mehr Geld auf die Straße, und die Schüler machen eine Bottleparty bei Fréderic, dessen Eltern nicht zu Hause sind. Nach zwei Tagen ist der Spuk wieder vorbei, und alles geht seinen geregelten Gang.

DANIELLE DE L'ANSÉE, SAUVIGNON BLANC, TROCKEN, 2013 — € 6,99

Die Deutschen lieben Listen. Also dann: Dieser Wein riecht 1.) nach frischen Wiesenblumen und Obst, schmeckt 2.) nach Citrusfrüchten, Pfirsich und vielen Beeren und 3.) nach mehr.

FLEUR D'ARTAGNAN, PLAIMONT, CÔTES DE GASCOGNE, 2013 — € 4,90

Holla! Die Freude ist groß. D'Artagnan steht mit einem Riesenblumenstrauß vor der Tür! Voller Tatendrang und Lebensfreude. Wem würde das nicht gefallen? Ein Côtes de Gascogne mit feinem Blütenduft und angenehm frischem Citrus.

LA MANIÈRE, CHARDONNAY, 2012 — € 4,29

Sauer macht lustig, sagte der Frosch und biss in die Zitrone.

LE FILOU, BLANC, 2013 — € 2,99

Ok, er hat nicht so ein atemberaubendes Six-Pack wie Cristiano Ronaldo. Und seine Augenbrauen zupft er auch nicht. Aber er trägt ohne zu murren den Müll runter und bringt freitags eine gute Flasche Wein für den Feierabend mit.

LE SWEET FILOU — € 2,99

Filou und süß, das ist ja ungefähr so wie ein Taucheranzug in der Sahara. Irgendwas stimmt da nicht.

LE FLAMAND, BLANC, TROCKEN, LITERFLASCHE € 2,49
Moules frites direkt neben der Fischbude. Die Muscheln sind frisch, die Pommes handgemacht und der Wein gut gekühlt. So viel Genuss haben wir gar nicht erwartet.

LES ARCEAUX, COLOMBARD, CÔTES DE GASCOGNE, 2013 € 5,99
Nach einem kräftigen Sommerregen schiebt sich die Sonne wieder durch die Wolken. Im Blumengarten riecht es frisch und duftig.

MEDINET, HALBTROCKEN, LITERFLASCHE, 2012 € 4,99
Nicht nur nicht halbtrocken, auch nicht lecker.

MONTGOLFIER, CHARDONNAY, TROCKEN, 2013 € 1,89
So nett, die Kleine, wenn sie nur nicht ständig an den Fingernägeln kauen würde.

MOUTON CADET, BORDEAUX, 2011 € 8,99
Mit großem Brimborium serviert der hochnäsige Butler einen Wein und murmelt etwas von „Mouton ... Rothschild“. Die Herrschaften trinken sehr ehrfürchtig. Wo ist die versteckte Kamera?

TOUR DE SOLEIL BLANC, TROCKEN, LITERFLASCHE, 2012 € 3,99
Teufelswerk! Jedenfalls hat der Leibhaftige seine Schwefelmarke hinterlassen. Der Rest ist eher harmlos. Zu harmlos.

GRIECHENLAND

RETSINA, KOURTAKI, TROCKEN € 2,99
Herr Kourtaki traut sich wohl nicht, einen richtigen original griechischen Retsina nach Deutschland zu schicken. Dieser hier schmeckt kaum nach Harz, wie es sich eigentlich gehört. Und leider auch sonst nach nicht viel. Dabei hat er schon so verführerisch geduftet. Zum Souvlaki aber trotzdem ganz o.k. .

TSANTALI, CHALDIKIKI, 2011 € 2,99
So ein Wein und es wäre es nie etwas geworden mit der Männerfreundschaft zwischen dem Briten Basil und Alexis Sorbas, dem Griechen. So etwas trinkt noch nicht mal ein Engländer freiwillig.

ITALIEN

BIOWEIN, CHARDONNAY, PUGLIA, BIO, 2013 € 3,99 🍷🍷
Nicht Fisch, nicht Fleisch. Aber man kann ihn zu beidem trinken. Und immerhin: ein Chardonnay! Und bio!

BIOWEIN, PINOT GRIGIO DELLE VENEZIE, BIO, 2013 € 4,49 🍷🍷
Die neue Frisur macht sie auch nicht interessanter. Aber immerhin ist sie jetzt auf dem Biotrip. Mit ein bisschen mehr Pep würde es schon werden. Vielleicht mal den obersten Knopf der Bluse aufmachen?

D'AMATI, INSOLIA CHARDONNAY, LITERFLASCHE, 2013 € 3,79 🍷🍷
Eurovision Song Contest, Mottoparty vor dem Fernseher. Auf die Häppchen sind die Nationlfähnchen aller teilnehmenden Länder gesteckt. Italy: zwei Punkte, two points, deux points, due punti.

FRASCATI, SECCO, COPPIERE, 2012 € 3,29 🍷🍷
Rache ist süß, doch der Nachgeschmack ist bitter. Wir hätten noch gerne erfahren, an wem sich Herr Frascati rächen wollte. Aber wir sitzen hier ganz alleine mit dem bitteren Nachgeschmack.

KÄFER, CHARDONNAY, 2013 € 3,33 🍷🍷
Käfer stellt sich ja gerne als noble Feinkostmarke dar. Für lustige 3.33€ bekommt man ein bisschen Münchener Bussi-Bussi-Flair und einen soliden fruchtig-feinen Chardonnay, dem es allerdings an Glamour fehlt.

LA COLONATA, PINOT GRIGIO, TROCKEN, 2013 € 2,79 🍷
Draußen nur Kännchen. Nein danke, ich hätte lieber eine Zitronenlimonade.

LAMBERTI, PINOT GRIGIO, 2013 € 4,29 🍷🍷🍷
Blind Date: Die Pasta schmecken fast wie selbst gemacht. Und er ‚at sogar eine Auto. Perfect match!

LEONARDI, CHARDONNAY, VALDADIGE, 2013 € 3,99 🍷🍷
Chardonnay am Morgen nach einer großen Party. Der Kater sitzt noch im Nacken, zum Schminken hat die Zeit nicht gereicht, die Kleider sind die vom Vorabend ... Aber die Erinnerungen sind großartig!

LEONARDI, PINOT GRIGIO DELLE VENEZIE, 2013 € 3,99 🍷🍷
Das fünfte Rad am Wagen ... Unnötig, aber läuft geschmeidig!

LOTTO D'ORO, 1L TETRAPAK € 1,39
Bunte Tüte am Kiosk. Dafür wäre das Geld besser angelegt, und es schmeckt genauso ... bunt.

LUGANA, MARANGONA, 2012 € 9,49 🍷🍷🍷
Das sind die Momente, die das Verkostungsteam liebt. Auf einmal hat man ganz unerwartet einen richtig tollen Wein im Glas. Zart fruchtig und mineralisch duftend, elegant am Gaumen, geschliffen. Perfekt! Ein Blick auf das Preisschild. Für den Preis sollte man auch nicht weniger erwarten.

PASQUA, CUSTOZA, 2012 € 3,99 🍷🍷
Audi A4, Lebensversicherung, Pauschalreise an den Gardasee mit Halbpension, das kann doch nicht alles gewesen sein. Wenigstens eine Dauerkarte für Arminia Bielefeld sollte doch wohl drin sein. Und Stadionwurst.

PINOT GRIGIO, TRENTINO, VILLA LAVINO, TROCKEN, 2013 € 3,49 🍷🍷
Ungefähr so spannend wie Treibhaustomate und Plastikmozzarella, aber mit ein bisschen frischem Basilikum wird vielleicht noch eine ganz passable Vorspeise daraus. Und dazu ist so ein Pinot Grigio schon fast ein Muss.

REGALEALI BIANCO, SICILIA, 2013 € 7,99 🍷🍷🍷
Wer fünfmal ganz schnell hintereinander Regaleali rückwärts sagen kann, bekommt eine Flasche! Üben, es lohnt sich.

SANTA CRISTINA, UMBRIA, 2013 € 7,99 🍷🍷🍷
Da fehlt nicht viel zum Topmodel, beschwingt, frisch und ein wenig frech. Mit drei Gläsern in die nächste Runde!

VESCOVINO, CHARDONNAY DELLE VENEZIE, 2013 € 2,49 🍷
Es beschleicht uns das Gefühl, dass es hier um ein Geheimprojekt geht „wie man es nicht machen sollte!“

VESCOVINO, ORVIETO CLASSICO, 2012 € 2,49
Ärgerlich, wenn man am freien Wochenende krank wird und alles nur nach Hustentropfen schmeckt.

VESCOVINO, PINOT GRIGIO, LAZIO, 2013 € 2,99
Der Wein zur Tiefkühlpizza (für die Anfänger: vor dem Backen Plastikfolie entfernen!)

VESCOVINO, SOAVE, 2013 € 1,99
Kann Wein genau wie Milch bei schwülwarmem Wetter sauer werden? Dann lag's sicher am Wetter.

VIA AL CASTELLO, LUGANA, TROCKEN, 2012 € 5,99
Jetzt weiß man auch, warum es alle Wohnwagenbesitzer an den Gardasee zieht. Sie schauen aus ihrem Klappstuhl auf den Luxus der Umgebung! Teure Autos, Schlösser, Lifestyle! Noch ein Glas Schlosswein dazu und das Glück ist vollkommen. Einfacher Wegtrinker mit Flair.

VIALA, SWEET, BIANCO, 2012 € 2,99
Das heutige Horoskop versprach eine angenehme, süße Überraschung. Guter Anfang, aber vielleicht bringt mir auch noch jemand Schokolade mit.

VILLA ANTINORI, TOSCANA, 2012 € 10,99
Oma ist noch geschmeidig in den Hüften, die Brüste sind mit Silikon gefüllt, die Wangen voller Botox. Knackig, aber albern. Zuviel des Guten.

VIVOLO DI SASSO, CHARDONNAY, 2013 € 4,99
Chardonnay ist, wenn man trotzdem lacht!

VIVOLO DI SASSO, PINOT GRIGIO, 2012 € 4,99
So was von 80er: Schulterpolster, weiße Socken, Vokuhila, Pinogritschoooo und 3x hintereinander „Last Christmas" hören.

ÖSTERREICH

DOMÄNE BAUMGARTNER, GRÜNER VELTLINER, 2013 € 4,99
Natürlich ist H-Milch für manche Situationen durchaus praktisch ... Der Unterschied zur Frischmilch ist aber nicht zu leugnen. Neuerdings gibt es nebst Wein auch H-Wein! Schon probiert?

J.A. SCHACHENHUBER, GRÜNER VELTLINER, TROCKEN, LITERFLASCHE, 2013 € 2,89

Patenter Kerl, alle mögen ihn. Er hilft dem Kumpel beim Umzug, der Tante beim Anstreichen und wenn in der Fußballmannschaft einer ausfällt, dann schnürt er auch noch mal seine Fußballschuhe. Auch wenn der Bauch schon ein wenig unter dem Trikot spannt. Er hat's immer noch drauf.

WEINMANUFAKTUR KREMS, GRÜNER VELTLINER, TROCKEN, 2013 € 6,79

SUPER SCHOPPEN

Servus! Wir geben zu, inzwischen sind wir Riesen-Fans der Kremser Winzer. Und auch hier haben sie uns nicht enttäuscht. Ein perfekter Grüner Veltliner, frisch, fruchtig, knackig und das für diese Rebsorte typische „Pfefferl", ein zartes Aroma wie weißer Pfeffer. Das macht ihn so besonders.

RUMÄNIEN

LA UMBRA, PINOT GRIGIO, 2012 € 2,69

Da lässt einer erst richtig fett die Muskeln spielen, und wenn's drauf ankommt, kneift er und verdrückt sich durch die Hintertür.

VAL DUNA, PINOT GRIGIO, 2013 € 2,99

Rumänien, willkommen in der EU. Das mit dem Pinot Grigio klappt schon mal gar nicht so schlecht, aber da ist noch Luft nach oben.

SPANIEN

FINCA DE LA VEGA, LA ALMENDRERA, VERDEJO, RUEDA, 2013 € 3,99

SUPER SCHOPPEN

Rueda ist momentan eines der hippsten Weißweingebiete der Welt. Wir wissen warum! Saftige, herbe Weine mit viel Geschmack von Pfirsich und Citrus. Hier ein Musterbeispiel zum Preis der süchtig macht.

FREIXENET, LEGERO 9%, BLANCO, 2012 € 3,99

Campingurlaub in Benidorm. Die Paella ist angebrannt, der Campingsplatz ist überfüllt. Und jetzt noch dieser Wein. Nichts wie zurück nach Deutschland.

PLENO, BLANCO, 2013 — € 3,99

Im Familienbad: Die freundliche junge Dame auf dem Handtuch nebenan passt gerne auf unsere Taschen auf, wenn wir baden gehen, wir helfen ihr dafür beim Rückeneincremen. Und sie hat auch noch einen feinen Wein in der Kühltasche. Der Beginn einer wunderbaren Freundschaft.

VIÑA SOL, MIGUEL TORRES, 2013 — € 5,99

Ein bisschen blass um die Nase, er sollte mal öfter an die Sonne gehen.

VINAS DE RADIQUERO, TROCKEN, 2013 — € 4,99

Die kleine Lea wollte so gerne Auflaufkind sein und an der Hand von Bastian Schweinsteiger in die Allianzarena einlaufen. Da trifft es sich gut, dass ihre Mutter und Frau Guiardiola im selben Golfclub sind und sich zufällig auf ein Glas Wein am 19. Loch getroffen haben.

SÜDAFRIKA

CAPE SWALLOW, CHENIN BLANC, 2013 — € 2,99

Eine Schwalbe macht noch keinen Sommer, und nicht jeder Chenin Blanc reißt uns zu Begeisterungsstürmen hin.

GOLDEN KAAN, SAUVIGNON BLANC, TROCKEN, 2013 — € 2,79

Wer nichts macht, macht nichts verkehrt. Und ein Wein, der gut riecht und nach wenig schmeckt, wird kaum jemandem nicht schmecken. Man könnte ihm aber auch mal ein bisschen mehr Frucht und Schmelz mitgeben. Der hier hat durchaus Potenzial, man muss es nur richtig nutzen. Vielleicht im nächsten Jahr.

OUDE KAAP, RESERVE COLLECTION, CHARDONNAY, 2013 — € 5,99

Shorts von Calvin Klein, Ray-ban-Brille, lässig einen gut gekühlten, tollen Chardonnay servieren - it‘s all about style baby.

OUDE KAAP, RESERVE COLLECTION, SAUVIGNON BLANC, 2012 — € 5,99 — 🍷
Während seine Mutter mit der Chefin vom Friseurladen bei einem Glas Wein den neusten Tratsch durchgeht, hat sich der kleine Jan vom Lehrling schnell einen schicken Boxerhaarschnitt schneiden lassen. Mom is not amused!

OVERSEAS, SAUVIGNON BLANC, TROCKEN, 2013 — € 2,99 — 🍷🍷
Was nach nix schmeckt, kann wenigstens nicht schlecht schmecken. Das ist auch schon mal was.

TALL HORSE, CHARDONNAY, 2013 — € 4,49 — 🍷🍷
Humor haben sie ja in Südafrika, wenn sie uns auf dem Flaschenetikett eine Giraffe als großes Pferd verkaufen wollen und diesen Wein als Chardonnay.

TWO OCEANS, SAUVIGNON BLANC, 2013 — € 4,49 — 🍷
„Buchsbaum mit Katzenpipi“ ist ein Klassiker für Sauvignon Blanc. Ehrlich! Kein Scherz! Aber Sauvignon, der nach öffentlicher Toilette riecht, ist nicht einladend. Er schmeckt allerdings viel besser als er riecht, das muss man ihm lassen.

UNGARN

GRAF KAROLYI, CHARDONNAY SAUVIGNON BLANC, 2013 — € 2,99 — 🍷🍷
Heiteres Rebsortenraten. Auch nach dem zweiten Glas kommt keiner auf Chardonnay oder Sauvignon Blanc. Aber der Wein schmeckt frisch und fruchtig.

KÖNIGLICHE MÄDCHENTRAUBE, LIEBLICH, 2013 — € 1,79 — 🍷
Warum will das Mädchen nicht endlich mal erwachsen werden? In Ihrem Alter wirken blonde Zöpfe und Schmollmund nicht süß sondern eher lächerlich.

USA

GALLO FAMILY VINEYARDS, CHARDONNAY, 2012 — € 4,99 — 🍷
Man könnte fast meinen, die Gallos hätten das Weinmachen aus einem kleinen Heft der örtlichen Leihbibliothek gelernt. Vielleicht hat der selige Ernesto das Büchlein mit ins Grab genommen und jetzt weiß beim Chardonnay keiner mehr, wie‘s geht.

GALLO FAMILY VINEYARDS, MOSCATO, SÜSS, 2011 € 4,99 🍷
Vielleicht tun wir den Gallos ja Unrecht. Es bleibt zu bedenken, dass man in Amerika diese Weine viel kälter trinkt als bei uns (und auch vor dem Eiswürfel nicht zurückschreckt). Und dass man es auch gerne richtig knallsüß mag. Unter diesem Aspekt ist der Wein so wie es von ihm erwartet wird. Nur, was will er dann hier bei uns?

GALLO, FAMILY VINEYARDS, PINOT GRIGIO, 2012 € 4,99 🍷🍷
Irgendwie vorhersehbar, alle diese amerikanischen Serien. Und als ob man nicht wüsste, wann der Witz zu Ende ist, gibt es noch Lacher vom Band.

OVERSEAS, CHARDONNAY, TROCKEN, 2012 € 2,99 🍷
Sushirollkurs in der Volkshochschule. Die Röllchen sind zu breit geraten, und der Räucherlachs ist ein wenig tranig. Der Wein passt, er muss nur ordentlich kalt sein.

ROSÉ

DEUTSCHLAND

BADEN

ALDE GOTT, SPÄTBURGUNDER WEISSHERBST, TROCKEN, 2012 € 7,99 🍷🍷🍷
Der erste Tag mit strahlend blauem Himmel und klarem Sonnenschein, aber das Thermometer klettert kaum über 7°C. Trotzdem sind die Straßen voll von Cabriofahrern mit offenem Verdeck, in dicke Daunenjacken eingepackt und mit schicker Sonnenbrille. Macht aber auch Spaß. Und am Abend nehmen sie sicherheitshalber ein Aspirin. Rein vorbeugend.

HEINRICH HANSJAKOB, SPÄTBURGUNDER WEISSHERBST TROCKEN, LITERFLASCHE, 2013 € 4,79 🍷🍷🍷
Essen beim Chinesen, knusprige Entenbrust mit Ananas, köstlich wie immer. Nur den Satz im Glückskeks haben wir nicht verstanden: Auch ein Affe fällt vom Baum.

SPÄTBURGUNDER WEISSHERBST, HALBTROCKEN, 2012 — € 2,19 — 🍷🍷
Von allem ein bisschen, aber von nichts wirklich genug.

MOSEL

MOSELLAND AKZENTE, SPÄTBURGUNDER ROSÉ, HALBTROCKEN, 2013 — € 4,49 — 🍷🍷
Der Barista hat sich so viel Mühe gegeben! Der Cappuccino prunkt mit dem Bildnis zweier ineinander verschlungener Herzen im Schaumkrönchen. Und was macht der ignorante Kunde? Wirft drei Zuckerwürfel rein ...

NAHE

DR. FAUST, SPÄTBURGUNDER ROSÉ, 2013 — € 4,99 — 🍷🍷🍷
Man kann durchaus zum roten Steak Rosé trinken! Selbst als Mann! Macht Dr. Faust auch. Gretchen trinkt ihn zum Rote Beete Carpaccio.

PFALZ

DEUTSCHES WEINTOR, DORNFELDER, HALBTROCKEN, 2012 — € 4,69 — 🍷🍷
Mit diesem eisgekühlten Rosé wird sogar das Picknick mit den Schwiegereltern gesellig, und der trockene Hähnchenschlegel rutscht gleich viel besser.

ERBEN ORIGINAL, WEISSHERBST, LIEBLICH, 2013 — € 3,99 — 🍷🍷🍷
Dieser blaue Portugieser ist den Erben wirklich gut gelungen. Ist natürlich nur etwas für die Süßmäuler.

RHEINBERG, DORNFELDER ROSÉ, HALBTROCKEN, 2012 — € 2,99 — 🍷🍷
In Dornfeld nicht Neues, ist aber immer wieder nett, dort mal vorbeizuschauen.

RHEINHESSEN

BREE ROSÉ, PINOT NOIR, TROCKEN, 2013 — € 3,99 — 🍷🍷
So vorhersehbar und bemüht wie eine deutsche Vorabend-TV-Serie. Aber die Flasche ist wirklich elegant. Wenn eins drauf wäre, könnte man glatt von Etikettenschwindel sprechen. Pinot Noir?

ERBEN LANDWEIN, HALBTROCKEN, 2012 — € 2,99
Unsre Oma trinkt im Kuhstall den Roséwein, unsre Oma ist ‚ne ganz patente Frau! Der graust vor nix.

RHEINBERG, DEUTSCHE KLASSIKER, PORTUGIESER WEISSHERBST, HALBTROCKEN, LITERFLASCHE, 2013 € 2,99

Wer sich bei Portugieser so ein Sahneschnittchen wie den hübschen Cristiano Ronaldo vorstellt, ist selber schuld. Deutscher Klassiker!

RHEINBERG, EISWEIN, DORNFELDER ROSÉ, 0,375L, 2012 € 7,99

Für Eiswein müssen die Trauben am Stock bleiben, bis es so kalt ist, dass sie komplett durchfroren sind. Erst dann werden sie geerntet. Eine mühsame Arbeit, ärgerlich vor allem, wenn sie wie im vorliegenden Falle vollkommen für die Katz war. Ach so, die Katz macht um diesen muffigen Wein auch einen großen Bogen.

WÜRTTEMBERG

LAUFFENER KATZENBEISSER, SCHWARZRIESLING ROSÉ, TROCKEN, 2013 € 4,49

SUPER SCHOPPEN

Strawberries, cherries and an angel's kiss ... Perfekter als mit dem Song „Summerwine" von Lee Hazelwood kann man diesen Wein nicht beschreiben.

LAUFFENER WEINGÄRTNER, ROSÉ HALBTROCKEN, 2013 € 4,49

SUPER SCHOPPEN

Hier wird man glatt zum Halbtrockener-Rosé-Trinker! Trotz der subtilen Süße unglaublich erfrischend. Kein Wunder, dass man in Deutschland nirgends mehr Rosé d'Anjou kaufen kann.

LAUFFENER WEINGÄRTNER, SCHILLERWEIN, TROCKEN, BIO, 2012 € 4,99

SUPER SCHOPPEN

Dorade vom Grill, frischer Salat, ein Glas gekühlter Wein - die Nachbarin schaut auch gerne auf ein Glas vorbei und bleibt bis nach dem Essen.

FRANKREICH

CHÂTEAU TERRES DOUCES, 2012 € 4,79

Vielleicht macht der Bordeaux-Winzer mal eine Studienreise zu seinen Kollegen in die Provence, die haben das mit dem Rosé doch besser drauf.

CORSAIRE, RÉSERVE DU PRÉSIDENT, 2013 €4,99

Der Rosé mit den fünf F: frisch, fruchtig, floral, fein - einfach ferführerisch ;-)

LE FILOU, ROSÉ, 2013 €2,99

Erstes Rendezvous, Lucien hat seine Magalie zum Essen ausgeführt und jetzt weiß er nicht, ob er Rot- oder Weißwein bestellen soll. Mit Rosé, meint er, kann er nichts falsch machen. Aber vielleicht sollte er zum Essen einen etwas trockeneren nehmen.

LE FLAMAND, ROSÉ, TROCKEN, LITERFLASCHE €2,49

Heute bleibt die Küche kalt. Bagels mit Lachs sind doch auch lecker. Ein frischer Rosé dazu, fertig ist das Abendessen.

LE SWEET FILOU €2,99

Der Wein zu Fifty Shades of Grey. Süßer Schmerz. Ohne jede Raffinesse. Und tut auch nicht weh.

LES ARCEAUX, CINSAULT ROSÉ, 2013 €5,99

Ein Sommer ohne Rosé? Ohne diesen beschwingten, fröhlichen, frisch-fruchtigen, saftigen Wein? Das ist kein Sommer!

MEDINET, HALBTROCKEN, LITERFLASCHE €3,29

Dass es an Frankreichs Tankstellen bessere Weine gibt als in deutschen Supermärkten ist ein durch nichts bewiesenes Gerücht.

ITALIEN

D'AMATI, NERO D'AVOLA SYRAH ROSATO, LITERFLASCHE, 2013 €3,79

Die ersten Proben für das Karnevalsmännerballett sind noch sehr mühsam. Bei den Pirouetten fallen die Herren reihenweise um. Vielleicht halten sie sich besser, wenn man ihnen einen Ball vor die Füße spielt.

LOTTO D'ORO, VINO ROSATO, 1L TETRAPAK €1,39

Wer mit der Achterbahn fährt, sollte vorher besser nicht alles durcheinander gegessen haben: Himbeerbonbons, Vanillejoghurt, Pfeffersteak, Erbsensuppe ...

REGALEALI, LE ROSÉ, NERELLO MASCLESE, 2013 € 7,99 🍷🍷🍷
… und im Hintergrund singt Jon Bon Jovi: … and I lay you down in a bed of roses … wunderschön

VIALA, SWEET, ROSATO, 2012 € 3,29 🍷
Der Duft nach Lavendelseife ist schon sehr ….. interessant. Im Mund ist dieser Wein hauptsächlich süß mit ein bisschen Zitronenaroma. Mehr als ein Glas mag man davon nicht trinken.

MAZEDONIEN

REPUBLIK MAZEDONIEN, LIEBLICH, LITERFLASCHE, 2013 € 1,59 🍷
Stinkt wie eine Durian-Frucht. Die schmeckt auch besser als sie riecht.

ÖSTERREICH

WINZER KREMS, SANDGRUBE 13, ZWEIGELT ROSÉ, 2013 € 5,29 🍷🍷🍷🍷
SUPER SCHOPPEN
Das Picknick in der Sandgrube hat er perfekt vorbereitet und liebevoll in Szene gesetzt. Trauben, Äpfel und Birnen, eine Platte mit köstlichen Sandwiches, gegrilltes Huhn, kleine Obstkuchen und auch den Sonnenschirm hat er nicht vergessen. In der Kühltasche wartet ein duftig zarter, frischherber, fruchtiger Rosé.

PORTUGAL

MATEUS, THE ORIGINAL € 4,79
Rosé zum Fisch ist eine altbekannte Empfehlung. Aber Fisch im Rosé geht zu weit. Weniger praktisches „Two-In-One-Konzept"?!

SPANIEN

AMSELKELLER, LIEBLICH, 2013 € 1,99 🍷🍷
Der alte Oberkellner weiß genau mit welchem Wein er die Damen aus dem Saunaclub „die lustige Schweißperle" erfreuen kann, wenn sie ihre Clubkasse auf den Kopf hauen. Hauptsache süß.

FREIXENET, LEGERO, ROSADO, 2012 € 3,99 ⚡
Sollte mit Zungenreiniger geliefert werden, damit man den Geschmack wieder aus dem Mund bekommt. Die armen Trauben, die hierfür sterben mussten.

LEGÓN, RIBEIRA DEL DUERO, 2012 € 4,99
Alles im Leben hat seine Zeit. Die Zeit des Legón ist vorbei. Neuer Jahrgang - neues Glück?

PLENO, ROSADO, 2012 € 3,99
Wissenschaftler haben festgestellt: Das Betrachten von Pflanzen am Arbeitsplatz fördert die Konzentration und Leistungsfähigkeit. Da haben Winzer ja einen entscheidenden Arbeitsplatzvorteil. Pleno hat ihn für seinen Rosé perfekt ausgenutzt.

VINAS DE RADIQUERO, TROCKEN, 2013 € 4,99
My boy Lollipop, you make my heart go giddyup! You are as sweet as candy, you are my sugar dandy!

USA

GALLO FAMILY VINEYARDS, GRENACHE, 2012 € 4,99
Wenn auf dem Etikett „lieblich“ gestanden hätte, wären alle Informationen komplett gewesen und wir hätten fast 3 Gläser geben können.

GALLO FAMILY VINEYARDS, WHITE ZINFANDEL, 2012 € 4,99
Gallos Revenge! Dabei hat denen doch keiner was getan.

OVERSEAS, ZINFANDEL, MEDIUM SWEET, 2013 € 2,99
An den Papierkörben im Golden Gate Park sind die Tüten für die Hundehäufchen ausgegangen. Und auf den Rasen dürfen die lieben Vierbeiner auch nicht. Patsch, schon wieder ist ein Jogger reingetreten ... wir wollen das jetzt nicht noch weiter vertiefen.

ROT

DEUTSCHLAND

BADEN

AFFENTALER, SPÄTBURGUNDER ROTWEIN, TROCKEN, 2012 € 4,99
Der Trick ist total einfach. Wenn es im Urlaub Katzen und Hunde regnet, einfach schnell einen neuen Schirm kaufen, und schon geht die Sonne auf. Und die Luft riecht frisch und klar.

ALDE GOTT, SPÄTBURGUNDER ROTWEIN, TROCKEN, 2011 € 7,99

Frau Hammerschmitt hat 25jähriges Dienstjubiläum. Noch nie hat sie so einen liebevoll zusammengestellten Präsentkorb bekommen: Schwarzwälder Schinken, Holunderblütengelee, frisch gebackenes Landbrot, hausgemachte Spätzle, Kirschwasserpralinen und so einen feinen Wein.

HEINRICH HANSJAKOB, SPÄTBURGUNDER ROTWEIN, TROCKEN, LITERFLASCHE, 2012 € 5,99

Spätburgunder? Thema verfehlt! Setzen, fünf! Und schmecken tut's auch nicht.

MARTIN SCHONGAUER, SPÄTBURGUNDER, TROCKEN, 2012 € 4,99

Sonntags trifft sich die ganze Familie bei Opa auf dem Bauernhof. Oma kocht, wie immer, für alle. Im Sommer isst man an der langen Tafel im Garten. Die Runde wird von Jahr zu Jahr größer: Kinder, Kindeskinder, Schwiegertöchter und -söhne ... Wie gut, dass der Wein nie ausgeht! Das glückliche Landleben!

MOSEL

MOSELLAND, REGENT, TROCKEN, 2012 € 4,99

Einfacher, ehrlicher Schoppenwein, der einem das Mittagsmenü in der Dorfwirtschaft aufwertet. Die Roulade schmeckt gleich doppelt so gut.

NAHE

DR. FAUST, DORNFELDER, LIEBLICH, 2012 € 4,99

Kaffee mit ganz viel Milch und einer extra Portion Zucker. Aber in rot, kalt und mit Alkohol.

PFALZ

BIOWEIN, DORNFELDER, TROCKEN, BIO, 2013 € 3,99

Auch wenn es nur das Roy-Black Cover ist, die Damen sind von der samtig schmeichelnden Stimme des charmanten Herrn hin und weg und werfen haufenweise rote Rosen auf die Bühne.

DEUTSCHES WEINTOR, DORNFELDER MILD, 2013 € 4,69

Falls es mal keinen Nachschub gibt, Johannisbeersaft und halbtrockenen Sekt mischen - fertig ist so ein milder Dornfelder.

DEUTSCHES WEINTOR, DORNFELDER, LIEBLICH, 2013 — € 4,69 (3 Gläser)
Patrick Lindner in Flüssigform: eingängige Melodie, lieblicher Refrain. Unterhaken und mitsingen.

DEUTSCHES WEINTOR, DORNFELDER, TROCKEN, 2013 — € 4,49 (2 Gläser)
Mehr Dorn als Felder. Nach einem gierigen zweiten Schluck des Messweins sind heute Abend 3 Peitschenschläge zur Selbstkasteiung fällig. Genuss ist Sünde!

DEUTSCHES WEINTOR, SPÄTBURGUNDER TROCKEN, 2011 — € 4,49 (1 Glas)
Ich schmeck das sowieso nicht, sagt Tante Anna immer. Da habe ich hier genau den richtigen Wein für sie, da gibt es auch nicht viel zu schmecken.

ERBEN EXKLUSIV, DORNFELDER BARRIQUE, 2012 — € 4,99 (2 Gläser)
Den sollte man eher Dornwälder nennen, soviel Holz bringt der mit. Wir hätten gerne etwas mehr von eigentlichen Wein geschmeckt.

ERBEN ORIGINAL, DORNFELDER TROCKEN, 2013 — € 3,99 (2 Gläser)
Nach der trockenen Verlesung des Testaments gibt es Schnittchen und Dornfelder. Im Großen und Ganzen sind alle zufrieden.

KENDERMANNS, DORNFELDER, TROCKEN, 2012 — € 4,49 (2 Gläser)
Was unterscheidet die Pfälzer von den Holländern? Die Holländer bekommen rotes Wasser schnittfest, bei den Pfälzern bleibt es flüssig.

MICHEL SCHNEIDER, DORNFELDER IM BARRIQUE GEREIFT, TROCKEN, 2010 — € 3,99 (1 Glas)
Das Fass hilft hier auch nicht. Wenn kein Aroma im Wein drin ist, dann schmeckt er eben nach nix mit ein bisschen Holz.

MICHEL SCHNEIDER, DORNFELDER, TROCKEN, 2012 — € 2,99 (1 Glas)
Bastelabend für einen guten Zweck. Für die gute Stimmung gibt es ein Gläschen Wein dazu. Huch, hab ich jetzt den Dornfelder oder die Uhuflasche erwischt. Anna ist auch schon so lange still. Ob ihr Mund jetzt zugeklebt ist?

MICHEL SCHNEIDER, SPÄTBURGUNDER, TROCKEN, 2012 € 2,99
Der Opel Corsa unter den Spätburgundern. Ordentlicher Gebrauchtwagen mit noch zwei Jahren TÜV.

PFÄLZER LANDWEIN, LITERFLASCHE, 2013 € 2,49
Auf der Party hat jemand in die Ecke gekübelt. Das Übel wurde mit Waschbenzin behandelt. Man riecht's.

RHEINBERG, DORNFELDER, LIEBLICH, 2013 € 2,99
So lieblich wie die Jungfrau des Dreigestirns beim Kölner Karneval.

RHEINBERG, DORNFELDER, TROCKEN, 2013 € 2,99
Da liest er ewig in der Weinkarte, befragt den Keller stundenlang und am Ende bestellt er doch immer wieder ein Viertel Dornfelder. Ganz ehrlich, das nervt.

RHEINBERG, DORNFELDER, HALBTROCKEN, 2013 € 2,99
Straßenfest im Neubauviertel, alle sind erst kürzlich in die neuen Häuser eingezogen und jetzt will man sich besser kennenlernen. Die Männer bedienen den großen Grill und die Damen übertrumpfen sich gegenseitig mit ihren Nudel- und Kartoffelsalatgeheimrezepten und vielen Kuchen. Am lustigsten ist es in Ritas Küche, wo die Suppe warm und die Getränke kalt gehalten werden.

RHEINBERG, REGENT, TROCKEN, 2013 € 1,99
Noch ein Spritzer Limettensaft, ein ordentlicher Schuss aus der Wodkaflasche und ein bisschen Sprudelwasser dazu - fertig ist der Alcopop!

RIETBURG CREATION, REGENT, SÜSS, 2013 € 3,89
Süß wie Cherry-Coke ... Höchste Zeit für eine Zero und eine Light Version.

RIETBURG CREATION, SPÄTBURGUNDER, TROCKEN, 2013 € 4,99
Die Oldtimer Rallye macht Mittagspause mit Picknick am Waldrand. Die hübsche karierte Picknickdecke wird ins Gras gelegt, aus dem geflochtenen Korb kommen Teller, Besteck und Gläser. Die Hähnchenschlegel sind aus dem Delikatessengeschäft und der Spätburgunder wird im Bach noch kurz auf 16 Grad gekühlt. Ein Drei-Sterne-Ereignis.

RIETBURG, ACOLON, TROCKEN, 2012 — € 3,59

Pocahontas Teil 2 ... Man geht hin, weil einem der erste Teil so gut gefallen hat. Die Geschichte war aber auch eigentlich zu Ende erzählt ... Der Inhalt ist ein bisschen an den Haaren herbeigezogen.

RIETBURG, DORNFELDER IM BARRIQUE GEREIFT, 2012 — € 5,99

Der Koch hat heute seinen experimentellen Tag. Vorratsschrank auf, und von allem, was er findet muss etwas mit in das Gericht. Sehr kreativ! Mit Humor kann man es sich dann auch noch schmecken lassen ... Wetten, dass es dem Koch nicht gelingt, dieses Menu ein zweites Mal zu zaubern? (Und das ist auch gut so! Irgendwo hört der Spaß auf.)

RIETBURG, DORNFELDER, TROCKEN, 2012 — € 3,99

Ein sympathischer Schwindler, dem man kaum übel nehmen kann, dass er sich für einen ‚Trocken' ausgibt. Man lässt sich gerne von seinen Geschichten mitreißen.

SCHNEIDER, URSPRUNG, 2012 — € 9,99

Der Name ist Programm. Hier haben wir den Ursprung des roten Weins. Er verträgt sich zu Tisch mit allen Fleischgerichten, unterhält aber auch prima zur gemütlichen Skatrunde. Sogar eine Tüte Chips kann ihm die Laune nicht verderben. Saftig, kräftig, vollmundig und männlich.

RHEINHESSEN

DORNFELDER, TROCKEN, 2013 — € 1,79

Die Herren von der Rheinbergkellerei müssen mir den Unterschied zwischen trocken und halbtrocken noch mal erklären. Entweder bin ich mein Leben lang einem Irrtum aufgesessen oder sie. Ich dachte jedenfalls bisher, dass trocken bedeutet, dass der Wein nicht süß schmeckt. Oder höchstens ein ganz kleines bisschen.

EDITION, DORNFELDER ROTWEIN BARRIQUE, TROCKEN, 2011 — € 2,99

Ein Dornfelder ohne Barrique ist wie eine Kuh ohne Sonnenbrille.

ERBEN LANDWEIN, HALBTROCKEN, 2012 € 2,99 🍷🍷
Wer das einfache Landleben hymnisch preist, ist noch nie auf einem schlaglöchrigen Feldweg zwei Stunden lang hinter einem Trecker hergefahren, vorbei an allen Kuhställen der Gegend, im Regen ... und musste dabei dringend aufs Klo.

CARL ZUCKMAYER, DORNFELDER, HALBTROCKEN, 2012 € 4,49 🍷🍷
Ein berühmter Schriftsteller, der Weinkenner ist, trinkt keinen halbtrockenen Wein ... Also, er könnte schon, aber er würde nicht! Das ist so, wie Tiger Woods, der mit einem Plastikschläger auf dem Golfplatz erscheint, oder Christiano Ronaldo, der mit einem Strandball zum WM-Training kommt.

ERBEN ORIGINAL, DORNFELDER LIEBLICH, 2012 € 3,99 🍷🍷
Auch zum Nachmittagsschwatz mit der Nachbarin macht man sich ein bisschen zurecht. Man weiß ja nie, wer noch vorbei kommt. Und außerdem soll sie sich ruhig über die schicke neue Bluse ärgern. Escada aus dem Ausverkauf.

ERBEN ORIGINAL, SPÄTBURGUNDER, LIEBLICH, 2012 € 3,99 🍷🍷
Halb und halb mit Sprudel gemischt, Spritzer Zitronensaft rein und schon hat man einen lieblichen Rosé. Eiswürfel nicht vergessen.

RHEINBERG, DEUTSCHE KLASSIKER, DORNFELDER, HALBTROCKEN, LITERFLASCHE, 2013 € 3,49 🍷🍷
Solide wie ein VW Golf. Und so aufregend wie das Bielefelder Telefonbuch.

RHEINBERG, SPÄTBURGUNDER, TROCKEN, 2012 € 2,79 🍷🍷🍷
Jeder hat ihn gerne zum Kollegen, er ist freundlich, korrekt, hilfsbereit und ein Fachmann auf seinem Gebiet. Aber für die große Karriere fehlt ihm die kühle Abgebrühtheit. Nun, solange er zufrieden ist, ist doch alles in Ordnung.

SPÄTBURGUNDER DORNFELDER, LIEBLICH, 2012 € 2,99 🍷
Man nennt ihn auch Rumfortwein. Es stand noch ein bisschen Dornfelder und ein bisschen Spätburgunder rum, die mussten fort.

VON MEDEM, DORNFELDER HALBTROCKEN € 4,39

Alte Küchenregel: Man soll mit dem gleichen Wein kochen, den man auch zum Essen trinken will. Die Rinderrouladen duften jedenfalls verführerisch in ihrer Dornfeldersoße.

VON MEDEM, SPÄTBURGUNDER, TROCKEN, 2012 € 4,39

Reichsgräfin von Medem weiß, wie deutsche Rotweintrinker ihren Spätburgunder lieben: fruchtig, weich und angenehm, und nur nicht zu trocken.

WÜRTTEMBERG

LAUFFENER KATZENBEISSER SAMTROT, KABINETT, 2012 € 4,99

Wenn es Kuschelrock in der Flasche gäbe, dann hätten wir ihn hier gefunden. Weich, schmeichelnd, verführerisch.

LAUFFENER KATZENBEISSER, LEMBERGER, TROCKEN, 2012 € 4,79

Sonntags gibt es Rinderbraten. Der hat lange geschmort. Der Tisch ist fein gedeckt, und der Wein funkelt schon im Glas. Wenn der Braten so köstlich ist wie der Wein, ist der Sonntag perfekt.

LAUFFENER KATZENBEISSER, SAMTROT, LIEBLICH, 2012 € 4,59

Immer nur Kaffee und Kuchen für die Damenrunde ist doch auf Dauer langweilig. Wie wär‘s zur Abwechslung mal mit Käseschnittchen und Samtrot.

LAUFFENER KATZENBEISSER, SCHWARZRIESLING, HALBTROCKEN, 2012 € 4,99

Frühling: Endlich kann man die Winterklamotten wegpacken. Mit der neuen Bluse im frisch blühenden Balkonien auf ein Glas Schwarzriesling - Kurzurlaub mit dem Liebsten. Was will man mehr.

LAUFFENER KATZENBEISSER, TROLLINGER AUS TERRASSENLAGE, 2011 — € 4,79

Beim Fußballtraining lief es noch nicht ganz rund. Bei der anschließenden Skatrunde schon besser. Weil es wieder mal spät geworden ist, bringt Klaus seiner Liebsten noch eine Flasche Wein mit. So ist der Abend eine runde Sache.

LAUFFENER KATZENBEISSER, TROLLINGER MIT LEMBERGER, HALBTROCKEN, 2012 — € 4,59

Der Bürgersteig ist gefegt, die Linsen köcheln auf dem Herd, die Wäsche ist gebügelt. Das größte Kompliment für die schwäbische Hausfrau „Du sieht aber geschafft aus!" Darauf einen guten Schoppen!

LAUFFENER WEINGÄRTNER, SCHWARZ ROT, SCHWARZRIESLING LIEBLICH, 2012 — € 3,99

Die kratzdornige Hecke im Garten ist eine Strafe für jeden Gärtner, aber reife süße Himbeeren direkt vom Strauch gepflückt entschädigen für vieles. Vielleicht retten wir die allerschönsten noch fürs Schokotörtchen.

LAUFFENER WEINGÄRTNER, SCHWARZRIESLING, TROCKEN, 2012 — € 4,49

In Frankreich kennt man Schwarzriesling als Pinot Meunier im Champagner. Aber auch hier macht er eine gute Figur. Wie ein guter Champagner, wird auch der Schwarzriesling lieber etwas kühler getrunken.

LAUFFENER, „FRIEDRICH HÖLDERLIN", SCHWARZRIESLING SPÄTLESE, TROCKEN, 2012 — € 6,99

SUPER SCHOPPEN

„Das Angenehme dieser Welt hab ich genossen", schreibt Hölderlin. Dem kann man sich mit diesem Wein voll und ganz anschließen. Er fließt wie ein Gedicht mit seinen Duft nach Johannisbeeren und seinen zarten Holznoten.

LAUFFENER, SCHWARZRIESLING MIT SAMTROT, 2012 — € 4,49

Mädelsabend mit Schminktipps und DVDs, der Wein wartet im Kühlschrank. Viel Gekicher, gute Laune und der Wein trägt seinen Teil dazu bei.

WÜRTTEMBERG, LEMBERGER, TROCKEN, 2012 — € 5,99

Die stählerne Faust auf dem Etikett zeigt die Kraft an, die einem hier in der Flasche begegnet. Aber zum Glück hat der Ritter den Handschuh bereits abgelegt. Sein Händedruck ist warm und freundlich. Ein gutmütiger Kraftprotz, dessen deutliche Vorliebe reife Kirschen sind.

WÜRTTEMBERGER TROLLINGER, LITERFLASCHE — € 4,49

Linsen, Spätzle und Saitenwürschtle, dazu der Trollinger, schwäbische Glückseligkeit. Der Rest der Republik hat andere Vorlieben.

WÜRTTEMBERGER, LEMBERGER, TROCKEN — € 4,29

Dünn wie der Reifen eines Rennrads. Läuft schnell, bietet wenig Widerstand aber hat auch wenig Polster.

WÜRTTEMBERGER, SCHWARZRIESLING, HALBTROCKEN — € 4,29

Eine raue Hand im Samthandschuh. Ernsthafter Wein, der in eine schmeichelnde, milde Hülle gepackt ist.

WÜRTTEMBERGER, TROLLINGER, HALBTROCKEN — € 4,29

Fröhlicher Schoppen für Anfänger. Der erste Schritt nach der Limo ... Für Weintrinker, die in der ersten Fahrstunde noch erklärt bekommen müssen, wo das Gaspedal und wo die Bremse ist.

AUSTRALIEN

LINDEMANS, BIN 50, SHIRAZ, 2013 — € 6,49

40°C ist alles andere als „freakin hot"! Wir sind hier in Australien - no country for sissies. Da geht immer noch ein ordentlicher Shiraz zum Barbecue. Der schmeckt nach Brombeeren und Vanille und geht runter wie Öl.

OVERSEAS, SHIRAZ, TROCKEN, 2013 — € 2,99

Die Gäste unserer Mottoparty „Australien" wollten alle lieber ein Bier haben. Passt ja auch irgendwie besser.

PENFOLDS, RAWSON'S RETREAT, MERLOT, 2011 — € 6,99

Weich, elegant und samtig wie ein feiner Damenhandschuh mit der gleichen sinnlichen Ausstrahlung.

PENFOLDS, RAWSON'S RETREAT, SHIRAZ CABERNET, 2012 — € 7,99

Alle Highlights Australiens in einer Flasche: die Originalität eines Kängurus, die Eleganz der Oper in Sydney, die Größe des Outback, der niedliche Koalabär, und natürlich auch das unvermeidliche Eukalyptusbonbon.

BULGARIEN

ROSENTHALER MERLOT, HALBTROCKEN, 2012 — € 2,99

Er passt in der Karaffe farblich ganz toll zu Omas Rosenthalservice auf dem Tisch. Immerhin etwas.

ROSENTHALER MERLOT, LIEBLICH, 2012 — € 2,99

Lieblichen Merlot braucht man ungefähr genauso dringend wie einen Pickel auf der Backe. Beides ist aber harmlos. Den Pickel kann man überschminken und vielleicht findet sich sogar ein Liebhaber dieses weich-süßen Getränks.

CHILE

ALIWEN RESERVA, UNDURRAGA, CABERNET SAUVIGNON, CARMENÈRE, TROCKEN, 2012 — € 7,99

Bei der Benefizgala muss alles perfekt sein, wenn das handverlesene Publikum tief in die Brieftasche greifen soll. Es wäre vollkommen falsch, an irgendetwas zu sparen, weder am Catering noch am Rahmenprogramm. Als Topact also lieber Michael Bublé statt Roland Kaiser.

ALIWEN RESERVA, UNDURRAGA, CABERNET SAUVIGNON, SYRAH, TROCKEN, 2012 — € 7,99

Wer hätte gedacht, dass Berliner Pfannkuchen, Apfelstrudel und Christstollen in der chilenischen Küche bekannt und beliebt sind? Und dass sie Weine machen können, die die Konkurrenz aus Europa nicht zu scheuen brauchen?

OVERSEAS, CABERNET SAUVIGNON, TROCKEN, 2012 — € 2,99
Pimentos del Patron nur in Olivenöl gebraten schmecken ganz prima. Aber als Wein wollen wir das eigentlich nicht trinken.

OVERSEAS, MERLOT, TROCKEN, 2012 — € 2,99
So ein bisschen Johannisbeeraroma gehört zum Merlot dazu, aber die sanfte Note von Schuhcreme? Da sind wir nicht so sicher.

SAN FRANCISCO DE MONTAZAL, CABERNET SAUVIGNON RESERVA, 2011 — € 4,99
Der muss sich wohl warm anziehen. Deswegen hat man ihn in einen kleidsamen Kartoffelsack eingenäht. Mehr gibt es hier auch beim besten Willen nicht zu sagen.

SENDERO, CARMENÈRE, CONCHA Y TORO, 2012 — € 4,99
Perfekt für den chilenischen Abend. Zur Begrüßung einen Pisco Sour und dann Asado, also jede Menge Fleisch vom Grill. Die Damen tanzen Cueda. Die Herren haben es ja nicht so mit dem Tanzen, sie stecken ihre Nasen in diesen würzigen Wein mit seinen Kräuter- und Beerenaromen und der kräftigen Holznote. Salud!

UNDURRAGA, CABERNET SAUVIGNON, TROCKEN, 2012 — € 5,99
Weniger ist oft mehr, vielleicht sollte Undurraga weniger verschiedene Weine machen und sich auf die tollen konzentrieren.

UNDURRAGA, CARMENÈRE, TROCKEN, 2013 — € 5,99
Robbie Williams: Hinter seinem jungenhaften Grinsen und seinem lässigen Charme verbergen sich ernsthafte Entertainerqualitäten.

UNDURRAGA, MERLOT, TROCKEN, 2012 — € 5,99
Auch wenn man sich in Santiago total verlaufen hat. Erst mal ein Selfie für Facebook und selbstbewusst in die Kamera lächeln. Und dann die Navi-App runterladen.

FRANKREICH

BARON DE LUZE, BORDEAUX, MERLOT CABERNET SAUVIGNON, 2012 — € 5,49

Die Patek Philippe ist aus Hongkong und die Gucci-Tasche vom Basar in Antalya. Beware of cheap imitations.

BIOWEIN, CABERNET SAUVIGNON, PAYS D'OC, BIO, 2013 — € 3,99

In der Buchhaltung hat jemand „Bürowein" vorgelesen anstatt „Biowein". Da war wohl der Wunsch der Vater des Gedankens.

BORDEAUX ROUGE AOP, RHEINBERG KELLEREI, 2011 — € 2,99

Da soll der Briefträger nicht schlecht gelaunt sein, wenn er heute wieder so viele Pakete zustellen muss und es gibt nie ein ordentliches Trinkgeld, noch nicht mal eine Tasse Kaffee.

BORDEAUX, M. ROLLAND, 2012 — € 7,99

Der Lieblingsonkel mit der goldenen Rolex und dem Bentley Cabrio, der immer große Geschenke macht und immer mit Brimborium seinen Einzug hält, hat zur Feier des Tages einen Wein mitgebracht. Ganz kurz dachten wir, es sei eine Magnum, aber nein, es ist einfach eine dicke Flasche, die dicken Eindruck macht. Da werden Steak und Pommes direkt vornehm.

BORDEAUX, ROUGE, TROCKEN, 2011 — € 2,49

So ein Pech: Das Finanzamt hat gebrannt, und die örtliche Feuerwehr hat extra einen Umweg genommen. Hilft aber nichts, die Steuerbescheide sind eh schon verschickt und die Daten liegen irgendwo auf dem Zentralrechner.

CHÂTEAU DE COMPETS, CORBIÈRES, 2011 — € 3,99

Himmel hilf. Mutter hat das Sauerkraut auf dem Herd stehen lassen. Es riecht schon verbrannt. Da macht sie ganz schnell einen Blaubeerpfannkuchen, da ist das Mittagessen noch gerade gerettet.

CHÂTEAU TERRES DOUCES, 2012 — € 4,79

Die Flasche und das Etikett erinnern an einen Grand Vin de Bordeaux. Aber wer lässt sich schon von einem gefälligen Äußeren täuschen?

CORSAIRE, RÉSERVE DU PRÉSIDENT, TRADITION, 2013 — € 4,99

Tradition ist nicht die Anbetung der Asche sondern die Weitergabe des Feuers, soll Gustav Mahler einmal gesagt haben. Dann bitte gut achtgeben, dass die Flamme nicht erlischt.

DOURTHE, BORDEAUX, GRANDS TERROIRS, 2012 — € 3,99

Die muffige Miene von Monsieur D. verfliegt langsam, als er den ersten Schluck Wein zum Feierabend genießt. Aus der Nachbarküche duftet ein Pot-au-Feu. Bei ihm gibt's leider nur Baguette und Salami.

LA GRANGE, MERLOT, PAYS D'OC, 2012 — € 6,99

Nach dem Kino. Zu mir oder zu dir? Ein Gläschen geht doch noch.

LA GRANGE, SYRAH, PAYS D'OC, 2012 — € 6,99

Süßer Erdbeerpudding mit saurer Pfeffersauce?! Schwanger oder was?

LE FLAMAND, ROUGE, LIEBLICH, LITERFLASCHE — € 2,49

Immerhin müssen wir die Kunst anerkennen, wie man so viel Süße und so viele Bitteraromen zusammen in einen Wein bekommt. Das kann auch nicht jeder. Und das ist gut so.

LE FLAMAND, ROUGE, TROCKEN, LITERFLASCHE — € 2,49

Gibt's vom Pizzaservice, wenn man das Sammelheft mit 10 Bestellungen Familienpizza voll hat.

LE SWEET FILOU, ROUGE — € 2,99

Wer Zahnarztbesuche liebt, der steht auch auf diesen klebrig süßen Wein. Trotzdem: Nach Genuss Zähneputzen nicht vergessen.

LES ARCEAUX, SYRAH GRENACHE, MINERVOIS, 2012 — € 5,99

SUPER SCHOPPEN

Paddeln durch den Pont du Gard macht hungrig. Im kleinen Restaurant gibt es wunderbar würziges geschmortes Rindfleisch und einen hervorragenden Wein. Der schmeichelt am Gaumen, ist fruchtig und schmeckt nach Beeren, Kräutern und einem Hauch Schokolade. Schnell noch eine Flasche bestellen, bevor der Garçon die Stühle hochstellt.

LES ARÔMES DE FRANCE, CABERNET SAUVIGNON, PAYS D'OC, TROCKEN, 2012 € 3,99 🍷🍷
Braver Baukastenwein. Was braucht ein Cabernet Sauvignon? Schwarze Johannisbeere. Check! Eine Prise Zedernholz. Check! Reife Tannine für die Fülle. Check! In allen Prüfungsteilen ausreichend. Das reicht für die Versetzung.

LES ARÔMES DE FRANCE, MERLOT, 2012 € 3,99 🍷🍷
Leo ist sauer. Er hat für seine Verlobte Luzie ein wunderbares Candlelightdinner gezaubert und man hatte ihm diesen Wein zu Rind empfohlen. Nein, in den kann er den Ring für seinen Antrag nicht versenken. Der geht höchstens für die Sauce. Hoffentlich findet er noch eine Flasche Champagner im Keller.

LES ARÔMES DE FRANCE, SYRAH PAYS D'OC, TROCKEN, 2012 € 3,99 🍷🍷🍷
Erinnerungen an früher als wir mit Rucksack und Zelt durch Südfrankreich gereist sind. Am letzten Abend wurde Kassensturz gemacht für das „Menu Tradition" im kleinen Restaurant mit den gestärkten Stoffservietten und den sauber polierten Gläsern, gleich neben der Kirche. Madame schwätzte beim Kochen durch das geöffnete Küchenfenster mit ihren Freundinnen. Und der Duft von Cassoulet und Fischsuppe zog verführerisch über den Platz. Zur Feier des Tages eine ganze Flasche Wein nach Empfehlung des Patron. Wer will da noch ins Sternerestaurant?

LES COMTES DE JONQUEYRES, GRAND VIN DE BORDEAUX, 2010 € 7,99 🍷🍷
Ein Wein für Etikettentrinker. Das edle schwarz-goldene Etikett macht wirklich was her. Der Rest ist eher Magerkost.

LES VIGNERONS, CARIGNAN SYRAH, 2012 € 1,99
Lucien und Marcel vom Etikett konnten es wohl gar nicht abwarten mit der Ernte. Ob wirklich alle Trauben reif geworden sind?

MEDINET, HALBTROCKEN, LITERFLASCHE Der Halbtrockene für Trockentrinker, die ansonsten mehr Wert auf eine ungewöhnliche Flaschenform legen als auf den Inhalt.	€ 3,29	🍷
MONTGOLFIER, CÔTES DU RHÔNE, RHEINBERG KELLEREI, 2013 Flüssiges Eisen! Der Brückenbau in Deutschland ist gerettet. Madame Merkel, Monsieur Hollande - übernehmen Sie!	€ 2,99	🍷
MONTGOLFIER, MERLOT, TROCKEN, 2013 Trifft ein Fesselballon auf einen Kaktusssss ...	€ 1,79	🍷
MOUTON CADET, BORDEAUX, 2011 Das Schaf auf dem Etikett schaut ziemlich hochnäsig. Dazu hat es allerdings überhaupt keinen Grund.	€ 9,99	🍷🍷
SAINT GILLES, GRANDE RÉSERVE, LES ALBIZIAS, 2011 Viel Tamtam auf der Flasche: Große Worte, goldene Siegel ... Viel Aufwand für eine einzige Brombeere und eine einsame Blaubeere! Und das Wichtigste wurde glatt vergessen: Élevé en fûts de caoutchouc!	€ 3,99	🍷
TERRES D'ARTAGNAN, CÔTES DE GASCOGNE, CUVÉE EXCELLENCE, 2012 So ganz knackig ist d'Artagnan nicht mehr. Schließlich hat er schon einige bittere Erfahrungen im Leben machen müssen. Aber das Leben eines Musketiers ist trotzdem gar nicht so schlecht.	€ 3,99	🍷🍷

GRIECHENLAND

DEUS, CABERNET SAUVIGNON, MERLOT, LIEBLICH, IMIGLIKOS, LITERFLASCHE Hervorragend in geselliger Runde, verspricht das Rückenetikett. Die nächste WG-Party ist also gerettet.	€ 3,69	🍷🍷
IMIGLYKOS, NEMEA, LIEBLICH, KOURTAKI, 2012 Lieblicher Wein „Greek style" - Ihr wisst ja was das heißt: für'n A****!	€ 3,29	

ITALIEN

BARBERA D'ASTI, BADIA CORTI, 2012 € 2,29 🍷
So riecht es, wenn die Piemontkirsche mit dem MonCherie verbrennt. Wie das schmeckt? Wir haben's probiert. Wir haben's überlebt!

BERSANO, BARBERA, PIEMONTE, 2012 € 5,99 🍷
Wenn die Winzer im Piemont mit ihren Barberas so umgehen, enden sie wie die Autobauer von Alfa Romeo.

BIOWEIN, MERLOT, PUGLIA, BIO, 2013 € 4,49 🍷🍷🍷
In der Pizzeria würde man glatt eine zweite Flasche bestellen. Und wenn der Pizzabäcker noch „o sole mio" singt, wird es noch ein schöner Abend.

BIOWEIN, MERLOT, TERRE SICILIANI, 2012 € 3,99 🍷🍷🍷
Irgendwie hat Liebeskummer auch was Schönes, man kann sich ungestört am helllichten Tag aufs Sofa in die weiche Wolldecke kuscheln, 1000 Papiertaschentücher vollheulen, Haselnusseis löffeln und sich einen seelentröstenden Merlot gönnen. Und keiner verlangt von einem, dass man Hemden bügelt oder die Unterlagen für den Steuerberater fertig macht.

BIOWEIN, MONTEPULCIANO D'ABRUZZO, 2012 € 2,19 🍷🍷
Es geht aufwärts: Die Biowinzer haben den alten grobsockigen Mief aus den Latzhosen geschlagen und präsentieren sich charmant, kompetent und zuverlässig. Wenn die Weine jetzt noch ein bisschen mehr Pfiff hätten, würde man sie nicht nur wegen des guten Umweltgewissens kaufen, sondern weil man richtig Lust drauf hat.

CORVO ROSSO, SICILIA, 2011 € 5,99 🍷
Die Kirschmarmelade ist angebrannt. Darauf erst mal einen doppelten Grappa.

D'AMATI, NERO D'AVOLA, MERLOT, LITERFLASCHE, 2012 € 2,99 🍷🍷
Beim Verkostungsseminar wurden wir aufgefordert, das hinzuschreiben, was uns als erstes in den Sinn kommt, wenn wir den Wein probieren. Bitteschön, vielleicht können Sie sich einen Reim daraus machen, hier mein erster Gedanke: Davon, dass man alle Viertelstunde die Seite vom Wetterbericht aufruft, wird das Wetter auch nicht besser.

EDELVERNATSCH BICHL, SÜDTIROL, 2013 — € 3,99
Die Wanderung zur Hütte war Schweiß treibend. Der Duft hängt in der Luft. Aber, wenn die Wurst genug Knoblauch hat, das Brot genug Kümmel und der Wein gut gekühlt ist, kann es noch ein netter Abend werden.

KÄFER, MERLOT, 2012 — € 3,33
Neu im Job, da gibt es erst einmal viele Fragen: Anzug oder Kombination? Du oder Sie? Einstand mit oder ohne Alkohol? Wenn „mit“ ok ist, dann sollte der Wein erstens nicht zu teuer sein und zweitens möglichst vielen Geschmäckern gerecht werden. Gut, dann ist die Frage nach dem Wein hier schon mal abgehakt. Die passenden Häppchen wären Roastbeefschnittchen und Käsespieße mit Salami.

KÄFER, MONTEPULCIANO D'ABRUZZO, 2012 — € 3,33
Ein Käfer Cabrio ist es nicht gerade. Solide und zuverlässig, aber ohne jeden besonderen Spaßfaktor.

LA COLONATA, CHIANTI, RISERVA, TROCKEN, 2010 — € 3,99
Seit langer Zeit endlich mal wieder ein richtig fröhlicher Chianti. Es ist ja auch schön in der Toskana. Warum sollte man davon nicht gute Laune bekommen? Es soll sogar Italiener geben, die so stolz auf diese Gegend sind, dass sie sie mit der Pfalz vergleichen!

LA COLONATA, MERLOT, TRENTINO, TROCKEN, 2013 — € 3,29
Klassenfahrt, Schihütte, die Jungs haben ein paar Flaschen Wein eingeschmuggelt und laden zur Pyjamaparty. Sie hätten sich vorher ruhig mal die Füße waschen können nach einem ganzen Tag in den Skistiefeln.

LAMBERTI, SANTEPIETRE, BARDOLINO, 2013 — € 3,99
Hach, denkt sich der alte Pietro, als wieder einmal ein besonders scharfes Vögelchen vorbei stöckelte, wenn man früher mit den Händen soweit gekommen war, wie man heute mit den Augen gucken kann, war man schon nass geschwitzt. Und dann verkneift er sich lieber das Hinterherpfeifen, bei den modernen Frauen weiß man ja nie.

LAMBERTI, SANTEPIETRE, MERLOT, 2012 € 3,99

Das Schreiben der Schule des hoffnungsvollen Filius war kein Blauer Brief sondern die Einladung zum Schulfest. Mit der Bitte um einen kleinen Unkostenbeitrag. Noch mal Glück gehabt.

LAMBERTI, SANTEPIETRE, VALPOLICELLA, 2011 € 3,99

Für 3,90 gibt es im Fußballstadion eine 1a Currywurst! mit Pommes!

LAMERA, NERO D'AVOLA, TROCKEN, 2013 € 2,79

Ob ich was mit Wein zu tun habe? Frag mich niemals nach meinen Geschäften! Cin cin!

LEONARDI, MERLOT, UMBRIA, 2013 € 3,99

Leonardi ist ein unauffälliger Zeitgenosse ... Er war auf dem Fest, aber keiner hat ihn gesehen. Zu Hause hat ihn keiner vermisst. Selbst im Regen wird er nicht nass. Aber nett ist er trotzdem.

LOTTO D'ORO, 1L TETRAPAK € 1,39

Basteltipp: Wein wegschütten, Tetrapak wieder verschließen und eine Längsseite der Packung vorsichtig ausschneiden. Blumenerde einfüllen und Kresse säen. Feucht halten. Und in drei Tagen haben wir eine gesunde Salatzutat in der Küche zur Hand.

NERO D'AVOLA, TERRE SICILIANE, 2013 € 2,79

Wer in aller Welt hatte denn die Idee, im August eine Radtour durch Sizilien zu machen? Und wie viele stinkende Diesel fahren täglich über die Landstraße an einem vorbei? Abends in der kleinen Pension gibt es wenigstens eine erfrischende Dusche und einen etwas kargen Wein. Nach dem dritten Glas und einer großen Portion Spaghetti ist er dann gar nicht mehr so übel.

PICCINI, CHIANTI CLASSICO RISERVA, TROCKEN, 2008 € 6,99

Giulia und Mario sind seit 60 Jahren verheiratet und immer noch verliebt. Er jagt immer noch Kaninchen und sie macht daraus immer noch den Sonntagsbraten. Dazu gibt es seit 40 Jahren den selben Wein.

PICCINI, CHIANTI CLASSICO, TROCKEN, 2009 € 4,99
Alter Notabel, der seinen Lebensabend genießt. Er sitzt gerne in der Sonne und denkt über die Vergangenheit nach. Dass er inzwischen ein bisschen verschrumpelt ist, gehört dazu.

PINOCCHIO, ROSSO TERRE SICILIANE, 2012 € 6,99
Pinocchio ist noch aus Holz. Wir warten auf die gute Fee, die ihn zum frechen Früchtchen umzaubert.

REGALEALI,NERO D'AVOLA, SICILIA, 2011 € 7,99
Um mitreden zu können müssen wir jetzt 36 Stunden am Stück Breaking Bad Episoden anschauen. Bei aller Liebe, ohne einen ordentlichen Wein ist das nicht zu schaffen.

SANGIOVESE TOSCANA, MELINI, 2011 € 4,79
Im Grunde ihres Herzen ist Signora eine ganz Liebe. Aber sie versteht es gut, das hinter einer bitteren Miene zu verbergen.

SANTA CRISTINA, TOSCANA, 2013 € 8,99
Die Frattinis sind die einzigen in ganz Maranello, die es kalt lässt, wenn der Pfarrer beim Sieg von Ferrari in Monza die Glocken läutet. Sie lassen sich bei ihrer Portion Pasta und dem Gläschen Roten von nichts stören.

TAVERNELLO NO. 1, 1L TETRAPAK € 1,99
Wer Zwiebeln, Maiglöckchen und Diesel in einem Getränk mag, der wird hier seinen neuen Lieblingsstoff finden. Aber wer mag schon so was?

VESCOVINO, MERLOT, VENETO, 2013 € 2,29
Marino ist 35 und wohnt immer noch bei Mamma. Die wäscht seine Socken, bügelt seine Hemden und kocht für ihn. Im Gegenzug muss er Punkt zehn zu Hause sein und trinken, was auf den Tisch kommt.

VESCOVINO, MONTEPLUCIANO D'ABRUZZO, 2012 € 2,19
Das ist nicht der stolze schwarze Hahn aus der Toskana! Der hier wohnt ein bisschen weiter südlich und ist ein müdes altes Suppenhuhn, das nur noch seine Ruhe haben will.

VIA AL CASTELLO, BAROLO, 2010 € 9,99

Es geschehen noch Zeichen und Wunder! Seit Jahren proklamiere ich, dass Borolos für unter € 30,- nicht schmecken und für unter € 20,- nicht trinkbar sind - und siehe da: Ausnahmen bestätigen die Regel! Saftige, dunkle Kirschen, ein paar Pflaumen und einen Hauch Tabak, der den Wein interessant macht. Reif, aber mit jugendlichem Schwung.

VIA AL CASTELLO, RIPASSO DE LA VALPOLICELLA, TROCKEN, 2011 € 6,99

Haben wir diesen Herrn schon mal irgendwo gesehen? Wir können uns beim besten Willen nicht erinnern. Schnell auf die andere Straßenseite wechseln, bevor er uns bemerkt.

VIALA, SWEET, ROSSO, 2012 € 3,29

Vor lauter Zucker schmeckt man gar nichts mehr vom Wein. Vielleicht ist das ja gut so.

VIVOLO DI SASSO, MERLOT, 2012 € 4,99

Achtung! Verwechslungsgefahr! Die kleine Anna hat den Pinsel mit der roten Tuschfarbe gründlich im Wasserglas ausgewaschen. Der Wein sieht genauso aus und riecht auch ganz ähnlich.

KOSOVO

AMSELFELDER, LIEBLICH, 2012 € 3,29

Ob Amselfelder, Amselkeller, bei den guten Trauben war die Amsel schneller. Hat sie mitgenommen in ihr Nest, und dem Wein blieb nur der Rest.

MAZEDONIEN

REPUBLIK MAZEDONIEN, LIEBLICH, LITERFLASCHE, 2013 € 1,59

Rotweinlimo für Heranwachsende. Einmal im Sodastreamer aufputschen, schon hat man hippen Lambrusco!

ÖSTERREICH

BLAUFRÄNKISCH RESERVE, ÖSTERREICH, 2011 — € 2,19

Wir sind Kaiser! Geniale Unterhaltung im ORF, intelligente Satire und dabei noch saukomisch. Ein Meisterstück! Ist schon mal jemand auf die Idee gekommen, Majestät diesen köstlichen blaubeerigen Wein anzubieten, mit den feinen Tabak- und Süßholznoten? Auch ein Meisterstück. Oder trinkt der Seyffenstein die Flaschen alle heimlich alleine. Der Schlingel!

DOMÄNE BAUMGARTNER, BLAUER ZWEIGELT, 2013 — € 3,99

Die Besenwirtschaft ist eröffnet. Unter den Obstbäumen sind lange Tische eingedeckt und die Tafel mit dem Tagesmenü steht am Hoftor. Irgendwann muss jemand Oma erzählen, dass sie das Kochen lieber der jüngeren Generation überlassen sollte. Die schweren Eintöpfe sind nicht mehr ganz in Mode ... Aber was passt besser zu einem erdigen Zweigelt?

LENZ MOSER, SELECTION, BLAUER ZWEIGELT, BURGENLAND, 2012 — € 4,99

Wenn er will, kann er ja, der Lenz. Hat Oma Moser schon immer gesagt. Unkomplizierten Blaufränkisch für ordentlichen Trinkspaß kann er!

WINZER KREMS, SANDGRUBE 13, BLAUER ZWEIGELT, 2012 — € 5,29

Die 13 Winzer dürfen sich ein kräftiges Feierabendgulasch gönnen. Und auch wenn die Puristen meinen, dazu schmecke am besten ein Bier: Dieser fruchtig feine Zweigelt mit dem feinen Blaubeerduft passt auch hervorragend.

ZWEIGELT, TROCKEN, LITERFLASCHE, 2013 — € 2,99

Der Zweigelt steht Kopf! Hier sind, statt der Trauben, die Wurzeln in der Flasche gelandet. Erdig und fruchtlos.

SPANIEN

AMSELKELLER, LIEBLICH, 2012 — € 1,99

Wein aus der Europäischen Union. Wenn man sieht, wie es in weiten Teilen um die EU bestellt ist, kann man diese Angabe nur als Warnung verstehen.

CAMPO VIEJO, RIOJA, CRIANZA, 2011 — € 4,99

Campo ist schon ein bisschen viejo - auch wenn er es nicht wahr haben will! Er hängt als Erwachsener nach Feierabend noch bei den Teenagern auf der Parkbank, mit der Baseballkappe auf, und erzählt pubertäre Witze. Er ist sehr nett, aber ein bisschen der Situation entwachsen.

CAMPO VIEJO, RIOJA, RESERVA, 2008 — € 8,79

Der junge Antonio Banderas in einem Film von Pedro Almodóvar, kraftvoll, verführerisch, geheimnisvoll. Die DVD ist in HD-Qualität, wohlig in die Wolldecke gekuschelt und ein Glas Campo Viejo, das ist perfekt für ein verregnetes Herbstwochenende. Der Wein schmeckt warmwürzig nach Holz, Kirsche und Bitterschokolade mit einem Hauch Vanille. Und Banderas ist sowieso zum Dahinschmelzen.

CAMPO VIEJO, TEMPRANILLO, 2012 — € 4,99

Olà! So muss ein guter Tempranillo schmecken, ein bisschen Kirscharoma, ein bisschen Rauch und Würze und den langen Abgang gibt es noch obendrauf. Dazu scharfe Chorizo, Piementos und ein gutes Brot. Gibt uns ein fröhliches Urlaubsgefühl.

DON ZAGAL, TEMPRANILLO, 2011 — € 1,11

Es ist kein Karnevalsscherz! Dass er der ‚best selling Spanish wine' ist, liegt sicher am Preis, nicht am Inhalt. Aber man kann ihn durchaus trinken.

EL PRADO, MONASTRELL CABERNET SAUVIGNON, LITERFLASCHE, 2013 — € 2,99

Da hat die Kindergartengruppe „Maikäfer" Werke der Meister aus dem Prado abgemalt. Und als sie fertig waren, hat Lotta versehentlich das Wasserglas von den Aquarellfarben drüber ausgekippt.

FINCA DE LA VEGA, CRIANZA, TROCKEN, 2011 € 3,99 🍷🍷
Juan will Torero werden. Er hat sich das rote Tischtuch geschnappt und übt jetzt mit der Kuh der Nachbarn ... Die Dorfjugend steht grölend am Zaun und feuert ihn an. Ein tolles Spektakel in der Heimat, bis zur Europa-Tournee wird Juan noch üben müssen.

FINCA DE LA VEGA, RESERVA, TROCKEN, 2009 € 4,99 🍷🍷
Auf der Finca geht es friedlich zu. Das glückliche Huhn legt keine Eier mehr ... Jetzt darf es doch in den Ofen! Und weil es Sonntag ist, bekommt Papa auch ein Glas Reserva. Bloß keinen Überfluss. Schon gar nicht, am Todestag des Huhns. Es wird uns fehlen.

FINCA DE LA VEGA, SOLARIEGO RESERVA, TROCKEN, 2008 € 6,99 🍷🍷
Frucht, Gewürze und Holz natürlich ... Die Zutaten sind alle da! Spanien ist am Start. Allerdings ist das Ziel noch nicht erreicht. Die Mischung macht‘s.

FINCA DE LA VEGA, TEMPRANILLO, TROCKEN, 2013 € 2,99 🍷🍷🍷
Von Grund auf ehrlich! Man hat sein Portemonnaie in der Tapasbar liegen lassen. Inzwischen ist man schon 100 km gefahren! Natürlich kehrt man um ... Und natürlich liegt das Portemonnaie noch da! Und natürlich ist noch alles drin. So aufrichtig geht es auf dem Land zu.

FINCA EL ENCINAL, RIBERA DEL DUERO, CRIANZA, 2010 € 9,99 🍷🍷🍷
Wirklich netter, jugendlicher Crianza, der erfrischend und fröhlich ist. Den hohen Preis hat man wahrscheinlich dem esoterischen Geschwafel auf dem Rücketikett zu verdanken. Man bekommt zum Wein die Lebenslektion des Künstlers/ Weinmachers dazu. Ob man bei ihm auch Yogakurse buchen kann?

FREIXENET, MEDERAÑO, TINTO, 2012 € 3,99 🍷
Gestern Abend in der Disco - Filmriss - wo bin ich nur gelandet. Ein bittersüßer Nachgeschmack. Schnell in die nächste Apotheke: einmal Aspirin und die Pille danach.

FREIXENET, MIA, 2012 € 3,99 🍷
Mia sollte lieber weiterhin hübsche bunte Mosaiken basteln und anderen das Weinmachen überlassen.

LEGÓN, ROBLE, RIBERA DEL DUERO, 2012 € 4,99 🍷
Erdbeer-Vanille-Pudding ist aus, nur das Holzschälchen ist noch da.

PLENO, TEMPRANILLO, 2013 € 3,99 🍷
Von wegen Schnäppchen: Das angebliche spanische Supertalent erwies sich als Flop. Gleich beim ersten Spiel hat er sich am Knie verletzt und als er nach drei Monaten endlich wieder spielen konnte, hat er als erstes ein Eigentor erzielt. Der Trainer ist sauer, versetzt ihn auf die Tribüne und schwört sich, dass er nie mehr auf diesen spanischen Spielervermittler, diesen Herrn Pleno, hören wird.

PORKUS, TEMPRANILLO, RIOJA, 2012 € 4,99 🍷🍷🍷
Wenn sich beim Dorffest das Spanferkel über dem Grill dreht, ist die Stimmung auf dem Höhepunkt und der Porkus das Tüpfelchen auf dem i.

SANGRE DE TORO, TORRES, TROCKEN, 2012 € 6,99 🍷🍷🍷
Stierblut, das klingt so blutrünstig. Im Grunde seines Herzens ist dieser feurige Spanier aber ein ganz reizender Kerl. Der nimmt das kleine Stierfigürchen, das an der Flasche hängt, und schenkt es seinem Neffen für den Lego-Bauernhof.

SEÑORIO DE ELDA, TEMPRANILLO Y MONASTRELL, BIO, 2012 € 4,99
2 Flaschen probiert - beide mit Korkschmecker! Denken Sie sich, was Sie wollen ...

TEMPRANILLO BIO, VINO DE LA TIERRA DE CASTILLA, 2013 € 3,99 🍷🍷
Alejandro hat sich für sein Alter noch prima gehalten. Er befolgt ja auch die bekannten Fitnessregeln: Lieber die Treppe nehmen als den Aufzug, Fahrrad statt Auto und hin und wieder mal das Abendessen ausfallen lassen. Auf sein Gläschen Roten zur Nacht wird er allerdings nie verzichten. Ist gut fürs Herz.

THE TAPAS WINE COLLECTION, TEMPRANILLO, 2011 — € 7,99

Die einfachsten Genüsse sind doch immer die besten, frisch gebackenes Brot, feines Olivenöl, Schinken und Wein. Tempranillo, wie er sein soll, kräftig, kirschfruchtig und mollig am Gaumen. Sagt doch, geht es uns nicht gut?

VALTIER, RESERVA UTIEL REQUENA, TROCKEN, 2007 — € 2,69

Dieser Reservist muss noch schnell aufs Spielfeld, um sich seine Medaille zu „verdienen".

VIÑA ALBALI, CRIANZA, 2010 — € 2,99

Der stürmt wie Messi auf den Fußballplatz und begeistert alle mit seiner ausgefeilten Technik und trickst mit seinen unheimlichen Dribbelkünsten alle Gegner aus. Man mag sich gar nicht satt sehen. Tooor!

VIÑA ALBALI, RESERVA, 2009 — € 3,99

Diesen kräftigen, aromatischen, klassischen Wein hat Hans ganz hinten im Keller versteckt. Den gönnt er sich mal zu einer besonderen Gelegenheit mit seinem alten Studienfreund, der so etwas zu schätzen weiß. Nicht auszudenken, wenn Sohnemann den für seine Parties mit den Kumpels mopsen würde.

VINAS DE RADIQUERO, TROCKEN, 2012 — € 4,99

Es sind nicht der teure Anzug oder die handgearbeiteten Schuhe, die wahre Eleganz ausmachen. Ein echter Gentleman wirkt auch in Jeans und T Shirt anziehend.

SÜDAFRIKA

AMABOKOBOKO, PIONTAGE, 2012 — € 1,99

Im Fernsehen läuft nichts. Fürs Kino ist es schon zu spät. Nehmen wir ein Glas Schlummertrunk und gehen heute mal früh ins Bett. Beim Einschlafen üben wir dann immer wieder den Namen Amabokoboko, Amabokoboko, Amabokoboko, zzzzzzz ...

COFFEE PINOTAGE, WESTERN CAPE, 2011 € 3,99

Den Hauch von Cappuccino, den der Hersteller verspricht, konnten wir nicht schmecken. Aber auch ohne Kaffeeromantik macht dieser Wein richtig Spaß.

GOLDEN BIRD, WESTERN CAPE, SHIRAZ, 2011 € 3,99

Der goldene Vogel verschwand in der Sonne, zurück blieb ein kleines Häufchen angekokelter Federn. Schade.

OUDE KAAP, RESERVE COLLECTION, SHIRAZ, 2012 € 5,99

Der Kühlschrank ist leer, also schnell eine Flasche guten Wein geschnappt und mal beim Nachbarn geklingelt. Da riecht es so verführerisch nach Kalbsragout.

OVERSEAS, CABERNET SAUVIGNON MERLOT, SWEET, 2013 € 2,99

So süß! Wirklich! Wenn am nächsten Tag der Schädel brummt, weiß man, dass auch Alkohol mit im Spiel war.

OVERSEAS, CABERNET SAUVIGNON, TROCKEN, 2013 € 2,99

Da hat doch hoffentlich niemand die Bananenschalen in die Weintanks entsorgt.

OVERSEAS, PINOTAGE, TROCKEN, 2013 € 2,99

Der Winzer glaubt an Voodoo und dass, wenn er nur ganz fest an Himbeeren denkt, der Wein auch so schmeckt. Hat geklappt, aber wieso musste er auch noch an seine alte Gummiluftmatratze denken?

TALL HORSE, CABERNET SAUVIGNON, 2013 € 4,49

Die Geschichte vom „Tall Horse“ ist schnell erzählt: Der Sultan von Ägypten machte 1824 dem französischen König eine Giraffe zum Geschenk. Und die Franzosen staunten nicht schlecht, als das exotische Tier vom Schiff abgeladen wurde und nannten es „Großes Pferd“. Die Geschichte dieses Weines ist ebenso schnell erzählt: weich, beerenfruchtig, angenehm harmonisch. Good wine!

TWO OCEANS, VINEYARD SELECTION, CABERNET SAUVIGNON MERLOT, 2012 — € 4,49

Everybody's darling. Man muss ihn einfach gern haben, er hat keine harten Ecken und Kanten und lächelt jeden freundlich an.

WAKA WAKA, SHIRAZ CABERNET SAUVIGNON, 2012 — € 4,99

‚Original Bush Vines'! Hört, hört! Wir sehen es schon vor uns: Man ist auf Safari uns hält Ausschau nach Elefanten, stattdessen, nach der dritten Kurve hinter dem Hügel, ein Aufschrei des vorne auf dem Jeep sitzenden Wildführers! „HALT! Dort ... unter den Bäumen links! Sie bewegen sich nicht. Man muss schon genau schauen ... Zwei Buschreben! Wir nähern uns ganz langsam ..." Sehr originelles Marketing.

GRAF KÁROLYI, CABERNET SAUVIGNON MERLOT, 2012 — € 2,99

Eigentlich heißt Graf Károlyi Karl Baumeister und war mal Oberkellner in der Wirtschaft „Zum Goldenen Lamm". Nun strebt er nach Höherem. Da muss er aber noch ein bisschen streben, noch nimmt man ihm den Adel nicht ab.

USA

GALLO FAMILY VINEYARDS, CABERNET SAUVIGNON, 2012 — € 4,99

Drittklassiger B-Western, leider noch nicht mal unfreiwillig komisch. Schade um die Nachos ‚n Cheese, die jetzt auf meinen Hüften sitzen.

GALLO FAMILY VINEYARDS, MERLOT, 2012 — € 4,99

Wir wollen nicht hoffen, dass die süße kleine Tochter des Kellerchefs heimlich das Kilo echt holländische Salzlakritze von Tante Cordula in den Tank entsorgt hat.

GALLO FAMILY VINEYARDS, SUMMER RED — € 4,99

Reiner Himbeersaft und das Tückische daran, da ist Alkohol drin. Wir empfehlen dringend Cross Selling mit Aspirin.

GALLO FAMILY VINEYARDS, ZINFANDEL, 2012 € 4,99
Wenn man lange genug reinschmeckt, kommt am Ende etwas Schokolade. Aber wer hält schon so lange durch, wenn er nicht muss?

GALLO FAMILY VINEYARDS, SHIRAZ, 2012 € 4,99
„Warum sollte ich dieses Buch lesen?" hat Marcel Reich-Ranicki immer gefragt, und wir fragen uns, warum wir diesen Wein trinken sollen. Ach ja, weil wir was drüber schreiben müssen. Nur was?

OVERSEAS, CABERNET SAUVIGNON, TROCKEN, 2012 € 2,99
All the leaves are brown and the sky is grey. Irgendwie stellt man sich „California Dreaming" anders vor. Und kalifornische Cabernets auch.

OVERSEAS, ZINFANDEL, TROCKEN, 2012 € 2,99
Der Hippie ist in die Jahre gekommen, die ehemals langen Haare sind ausgefallen und die alten Freunde sind jetzt entweder Werbetexter oder Hochschulprofessoren. Er hat den Absprung verpasst und verteidigt tapfer seine Weltanschauung. Was bleibt ihm auch anderes übrig? Und seine alten Freunde schicken manchmal ein paar Flaschen Wein vorbei.

PRICKELND

Im folgenden Kapitel sind die Schaum- und Perlweine, die exklusiv bei EDEKA geführt werden, aufgelistet. Alle allgemeinen Marken, die sowohl hier als auch anderswo zu finden sind, haben wir unter „PRICKELNDE MARKEN" ab Seite 283 zusammengetragen.

DEUTSCHLAND

BROGSITTER, BRO-SECCO, PERLWEIN € 4,99
Nach der anstrengenden Wanderung tut ein Schlückchen Secco richtig gut. Ob der zarte Duft aus dem Bauerngarten nebenan kommt oder vom Secco? Eigentlich egal.

RIESLING-WINZERSEKT, EXTRA-BRUT, 2013 € 8,99 🍷🍷
Rieslingsekt mit Biss! Für alle, die es wirklich trockener als trocken mögen. Hat was von Apfelessig. Vielleicht hilft er ja beim Entschlacken?!

FRANKREICH

GRAND PLAISIR, CHAMPAGNER, BRUT € 12,99 🍷🍷
Wem es reicht, dass Champagner auf dem Etikett steht, der mag hier zuschlagen. Aber so mancher Sekt stellt diesen Kandidaten in den Schatten. Das Plaisir ist also eher mittelprächtig.

P. DE CHARMILLE, CRÉMANT DE LOIRE, BRUT € 6,49 🍷🍷
Monsieur de Charmille findet seinen Dreitagebart überaus charmant, Madame findet ihn zu kratzig. Wir finden, sie hat Recht.

ITALIEN

GIOLANO, PROSECCO, TROCKEN € 3,99 🍷
Bei Giolanos Barchetta müsste dringend mal das Dach repariert werden. Selbst von weitem sieht er nicht mehr richtig schnittig aus.

LEONARDI, PROSECCO SPUMANTE, EXTRA DRY € 5,49 🍷🍷🍷
Den hat der Ausstatter der Donna-Leon-Krimi-Produktionen sofort gekauft, so elegant sieht die dunkle Flasche und das schwarz-goldene Etikett mit dem geflügelten Löwen aus. Passt wunderbar in elegante venezianische Paläste. Dass die Damen und Herren Schauspieler alle Flaschen bei der letzten Drehpause leergetrunken haben, ist nicht schlimm. Für den Film geht auch leicht coloriertes Sprudelwasser. Aber hatte er nicht zwei Kisten gekauft? Hier ist nur noch eine.

MONDELLI, EDIZIONE DUE, PROSECCO FRIZZANTE € 2,99 🍷🍷🍷
Picknick am Waldrand. Während Silvie ängstlich nach Ameisen sucht, öffnet Paul souverän die Flasche Prosecco. Und freut sich über den praktischen Schraubverschluss, so geht das nämlich ruck-zuck.

SPUMANTE MILLIMO, BRUT € 11,99 🍷🍷🍷

Pilotenstreik in Rom, Chaos am Flughafen. Den hübschen Stewarts macht das nichts aus, die gehen in ihre Lieblingsbar und fangen den Abend mit einem wunderbaren Spumante an. Der mit der ausgesprochen männlichen Flasche - hach, zum Dahinschmelzen.

VESCOVINO, VINO SPUMANTE, SÜSS € 3,99 🍷🍷

Frucht-Ester aus dem Chemiebaukasten. Aber süß ist er, richtig süß.

SPANIEN

FINCA DE LA VEGA, CAVA, SECO € 3,90 🍷🍷

Straßenfestvergnügen! Leckere Tapas dazu, und die Welt ist in Ordnung.

FINCA DE LA VEGA, CAVA, SEMI SECO € 3,69 🍷🍷

Party an der Costa Brava! Es knallt, es schäumt, es schmeckt und kostet genauso wenig wie die Busreise ...

KAUFLAND

„Ich habe fleißig sein müssen. Wer eben so fleißig ist, der wird es eben so weit bringen können."

Diese Lektion von Johann Sebastian Bach hat man sich bei Kaufland hinter die Ohren geschrieben. Fleiß ist die Basis des Erfolgs. Mit Sorgfalt, Disziplin und Achtsamkeit wird konsequent getan, was von einem verlangt wird.
Das breite Sortiment bietet für jeden etwas: aus allen Regionen, in allen Preisklassen und jeder Geschmacksrichtung. Im Regal haben bekannte Marken ebenso Platz wie regionale Perlen und ambitionierte Projekte unter eigenem Label.
Eifer und effiziente Organisation bringt die rechtschaffenen Schwaben ins Ziel. Der Ruhm ist ihnen sicher.

Es wurden insgesamt 451 Weine verkostet.

Davon waren:

⚡	2	0,4 %
	30	6,7 %
🍷	98	21,7 %
🍷🍷	169	37,5 %
🍷🍷🍷	101	22,4 %
🍷🍷🍷🍷	51	11,3 %
SUPER SCHOPPEN S	59	13,1 %

WEISS

DEUTSCHLAND

ERBEN LANDWEIN, HALBTROCKEN, 2013 € 2,99

Das Unwetter hat die Aprikosen noch ein wenig unreif vom Baum gefegt, aber auf dem Kuchen mit ein bisschen Zucker schmecken sie ganz gut. Ein paar Mandelblättchen hätten der Sache noch einen besonderen Pfiff gegeben,

HIMMLISCHES TRÖPFCHEN, LIEBLICH, LITERFLASCHE € 2,19

Kindergeburtstag: Hello Kitty Dekoration, Marshmellows grillen, Gummibärchenwettessen ... ach so, es handelt sich hier um Wein. Gut, dass sie es auf die Flasche geschrieben haben.

WAPPENLESE, WEISSWEIN, LIEBLICH € 1,49

Irgendeiner sollte Großmutter sagen, dass sie sich mal wieder rasieren sollte.

BADEN

ACHKARREN, GRAUER BURGUNDER, KAISERSTUHL, TROCKEN, 2013 € 5,89

SUPER SCHOPPEN

Ein handwerklich gut gemachter Grauer Burgunder für Leute, die Heinos „Mit freundlichen Grüßen" lieber hören als die Originalhits von den Ärzten und von Ramstein. Gut deutsch mit gefälligem Schwung.

AUGGENER SCHÄF, RIVANER KABINETT, TROCKEN, 2012 € 3,99

Darf es ein bisschen mehr sein? Für alle, die es gerne rund und cremig mögen. Zum Beispiel diejenigen, die auch noch Butter unter die Leberwurst schmieren ...

BIOTERRA, GRAUBURGUNDER, TROCKEN, BIO, 2013 € 5,29

Stundenlang die Biokartoffeln geschält, mit dem Küchenmesser Pommes draus geschnitzt, fettfrei im Ofen gebacken. Golden und knusprig! Fast perfekt. Jetzt nicht das Salz vergessen.

DIVINO NORDHEIM, BACCHUS, HALBTROCKEN, 2012 — € 4,99 — 🍷🍷

Boney M's Greatest Hits ... Zugängliche Ohrwürmer, die einen den ganzen Abend verfolgen. Musikalische Hochleistung sind sie alle nicht, Spaß machen sie trotzdem. Auch Jahre später noch ...

EHRENSTETTER OELBERG, GUTEDEL, TROCKEN, 2013 — € 3,69 — 🍷🍷

Hat den Schick einer Hausfrau im Morgenmantel, aber wer es gerne gemütlich hat, kommt dennoch auf seine Kosten. Zum Frühstück gibt es Obstsalat aus der Konserve und zum Abendbrot ein Glas Gutedel zur Pizza Hawaii.

HEINRICH HANSJAKOB, MÜLLER-THURGAU, TROCKEN, LITERFLASCHE, 2013 — € 3,99 — 🍷🍷🍷

Die Wohnung glänzt blitzblank, Mutti kommt gut gelaunt und entspannt vom Friseur, Vati bringt Blumen mit und Max hat diese Woche eine Eins im Diktat bekommen. Abends gemeinsam bei Lachsschnittchen „Wetten dass..." gucken. Pures Familienglück!

MARTIN SCHONGAUER, GRAUER BURGUNDER, TROCKEN, 2013 — € 4,99 — 🍷🍷🍷

Mutter Beimer aus der Flasche. Urdeutsch, beliebt, unkompliziert und zeitlos. Die Welt wird sie nicht verändern, auch wenn sie jedem in Erinnerung ist.

MARTIN SCHONGAUER, WEISSER BURGUNDER, TROCKEN, 2013 — € 3,99 — 🍷🍷🍷🍷

SUPER SCHOPPEN

Fred Astaire, der trotz seines reifen Alters der begehrteste aller Tänzer war: Leichtfüßig steppend, immer mit charmantem Lächeln, verführerisch und mit Charakter. Die Damen werden schwach und die Herren bewundern ein bisschen neidisch ...

WEINLAND BADEN, EXKLUSIV, GRAUER BURGUNDER, TROCKEN, 2012 — € 5,99 — 🍷🍷

Der ‚Sturm auf hoher See', der als Geschenkpapierkollage auf dem Etikett abgebildet ist, trifft die Wahrheit nicht ganz. Es handelt sich um einen Sturm im Wasserglas ... Mehlige Äpfel, mehlige Birnen und noch mehligere Papaya ... Im neuen Jahrgang hat er ganz bestimmt wieder mehr Biss.

WEINLAND BADEN, EXKLUSIV, RIESLING, FEINHERB, 2012 — € 5,99

Gut gemeint ist selten dasselbe wie gut gemacht ... Wer zu allem ‚ja und amen' sagt, steht zum Schluss alleine da.

WEINLAND BADEN, EXKLUSIV, SAUVIGNON BLANC, TROCKEN, 2012 — € 5,99

In Zeiten, in denen die gute alte Stachelbeere zur Seltenheit wird, freut man sich, wenn man sie trifft. Hätte die Gute auch noch ihre Freundin Zitrone mitgebracht, dann wäre es ein Super Schoppen gewesen. Ein Schelm, der denkt, man könne diese ja noch zufügen ....

WEISSER WOLF, GUTEDEL, TROCKEN, 2013 — € 4,29

Dieser liebe vegetarische Wolf fürchtet sich heimlich vor dem Rotkäppchen ... Aber kuscheln will er dann doch. Er kann getrost von der Leine!

MOSEL

EIFEL-PFEIFFER, RIESLING, HALBTROCKEN, 2013 — € 5,49

Wenn man gerade einen mit Pudding gefüllten Zuckergusskrapfen verschlungen hat, könnte man diesen Riesling als halbtrocken empfinden ...

EIFEL-PFEIFFER, RIESLING, TROCKEN, 2013 — € 5,49

Früher war ein trockener Riesling von der Mosel federleicht, messerscharf und blitzschnell ... Eifel-Pfeffer ist ein joggender Mittelgewichtler mit elektrischem Taser.

ERBEN ORIGINAL, RIESLING, HALBTROCKEN, 2013 — € 3,99

Thema verfehlt, halbtrocken ist etwas anderes! Trinkt sich aber unfallfrei.

MOSELLAND AKZENTE, BLANC DE NOIRS SPÄTBURGUNDER, 2013 — € 4,49

Goldmedaillengewinner auf den Paraolymics der Spätburgunder! Ambitioniert, gut trainiert, positiv eingestellt - ein geborener Sieger. Warum rot, wenn es auch weiß geht!

MOSELLAND AKZENTE, ELBLING, TROCKEN, 2013 € 4,59

Der ältesten Rebsorte Deutschlands merkt man die Jahrhunderte ganz bestimmt nicht an. Jugendlich, knackig und modern. Es läuft einem das Wasser im Mund zusammen von der erfrischenden Kombination von Äpfeln und Quitten. Daran haben sich schon die römischen Legionäre gelabt.

MOSELLAND AKZENTE, WEISSER BURGUNDER, TROCKEN, 2013 € 4,49

Überraschender Auftritt des Jugendorchesters. Musizierende Kinder machen grundsätzlich froh - und dann auch noch auf so hohem Niveau! Das bietet Perspektive.

MOSELLAND, RIESLING AUS DER STEILLAGE, LIEBLICH, 2013 € 5,49

Diese Steillagen-Prinzessin hat Biss! Lassen Sie sich nicht durch ihre niedlichen Zöpfe und das Blümchenkleid täuschen. Ein erfrischender Wirbelwind, wenn es um Stimmungsmache geht.

MOSELLAND, RIESLING AUS DER STEILLAGE, TROCKEN, 2013 € 5,49

Man schmeckt den Morgentau auf den knackfrischen Trauben, die die Pflücker in der Morgendämmerung bei der Steillagenerklimmung mit in den Korb befördert haben. Echte Winzerromantik.

MOSELLAND, RIESLING AUSLESE AUS DER STEILLAGE, 2012 € 7,69

Die Krönung des deutschen Fleißes! Wer den ganzen Tag in der Steillage geschuftet hat, hat sich einen solchen goldenen Honigtautropfen verdient! Wenn süß nicht klebt, sondern zu mehr verführt.

MOSELLAND, RIESLING SPÄTLESE AUS DER STEILLAGE, 2012 € 6,49

Leichtfüßige Spätlese, die einen Stepptanz auf dem Tisch aufführt. Gefälliger Rhythmus, geschmeidige Bewegung ... Ein peppiger Publikumsliebling.

ROMAN GRAEFF, RIESLING CLASSIC AUS DER STEILLAGE, 2013 — € 5,49

Kaffe mit Zucker, Cappuccino mit Kakao, Latte Macchiato mit Karamell ... und Riesling Classic von der Mosel. Aber dann so, wie es sich gehört!

NAHE

DR. FAUST, WEISSER BURGUNDER, TROCKEN, 2013 — € 5,29

Die weltweiten Pinot Blanc Winzer würden allesamt ihre Seele dem Teufel verkaufen, wenn sie dafür das Geheimnis des Dr. Faust erfahren würden. Ein Weißburgender mit Rückgrat, der mit Pfirsichen und Nektarinen lockt, die Damen verführt und den Herren Paroli bietet.

PFALZ

DEUTSCHES WEINTOR, GRAUBURGUNDER WEISSBURGUNDER, MILD, 2013 — € 4,69

Die gertenschlanke blonde Schönheit entpuppt sich bei näherem Hinsehen als künstlicher Ladyboy.

DEUTSCHES WEINTOR, GRAUER BURGUNDER WEISSER BURGUNDER, MILD, 2012 — € 4,69

Immer nur mild ist lieb aber langweilig. Erst mit ein bisschen Pep macht das Leben Spaß!

DEUTSCHES WEINTOR, GRAUER BURGUNDER, TROCKEN, 2013 — € 4,69

Bei diesem korrekten Wein verläuft die Diskussion über die Umgangsregelung in der Scheidungsvereinbarung viel harmonischer. Schon wegen des beruhigend amtlich aussehenden Etiketts. Freude kommt bei solch einem Gespräch eh nicht auf.

DEUTSCHES WEINTOR, RIESLING, TROCKEN, 2013 — € 4,49

Riesling von der Stange. Zum Glück passt Größe 50 immer und ist der Schnitt zeitlos und die Farbe voll im Trend. Warum sollte man zum Maßschneider gehen?

ERBEN ORIGINAL, GRAUBURGUNDER TROCKEN, 2013 — € 3,99

Der Pfälzer mag es ja gerne ein wenig knarziger, aber zum Schluss ist er dann doch noch ein bisschen süß - der Wein.

J. HETTINGER, MÜLLER-THURGAU, TROCKEN, LITERFLASCHE, 2012 — € 3,59

Die Snobs sind nicht davon abzubringen, dass in Literflaschen kein ordentlicher Wein sein kann. Bitteschön, dann füllen wir ihn in eine gekühlte Karaffe und machen ein wichtiges Gesicht beim Einschenken.

KENDERMANNS, GRAUBURGUNDER, TROCKEN, 2013 — € 4,99

Wenn man hier statt ‚Grauburgunder' ‚Pinot Grigio' drauf schreiben würde und beim ‚Kendermanns' ein ‚n' streichen und ein Apostroph einfügen würde, wäre er wahrscheinlich sofort ein internationaler Star! Aber andererseits dürfen wir natürlich froh sein, dass wir ihn in Deutschland ganz alleine austrinken dürfen. Voller Geschmack und herrlich erfrischend. Viel Citrus, aber nicht zu sauer, die edle Bitternote von abgeriebener Zitronenschale und dann noch ein saftiger Pfirsich.

KENDERMANNS, RIESLING, TROCKEN, 2013 — € 4,49

Riesling soll international werden ... Weil er jedem gefallen soll, darf die Marketingabteilung mitreden. „Nicht zu viel Citrus, sonst mögen ihn die Amis nicht!", „Nicht zu trocken, denn das verkauft man nicht.", „Apfel! Apfel macht sich immer gut!" Bis alle fertig sind ist der Riesling zum gesichtslosen Hauswein aus der Kneipe an der Ecke geworden. Sogar seinen Namen hat er an der Tür abgegeben.

MAYBACH, GRAUER BURGUNDER, TROCKEN, 2013 — € 3,99

Ein Maybach ist es noch nicht, aber auf alle Fälle ein Mercedes, E-Klasse, mindestens.

MAYBACH, RIESLING, HALBTROCKEN, 2013 — € 3,99

Ich bin von Kopf bis Fuß auf Süße eingestellt ... und sonst gar nichts.

MICHEL SCHNEIDER, CHARDONNAY, TROCKEN, 2012 — € 4,49

Das zweite Weingesetz der Cordula besagt, dass ein Spritzer Limettensaft müde Weine wieder aufpeppt. Dann stellen wir uns diesen eben als Reparaturwein für solche Zwecke in den Kühlschrank.

MICHEL SCHNEIDER, GRAUER BURGUNDER, TROCKEN, 2013 — € 2,99 — 🍷🍷

Bitte legen Sie nicht auf, der nächste freie Platz ist für Sie reserviert! Bitte legen Sie nicht auf ... Weswegen wollte man die Nummer noch mal anrufen? Hach, vergessen.

MICHEL SCHNEIDER, RIESLING CLASSIC, 2013 — € 2,99 — 🍷🍷

Die neue Aufmachung der Flasche ist schon mal eine Riesenverbesserung. Der Wein hinkt noch ein bisschen hinterher. Michel hau rein!

MICHEL SCHNEIDER, RIESLING, TROCKEN, 2013 — € 2,99 — 🍷🍷

Wurstmarkt wie in der Pfalz in Tötensen, leider kommt die gute Leberwurst aus der Konserve und das Brot aus der Plastiktüte. Da passt der Wein ja.

MICHEL SCHNEIDER, WEISSER BURGUNDER, TROCKEN, 2013 — € 2,99 — 🍷🍷

Sohnemann hat die Birne im Schulranzen vergessen. Nach zwei Tagen haben wir es gemerkt. Für Kompott konnte man sie noch gebrauchen. Auch lecker.

RIETBURG, CREATION, GEWÜRZTRAMINER, HALBTROCKEN, 2013 — € 4,49 — 🍷🍷🍷

Im Morgentau gepflückter Feldblumenstrauß. Knackig frisch verbreitet er gute Laune. Von wegen halbtrocken ...

RIETBURG, CREATION, GRAUER BURGUNDER, TROCKEN, 2013 — € 4,49 — 🍷🍷

Eine hübsche Frau, mit der man sich stundenlang unterhalten könnte. Sie hat wirklich etwas zu erzählen. Wenn nur dieses aufdringliche Parfüm nicht wäre ...

RIETBURG, CREATION, WEISSER BURGUNDER, TROCKEN, 2013 — € 3,99 — 🍷🍷

Haribo hat sein Sortiment erweitert. Neben Sauren Gurken, Sauren Pommes und Sauren Bohnen gibt es jetzt auch Weißen Burgunder! Lecker Schlecker für Erwachsene.

RIETBURG, KERNER, TROCKEN, 2013 € 3,69

Ein Star in der vegetarischen Küche! Er nimmt die Spargel mit Leichtigkeit, schmeichelt der Artischocke und erschreckt nicht, wenn sich der Spinat angekündigt hat. Ein Weißwein mit mutigem Charakter. Ein saftiger Geselle, der mit seiner milden Bitternote Stärke beweist.

RIETBURG, RIVANER, TROCKEN, 2013 € 3,99

Prima Wein zum Fußballgucken! Riecht nach Gras, schmeckt nach Gras. Für das Fankurven-Gefühl. Löscht den Durst und macht Laune.

TURMFALKE, GRAUER BRUGUNDER, TROCKEN, 2013 € 2,89

Wenn Du nicht mit dem zusammen sein kannst, den Du liebst, liebe den, mit dem Du zusammen bist. Also den Wein, oder was habt Ihr denn gedacht?

WEISSBURGUNDER, TROCKEN, 2013 € 2,49

Hier hat sich die Landpomeranze zur Cinderella entwickelt! Die gute Fee hat ihr goldene Locken gezaubert, und sie tanzt grazil mit dem Prinzen. Leider hat es inzwischen 12 geschlagen und das hübsche Kleid ist futsch ... Aber egal, der Prinz ist schon verliebt. Er kauft ihr bestimmt bald eine neue Robe. (Und der Wein bekommt hoffentlich ein entsprechendes Etikett ...)

RHEINGAU

G.H. VON MUMM, RHEINGAU RIESLING, TROCKEN, LITERFLASCHE, 2012 € 6,79

Ein Rheingau Riesling im französischen Stil. Das kommt nur selten vor. Vielleicht findet die Familie von Mumm das ja schick, ist aber nicht als ausgesprochenes Kompliment gemeint. Wenig subtil und ein Duft von Landluft und Benzin.

G.H. VON MUMM, RIESLING FEINHERB, TAUNUSQUARZIT, 2013 € 6,99

Taunusquarzit' ... Klingt toll und macht richtig neugierig. Duft von reifem Pfirsich, ein bisschen salzig, feines Süße-Säure-Spiel. So muss Riesling sein.

JUNG, RHEINGAU RIESLING, TROCKEN, 2013 € 4,49

Jung heißt er, jung ist er, jung schmeckt er! Ist aber allerdings eher eine sie als ein er ... Ein knackiges Mädchen im geblümten Kleid, das fröhlich pfeifend durch die Sonne hüpft.

WEINLAND RHEINGAU, HOCHHEIMER DAUBHAUS, RIESLING, HALBTROCKEN, 2013 € 4,99

Das wohlgeformte Maxi-Model hat plötzlich beschlossen eine Diät zu machen. Die Gute will auch in Kleidergröße 36 passen! Warum nur? Sie war gerade wegen ihrer Rundungen so erfolgreich. Heim zur Mutter und wieder ein paar Pfund auf die Rippen!

RHEINHESSEN

CARL ZUCKMAYER, GRAUER BURGUNDER, TROCKEN, 2012 € 4,99

Mehlige Äpfel und Pfirsiche mit braunen Flecken kann man immer noch im Kuchen verwerten. Will man sie im Wein verwenden, sollte man nicht vergessen, ein bisschen Citrus hinzuzufügen ...

ERBEN ORIGINAL, KABINETT, LIEBLICH, 2013 € 3,99

Auf der Flasche steht:„Der Abnehmwein!" Man hätte auch drauf schreiben können: Der Einschlafwein!

ERBEN SPÄTLESE, FEINFRUCHTIG, 2012 € 3,99

Wenn sich die Erben anfangen zu streiten, dann ist es alles andere als ‚fein'. Diese Früchtchen!

KÄFER, PINOT GRIGIO, 2013 € 3,33

Grauburgunder mögen die golfspielenden Damen gar nicht, aber so ein Gläschen Pinot Grigio nach der gemütlichen Runde über 9 Löcher, da sagen sie nicht nein.

MAYBACH, RIESLING, TROCKEN, 2013 € 3,99

Schnitzelteller im Dorfgasthaus, der langweilige Balsamicokringel am Tellerrand macht noch keine Sterneküche. Dafür sind die Portionen üppig und der Wein großzügig eingeschenkt.

PETER MERTES, RIESLING, TROCKEN, 2013 € 3,89 🍷🍷🍷
Racletteabend, irgendjemand klaut immer ein Pfännchen und die leckeren Gürkchen. Aber es macht allen großen Spaß.

ROSIÈRE, SÜSS & FRUCHTIG, 2013 € 2,99 🍷🍷
Sag mir wo die Früchte sind, wo sind sie geblieben ... Hier schmeckt nichts fruchtig, aber süß. Heutzutage ist es aber doch schon viel, wenn 50% der Angaben stimmen.

ROTKÄPPCHEN, MÜLLER THURGAU, HALBTROCKEN, 2013 € 3,99 🍷🍷🍷
Da hat Rotkäppchen uns ja doch noch eine Freude gemacht. Sie wusste ja, dass sie mit Kuchen bei uns nicht landen kann, aber zu einem angenehm fruchtigen feinen Wein sagen wir nicht nein.

ROTKÄPPCHEN, RIESLING TROCKEN, 2012 € 3,99
Warm machen und bei Grippe trinken! Heiße Zitrone war gestern.

WEINSCHWÄRMER, WEISSBURGUNDER, 2012 € 3,59 🍷
Auch wenn ich mich wiederhole ... Vielleicht fruchtet es ja irgendwann! Weißweine für unter € 4,- sollte man nicht mehr kaufen, wenn sie älter als ein Jahr sind. Der arme Weinschwärmer hat seine Saison verpasst.

WINEMAKER'S PRIDE, SAUVGNON BLANC, WONNEGAU, 2012 € 5,99 🍷
Statt frischem Gras, Spargel und Stachelbeeren finden wir hier den Brennnesselsud, der gegen die Blattläuse gespritzt wird.

WÜRTTEMBERG

EDITION GOURMET, CUVÉE BLANC DE NOIR, 2013 € 4,99 🍷🍷🍷
Die Tochter in der Stretched-Limo zum Abschlussball fahren lassen, nachdem noch die Zehnägel im Nagelstudio mit Brillis besetzt wurden ... Dann kommt der junge Mann, der die Holde begleiten soll - und der ist weißgekellert ...

LAUFFENER KATZENBEISSER, WEISSBURGUNDER, TROCKEN, 2012 € 4,99

Die Schmetterlinge haben den Bauch verlassen. Jetzt beginnt der Alltag. Auch der ist durchaus harmonisch. Vielleicht kommt mit dem 2013er wieder ein bisschen mehr Spannung?

LAUFFENER WEINGÄRTNER, RIESLING, TROCKEN, 2013 € 4,49

Mit einem Sprung zur Goldmedaille! Wie Carina Vogt in Sotchi. Ein Riesling auf dem Höhenflug. Jung, knackig, sympathisch und auf den Punkt.

LAUFFENER WEINGÄRTNER, SCHWARZ WEISS, TROCKEN, 2013 € 4,49

Schwarzriesling an sich ist ja schon eine Seltenheit und dann auch noch ein so wunderbar zarter, frischer Weißwein aus dieser roten Rebsorte. Das muss einen doch begeistern!

LAUFFENER, „EDUARD MÖRIKE", GRAUBURGUNDER, KABINETT TROCKEN, 2013 € 6,99

„Und in der Mitten liegt holdes Bescheiden" sagt Mörike; wir hätten es gerne etwas unbescheidener.

AUSTRALIEN

LINDEMAN'S, BIN 65 CHARDONNAY, TROCKEN, 2013 € 5,99

Die Australienreise war ein voller Erfolg. Zum Abschluss Seafood mit Blick auf den Hafen von Sydney und ein kühler Chardonnay.

CHILE

CASTILLO VAREZ, CHARDONNAY, 2013 € 2,29

Hier können so manche große Markenweine ihren Hut ziehen! Klein, aber oho! Ein Chardonnay, wie er sich aus der neuen Welt gehört: Tropische Früchte mit einem Hauch Vanille, abgerundet mit frischem Citrus.

CASTILLO VAREZ, SAUVIGNON BLANC, 2012 — € 2,29

Was ist schief gelaufen, wenn ein Wein für € 2,29 im vergangenen Jahr die höchste Auszeichnung bekommen hat und trotzdem nicht ausverkauft ist??? Zur Strafe müssten eigentlich alle Kunden jetzt eine Flasche kaufen, damit sie wissen, was sie dem Wein angetan haben! Er ist schwer gekränkt und und hat jetzt Depressionen.

ELEMENTAL RESERVA, CHARDONNAY, TROCKEN, BIO, FAIR TRADE, 2013 — € 4,79 — 🍷🍷🍷

Bio und fair gehandelt und beileibe kein alltäglicher Wein. Genuss mit gutem Gewissen.

FRANKEN

DIE JUNGEN FRANKEN, MÜLLER-THURGAU, 2013 — € 3,99 — 🍷

Die jungen Franken müssen wohl noch ein wenig die Schulbank drücken. Lektion 1: Was ist der Unterschied zwischen Pampelmusensaft und Müller-Thurgau? Lektion 2: Warum sollte ein Etikett von Raumspray anders aussehen als das einer Weinflasche?

DIVINO NORDHEIM, SILVANER, TROCKEN, 2013 — € 5,49 — 🍷🍷🍷🍷

Super Schoppen

Die Traubenflüsterer von Nordheim haben ganze Arbeit geleistet. Sie haben dem Silvaner alle Geheimnisse entlockt, die er zu bieten hat. Nur selten zeigt sich diese Rebsorte so exzentrisch. Frische Kräuter, Pfirsich und Quitte in einem erfrischenden Mix mit sanften Säuren.

GWF, MÜLLER THURGAU, KABINETT, TROCKEN, 2013 — € 4,29 — 🍷🍷🍷🍷

Super Schoppen

Beim Sonntagsspaziergang haben wir köstliche Walderdbeeren gesammelt. Die Stelle bleibt unser Geheimnis. Beim Wein nehmen wir kein Blatt vor den Mund: Superfrisch, superfruchtig, superknackig, supersaftig, Super Schoppen!

SILVANER KABINETT TROCKEN, FRICKENHÄUSER MARKGRAF BABENBERG, 2013 — € 4,59 — 🍷🍷🍷🍷

Super Schoppen

Alte deutsche Weinregel: Je länger der Name desto besser der Wein! Ein klassischer trockener Silvaner, der sehr fein nach Blüten duftet und im Mund ein ganzes Bouquet von Äpfeln, Birnen und Nüssen zeigt! (Ja, wir können auch klassisch.)

WEIN GALERIE, BACCHUS, HALBTROCKEN, 2013 € 4,29 🍷🍷
Der Weingott Bacchus erzählt schon den ganzen Abend blöde Witze ... Die Engel lachen höflich und denken sich ihren Teil. Er war schon mal origineller.

WEIN GALERIE, SILVANER, TROCKEN, 2013 € 4,29 🍷🍷🍷
Schade, dass ein Silvaner im Bocksbeutel es beim Auswärtsspiel immer so schwer hat. Immer diese Vorurteile. Beim Heimspiel ist er der Star. Ich verstehe warum! Pfiffig, frisch und mit eigenem Charakter.

FRANKREICH

BREE WHITE, CHARDONNAY, TROCKEN, 2013 € 3,99 🍷🍷
Die schicke Flasche macht sich gut auf dem Tisch, und der Wein macht sich prima in der Schorle.

CORSAIRE, RÉSERVE DU PRÉSIDENT, TRADITION, 2013 € 4,99 🍷🍷
Das nenne ich Tradition: der alljährliche Lehrerstreik in Frankreich. Die Professoren gehen für mehr Geld auf die Straße, und die Schüler machen eine Bottleparty bei Fréderic, dessen Eltern nicht zu Hause sind. Nach zwei Tagen ist der Spuk wieder vorbei, und alles geht seinen geregelten Gang.

DELOR, HERITAGE 1864, SAUTERNES, 0,375L, 2011 € 6,99 🍷
Ein Sauternes, der ebenso gestopft scheint, wie die Gans, deren Leber hierzu serviert wird ...

DELOR, RÉSERVE, BORDEAUX, SAUVIGNON BLANC, 2013 € 4,29 🍷🍷🍷
Für den Mainstream sicher zu sauer und zu trocken ... Aber zur Auster mit Merguez - himmlisch!!!! Die Liebhaber werden sich freuen.

FRANÇOIS DULAC, LIEBLICH, LITERFLASCHE, 2013 € 2,69 🍷🍷
Der Zitronendrops ist gelutscht.

GRAND SUD, CHARDONNAY, LITERFLASCHE, 2013 € 3,49 🍷
Wer am liebsten nur am Wein riecht, statt ihn zu trinken, wird seine helle Freude haben.

JP CHENET, COLOMBARD SAUVIGNON, 2013 € 3,29
Frisch, zart, zitronenfruchtig, blütenduftig und weich, ein Wein der allen gefällt. Mit ein paar überraschenden Ecken und Kanten hätte es sogar zum Super Schoppen gereicht.

JP CHENET, MEDIUM SWEET, 2013 € 3,29
Ein flaumig-fluffiges Zitronenmandeltörtchen und nicht zu süß. Sehr delikat!

LE FILOU, BLANC, 2013 € 2,99
Ok, er hat nicht so ein atemberaubendes Six-Pack wie Cristiano Ronaldo. Und seine Augenbrauen zupft er auch nicht. Aber er trägt ohne zu murren den Müll runter und bringt freitags eine gute Flasche Wein für den Feierabend mit.

LE SWEET FILOU € 2,99
Filou und süß, das ist ja ungefähr so wie ein Taucheranzug in der Sahara. Irgendwas stimmt da nicht.

MEDINET, HALBTROCKEN, LITERFLASCHE, 2012 € 4,99
Nicht nur nicht halbtrocken, auch nicht lecker.

MOUTON CADET, BORDEAUX, 2011 € 8,99
Mit großem Brimborium serviert der hochnäsige Butler einen Wein und murmelt etwas von „Mouton ... Rothschild“. Die Herrschaften trinken sehr ehrfürchtig. Wo ist die versteckte Kamera?

GRIECHENLAND

TSANTALI, CHALDIKIKI, 2011 € 2,99
So ein Wein und es wäre es nie etwas geworden mit der Männerfreundschaft zwischen dem Briten Basil und Alexis Sorbas, dem Griechen. So etwas trinkt noch nicht mal ein Engländer freiwillig.

ITALIEN

CA VIVE, SOAVE, LITERFLASCHE, 2013 € 2,99
Nach einem langen Regenguss kommt endlich die Sonne wieder raus. Alles glänzt sauber und die Luft duftet wie ein frisch gewaschenes Laken.

CORVO, VENDEMMIA, 2012 — € 5,99 — 🍷

Corvo, Berlusconi, Costa Concordia, Olivetti und die Müllabfuhr von Neapel ... Nicht wirklich der Stolz Italiens.

D'AMATI, INSOLIA CHARDONNAY, LITERFLASCHE, 2013 — € 3,79 — 🍷🍷

Eurovision Song Contest, Mottoparty vor dem Fernseher. Auf die Häppchen sind die Nationlfähnchen aller teilnehmenden Länder gesteckt. Italy: zwei Punkte, two points, deux points, due punti.

KÄFER, CHARDONNAY, 2013 — € 3,33 — 🍷🍷

Käfer stellt sich ja gerne als noble Feinkostmarke dar. Für lustige 3.33€ bekommt man ein bisschen Münchener Bussi-Bussi-Flair und einen soliden fruchtig-feinen Chardonnay, dem es allerdings an Glamour fehlt.

LAMBERTI, PINOT GRIGIO, 2013 — € 4,29 — 🍷🍷🍷

Blind Date: Die Pasta schmecken fast wie selbst gemacht. Und er ,at sogar eine Auto. Perfect match!

MEZZACORONA, CHARDONNAY, 2013 — € 4,99 — 🍷🍷

Er ist gerade im Krankenhaus aus dem Koma aufgewacht und freut sich ungemein, dass er lebt! Er kann sich zwar nicht erinnern, wer er ist und wo er herkommt, aber im Moment ist das egal!

MEZZACORONA, PINOT GRIGIO, 2013 — € 4,99 — 🍷🍷🍷🍷

Justin Bieber (als er noch niedlich war) unter den Pinot Grigios. Perfektes Marketing, klar definiertes Profil. Die Herkunft ist egal, eine ganze Generation ist überzeugt. Wir haben auch alle den selben Haarschnitt. Ein Ohrwurm unter den Weinen. Saftiger Refrain mit Citrus, frischen Kräutern und Steinobst. Ein Hit!

SANTA CRISTINA, UMBRIA, 2013 — € 7,99 — 🍷🍷🍷

Da fehlt nicht viel zum Topmodel, beschwingt, frisch und ein wenig frech. Mit drei Gläsern in die nächste Runde!

SOLANDIA, CHARDONNAY, LITERFLASCHE, 2013 — € 2,99 — 🍷🍷

Die Freundinnen, die dir einreden, es käme nicht darauf an, wie jemand aussähe sondern nur auf die inneren Werte, sind nur scharf auf deinen Freund. Also, geh zum Friseur und zur Kosmetik und lass dich mal richtig stylen.

TAVERNELLO, 1L TETRAPAK € 1,99

Erinnert an diese berühmte Szene aus dem Film „die Reifeprüfung“ mit Dustin Hoffman: Auf seiner Abiturparty sagt ein Freund seines Vaters Benjamin Braddock ein ganz wichtiges Wort: Plastik!

VERDICCHIO DEI CASTELLI DI JESI, CLASSICO, 2013 € 2,99

SUPER SCHOPPEN

Gerader Rücken, Brust raus, Vespentaille, jungfräulich und knackig ... die ideale Maria Magdalena! Kein Wunder, dass man in den Castelli di Jesi begeistert ist. Citrusfrisch mit einem kleinen Bund Kräuter.

VIALA, SWEET, BIANCO, 2012 € 2,99

Das heutige Horoskop versprach eine angenehme, süße Überraschung. Guter Anfang, aber vielleicht bringt mir auch noch jemand Schokolade mit.

VILLA ANTINORI, TOSCANA, 2012 € 10,99

Oma ist noch geschmeidig in den Hüften, die Brüste sind mit Silikon gefüllt, die Wangen voller Botox. Knackig, aber albern. Zuviel des Guten.

ZONIN, CHARDONNAY, FRIULI, 2012 € 4,99

Das erinnert mich wieder an die siebte Regel der Cordula E.: Je größer die Marke, je schlechter der Wein! Und Zonin ist eine ziemlich große Marke ...

ZONIN, PINOT GRIGIO, FRIULI, 2013 € 4,99

Camembert auf Baguette finde ich super! Camembert im Pinot Grigio hat den selben Charme wie Camembert im Turnschuh.

ÖSTERREICH

WEINMANUFAKTUR KREMS, GRÜNER VELTLINER, TROCKEN, 2013 € 6,79

SUPER SCHOPPEN

Servus! Wir geben zu, inzwischen sind wir Riesen-Fans der Kremser Winzer. Und auch hier haben sie uns nicht enttäuscht. Ein perfekter Grüner Veltliner, frisch, fruchtig, knackig und das für diese Rebsorte typische „Pfefferl“, ein zartes Aroma wie weißer Pfeffer. Das macht ihn so besonders.

PORTUGAL

CASAL GARCIA, VINHO VERDE € 4,39 🍷🍷🍷

Vinho Verde ist eine Liga für sich. Wer gerne Stockfisch mit Knoblauch isst, findet keinen besseren Begleiter. Der Klassiker in der so erkennbaren hübschen Flasche.

GATÃO, VINHO VERDE € 3,99 🍷

Katzenklo, Katzenklo, ja das macht die Katze froh! Gatão ist für die Katz.

RUMÄNIEN

VAL DUNA, PINOT GRIGIO, 2013 € 2,99 🍷🍷

Rumänien, willkommen in der EU. Das mit dem Pinot Grigio klappt schon mal gar nicht so schlecht, aber da ist noch Luft nach oben.

SPANIEN

FREIXENET, LEGERO 9%, BLANCO, 2012 € 3,99

Campingurlaub in Benidorm. Die Paella ist angebrannt, der Campingsplatz ist überfüllt. Und jetzt noch dieser Wein. Nichts wie zurück nach Deutschland.

VIÑA SOL, MIGUEL TORRES, 2013 € 5,99 🍷🍷

Ein bisschen blass um die Nase, er sollte mal öfter an die Sonne gehen.

SÜDAFRIKA

CAPE SPRING, CHENIN BLANC, 2013 € 2,99 🍷

Das pickelige Kerlchen mit den blonden Locken und dem Flaum im Gesicht ist ein knüppelharter Rugbyspieler. Wenn man ihm näher kommt sieht man dicke Muskeln und riecht harten Männerschweiß. Und die Konversation stockt auch.

FAIRWINE, CHENIN BLANC SAUVIGNON BLANC, FAIRTRADE, 2013 € 3,79 🍷🍷

Fair wine bedeutet übersetzt ‚mäßiger Wein' ... Wir wollen great wine, spectacular wine, tasty wine ... mindestens aber good wine! Fair Trade, allerdings, ist okay.

GOLDEN KAAN, SAUVIGNON BLANC, TROCKEN, 2013 € 2,79

Wer nichts macht, macht nichts verkehrt. Und ein Wein, der gut riecht und nach wenig schmeckt, wird kaum jemandem nicht schmecken. Man könnte ihm aber auch mal ein bisschen mehr Frucht und Schmelz mitgeben. Der hier hat durchaus Potenzial, man muss es nur richtig nutzen. Vielleicht im nächsten Jahr.

NEDERBURG FOUNDATION, SAUVIGNON BLANC, 2013 € 4,99

Viel Marketing - wenig Wein. Cordulas Tipp: nebst P von Präsentation und P von Preis das P von Produkt nicht vergessen.

STONY CAPE, CHENIN BLANC, 2013 € 2,39

In einem einfachen Restaurant bestellt man am besten immer die Spezialität des Hauses. Bei einem einfachen Wein aus Südafrika bestellt man Chenin Blanc! Frische knackige Äpfel und saftiges, herbes Gras. Herrlicher Durstlöscher.

TABLE VIEW, CHARDONNAY, 2013 € 2,59

Wenn Pinocchio so lügen würde, wie der Text auf diesem Etikett, dann würde er durch keine Tür mehr passen! „Citrus“, „wood“, „complex“?! Dass ich nicht lache! Zuckerwasser!

TWO OCEANS, SAUVIGNON BLANC, 2013 € 4,49

„Buchsbaum mit Katzenpipi“ ist ein Klassiker für Sauvignon Blanc. Ehrlich! Kein Scherz! Aber Sauvignon, der nach öffentlicher Toilette riecht, ist nicht einladend. Er schmeckt allerdings viel besser als er riecht, das muss man ihm lassen.

UNGARN

DONAUHERBST, GEWÜRZTRAMINER, LIEBLICH, 2012 € 2,24

Die Gewürze suchen wir vergeblich, außer Zucker nichts gefunden.

DONAUHERBST, GRÜNER VELTLINER, LIEBLICH, 2012 € 2,49
Einmal ist immer das erste Mal. Wir sind nicht sicher, ob wir das Erlebnis, einen lieblichen Grünen Veltliner zu trinken, dringend wiederholen wollen.

DONAUHERBST, KÖNIGLICHE MÄDCHENTRAUBE, LIEBLICH, 2013 € 2,49
Wer keine schlechten Eigenschaften hat, hat meistens auch wenig Persönlichkeit. Hier stimmt das auf jeden Fall.

DONAUHERBST, LINDENBLÄTTRIGER, LIEBLICH, 2012 € 2,49
Lindenblütentee mit viel Zucker, hilft gegen Magenbeschwerden. Dieser Wein schmeckt auch so, aber wegen des Magens können wir für nichts garantieren.

DONAUHERBST, MUSKAT OTTONEL, LIEBLICH, 2013 € 2,49
Samtpfötig schmeichelt das verspielte Kätzchen um Frauchens Beine. Es weiß genau, wie es sein Leckerli bekommt. Frauchen auch, es genehmigt sich noch ein Glas.

DONAUHERBST, PINOT GRIGIO, LIEBLICH, 2012 € 2,49
Eigentlich trinkt Mette nie Wein, ist ihr entweder zu süß, zu sauer, zu bitter, zu alkoholisch. Den hier kriegt sie runter, der ist gar nichts, nur ein wenig süß.

GRAF KAROLYI, CHARDONNAY SAUVIGNON BLANC, 2013 € 2,99
Heiteres Rebsortenraten. Auch nach dem zweiten Glas kommt keiner auf Chardonnay oder Sauvignon Blanc. Aber der Wein schmeckt frisch und fruchtig.

USA

BAREFOOT, PINOT GRIGIO € 4,99
So eine perfekte Reihe weiß blitzender Zähne, so ein strahlendes Lächeln. Das kann nur eine Amerikanerin sein. Und ihre Urgroßeltern kamen wirklich aus Italien.

GALLO FAMILY VINEYARDS, CHARDONNAY, 2012 € 4,99 🍷
Man könnte fast meinen, die Gallos hätten das Weinmachen aus einem kleinen Heft der örtlichen Leihbibliothek gelernt. Vielleicht hat der selige Ernesto das Büchlein mit ins Grab genommen und jetzt weiß beim Chardonnay keiner mehr, wie's geht.

GALLO FAMILY VINEYARDS, MOSCATO, SÜSS, 2011 € 4,99 🍷
Vielleicht tun wir den Gallos ja Unrecht. Es bleibt zu bedenken, dass man in Amerika diese Weine viel kälter trinkt als bei uns (und auch vor dem Eiswürfel nicht zurückschreckt). Und dass man es auch gerne richtig knallsüß mag. Unter diesem Aspekt ist der Wein so wie es von ihm erwartet wird. Nur, was will er dann hier bei uns?

GALLO, FAMILY VINEYARDS, PINOT GRIGIO, 2012 € 4,99 🍷🍷
Irgendwie vorhersehbar, alle diese amerikanischen Serien. Und als ob man nicht wüsste, wann der Witz zu Ende ist, gibt es noch Lacher vom Band.

ROSÉ

DEUTSCHLAND

BADEN

ALDE GOTT, SPÄTBURGUNDER WEISSHERBST, TROCKEN, 2012 € 7,99 🍷🍷🍷
Der erste Tag mit strahlend blauem Himmel und klarem Sonnenschein, aber das Thermometer klettert kaum über 7°C. Trotzdem sind die Straßen voll von Cabriofahrern mit offenem Verdeck, in dicke Daunenjacken eingepackt und mit schicker Sonnenbrille. Macht aber auch Spaß. Und am Abend nehmen sie sicherheitshalber ein Aspirin. Rein vorbeugend.

FREIBURGER LORETTOBERG, SPÄTBURGUNDER ROSÉ, FEINHERB, 2012 € 4,79 🍷
Es ist schon suspekt, wenn ein Strauß Lilien im Weinkeller steht. Wenn nach einer Woche das Wasser in der Vase fehlt, fragt man sich ernsthaft, wo es geblieben ist. Hoffentlich haben es die Lilien getrunken …

ROSÉ - DEUTSCHLAND - BADEN - MOSEL - PFALZ - RHEINHESSEN

MARTIN SCHONGAUER, SPÄTBURGUNDER ROSÉ, FEINHERB, 2012 — € 3,49

Dieser Rosé gehört zu den einfachen Glücksmomenten im Leben: Kirmes, Paradiesapfel, Sonnenschein. Süß, bunt und gut gelaunt.

MOSEL

MOSELLAND AKZENTE, SPÄTBURGUNDER ROSÉ, HALBTROCKEN, 2013 — € 4,49

Der Barista hat sich so viel Mühe gegeben! Der Cappuccino prunkt mit dem Bildnis zweier ineinander verschlungener Herzen im Schaumkrönchen. Und was macht der ignorante Kunde? Wirft drei Zuckerwürfel rein ...

PFALZ

DEUTSCHES WEINTOR, DORNFELDER, HALBTROCKEN, 2012 — € 4,69

Mit diesem eisgekühlten Rosé wird sogar das Picknick mit den Schwiegereltern gesellig, und der trockene Hähnchenschlegel rutscht gleich viel besser.

ERBEN ORIGINAL, WEISSHERBST, LIEBLICH, 2013 — € 3,99

Dieser blaue Portugieser ist den Erben wirklich gut gelungen. Ist natürlich nur etwas für die Süßmäuler.

RHEINHESSEN

BREE ROSÉ, PINOT NOIR, TROCKEN, 2013 — € 3,99

So vorhersehbar und bemüht wie eine deutsche Vorabend-TV-Serie. Aber die Flasche ist wirklich elegant. Wenn eins drauf wäre, könnte man glatt von Etikettenschwindel sprechen. Pinot Noir?

ERBEN LANDWEIN, HALBTROCKEN, 2012 — € 2,99

Unsre Oma trinkt im Kuhstall den Roséwein, unsre Oma ist ‚ne ganz patente Frau! Der graust vor nix.

ROSIÈRE, SÜSS & FRUCHTIG, 2013 — € 2,99

Warum nicht mal ein Rosé zum Dessert? Dieser wäre gerade richtig.

ROTWILD, DORNFELDER, LIEBLICH, 2013 — € 3,49

Statt Rotwild sollte er wohl besser Hello Kitty heißen.

WÜRTTEMBERG

WÜRTTEMBERGER, LEMBERGER WEISSHERBST — € 4,29

Bei Yvonne im Friseursalon gibt es statt Kaffee immer ein Glas Rosé zum Haarschnitt. Voller Inspiration werden heute auch noch rosa Strähnchen gesetzt. Welch Hausfrauenfreude!

LAUFFENER KATZENBEISSER, SCHWARZRIESLING ROSÉ, TROCKEN, 2013 — € 4,99

Strawberries, cherries and an angel's kiss ... Perfekter als mit dem Song „Summerwine" von Lee Hazelwood kann man diesen Wein nicht beschreiben.

LAUFFENER WEINGÄRTNER, ROSÉ HALBTROCKEN, 2013 — € 4,49

Hier wird man glatt zum Halbtrockener-Rosé-Trinker! Trotz der subtilen Süße unglaublich erfrischend. Kein Wunder, dass man in Deutschland nirgends mehr Rosé d'Anjou kaufen kann.

LAUFFENER WEINGÄRTNER, SCHILLERWEIN, TROCKEN, BIO, 2012 — € 4,99

Dorade vom Grill, frischer Salat, ein Glas gekühlter Wein - die Nachbarin schaut auch gerne auf ein Glas vorbei und bleibt bis nach dem Essen.

FRANKREICH

CHÂTEAU DELORD, BORDEAUX ROSÉ, 2012 — € 4,99

De Lord nach 40 Peitschenschlägen von Pilatus ... Wir sehen ihn lieber fröhlich übers Wasser laufen und Brot austeilen.

CORSAIRE, RÉSERVE DU PRÉSIDENT, 2013 — € 4,99

Der Rosé mit den fünf F: frisch, fruchtig, floral, fein - einfach ferführerisch ;-)

FRANÇOIS DULAC, FRESH AND FRUITY, LITERFLASCHE, 2012 — € 2,69

Rosé ist im Kommen! Damit ist aber nicht

gemeint, dass ehemals weiße T-Shirts, die zusammen mit den roten Socken in die Wäsche geraten sind, wirklich schick aussehen.

GRAND SUD, GRENACHE, LIEBLICH, LITERFLASCHE, 2013 € 3,49

Stoppover auf der Fahrt ans Mittelmeer. Ins F1-Hotel noch schnell eine Flasche Rosé mit aufs Zimmer genommen, für die Bettschwere.

GRAND SUD, MERLOT, TROCKEN, LITERFLASCHE, 2013 € 3,49

Der mitgebrachte Urlaubs-Rosé schmeckte zu Hause auf einmal gar nicht mehr ... Jedes Jahr dasselbe! Darum spart man sich das Mitbringsel und trinkt stattdessen Grand Sud.

JP CHENET, GRENACHE CINSAULT, 2013 € 3,29

Viele schwören auf ein Glas lauwarmes Zitronenwasser nach dem Aufstehen. Wir halten es eher mit einem Glas gut gekühlten frischen Rosé als Sundowner.

LE FILOU, ROSÉ, 2013 € 2,99

Erstes Rendezvous, Lucien hat seine Magalie zum Essen ausgeführt und jetzt weiß er nicht, ob er Rot- oder Weißwein bestellen soll. Mit Rosé, meint er, kann er nichts falsch machen. Aber vielleicht sollte er zum Essen einen etwas trockeneren nehmen.

LE SWEET FILOU € 2,99

Der Wein zu Fifty Shades auf Grey. Süßer Schmerz. Ohne jede Raffinesse. Und tut auch nicht weh.

LISTEL, SABLE DE CAMARGUE, GRAIN DE GRIS, 2013 € 3,49

Ein Strandwein im doppelten Sinne. Die Trauben wachsen am Strand, und schmecken tut er auch am besten eisgekühlt am Meer, wenn die Sonne brennt. Herb und trocken. Typisch Camargue.

LUBERON, 2013 € 3,49

Urlaubserinnerungen werden wach: Mittagsmenu im Strandcafé. Frittierte Tintenfischringe vorab und dann einen Salade Rouget. Der Rosé aus der Karaffe ist im Preis inklusive.

MEDINET, HALBTROCKEN, LITERFLASCHE € 3,29

Dass es an Frankreichs Tankstellen bessere Weine gibt als in deutschen Supermärkten ist ein durch nichts bewiesenes Gerücht.

ITALIEN

D'AMATI, NERO D'AVOLA SYRAH ROSATO, LITERFLASCHE, 2013 € 3,79

Die ersten Proben für das Karnevalsmännerballett sind noch sehr mühsam. Bei den Pirouetten fallen die Herren reihenweise um. Vielleicht halten sie sich besser, wenn man ihnen einen Ball vor die Füße spielt.

VIALA, SWEET, ROSATO, 2012 € 3,29

Der Duft nach Lavendelseife ist schon sehr ..... interessant. Im Mund ist dieser Wein hauptsächlich süß mit ein bisschen Zitronenaroma. Mehr als ein Glas mag man davon nicht trinken.

ÖSTERREICH

WINZER KREMS, SANDGRUBE 13, ZWEIGELT ROSÉ, 2013 € 5,29

Das Picknick in der Sandgrube hat er perfekt vorbereitet und liebevoll in Szene gesetzt. Trauben, Äpfel und Birnen, eine Platte mit köstlichen Sandwiches, gegrilltes Huhn, kleine Obstkuchen und auch den Sonnenschirm hat er nicht vergessen. In der Kühltasche wartet ein duftig zarter, frischherber, fruchtiger Rosé.

SPANIEN

AMSELKELLER, LIEBLICH, 2013 € 1,99

Der alte Oberkellner weiß genau mit welchem Wein er die Damen aus dem Saunaclub „die lustige Schweißperle" erfreuen kann, wenn sie ihre Clubkasse auf den Kopf hauen. Hauptsache süß.

BODEGAS DE ABALOS, RIOJA, ROSADO, 2013 € 2,49

Weinschule für jedermann: So schmeckt spanischer Rosé! Mild und saftig mit vielen Erdbeeren und wenig Säure. Und natürlich ist er pink, nicht rosé!

FREIXENET, LEGERO, ROSADO, 2012 € 3,99 ϟ

Sollte mit Zungenreiniger geliefert werden, damit man den Geschmack wieder aus dem Mund bekommt. Die armen Trauben, die hierfür sterben mussten.

USA

GALLO FAMILY VINEYARDS, GRENACHE, 2012 € 4,99 🍷🍷

Wenn auf dem Etikett „lieblich" gestanden hätte, wären alle Informationen komplett gewesen und wir hätten fast 3 Gläser geben können.

GALLO FAMILY VINEYARDS, WHITE ZINFANDEL, 2012 € 4,99

Gallos Revenge! Dabei hat denen doch keiner was getan.

ROT

DEUTSCHLAND

ERBEN LANDWEIN, HALBTROCKEN, 2012 € 2,99 🍷🍷

Wer das einfache Landleben hymnisch preist, ist noch nie auf einem schlaglöchrigen Feldweg zwei Stunden lang hinter einem Trecker hergefahren, vorbei an allen Kuhställen der Gegend, im Regen ... und musste dabei dringend aufs Klo.

BADEN

BECKSTEINER WINZER, SCHWARZRIESLING, GERLACHSHEIMER HERRENBERG, 2012 € 5,99 🍷🍷🍷

Am Weiher haben die Vogelkundler ihr Lager aufgeschlagen. Der Grauflügelspatz nistet hier! Diese seltene Art wurde hier seit Jahren nicht mehr gesehen. Zelte, Klappstühle, Teleobjektive ... und bewunderndes Gemurmel. Man springt vom Rad, als man die faszinierte Menge sieht, greift sich ein Fernglas und sieht: einen grauen Spatz! Aha! Wirklich nicht spektakulär ... aber dafür sensationell selten. Einen so trockenen, feinen Schwarzriesling findet man fast nie.

BIOTERRA, SPÄTBURGUNDER, TROCKEN, BIO, 2011 € 6,99 🍷
Ein vergessener Rentner im Altersheim. Er muss immer dreimal klingeln bevor die Schwester kommt, und Besuch bekommt er gar nicht. Der Arme! So will niemand alt werden. Verdient hat er es nicht.

HEX VOM DASENSTEIN, SPÄTBURGUNDER KABINETT, 2012 € 7,99 🍷🍷
Liebe Hex, wenn du zur Walpurgisnacht auf dem Brocken tanzen willst, musst du doch noch mal das Zaubern üben! Das mit dem Eintopf klappt schon prima, aber wenn der Hexenrat beeindruckt werden soll, wäre es schön, wenn auch noch ein paar Früchte im Kessel landen. Statt Himbeeren kommen derzeit nur Kohlköpfe aus dem Hut ... Den Trick kennen wir aber schon.

MARTIN SCHONGAUER, SPÄTBURGUNDER, TROCKEN, 2012 € 4,99 🍷🍷🍷🍷
SUPER SCHOPPEN
Sonntags trifft sich die ganze Familie bei Opa auf dem Bauernhof. Oma kocht, wie immer, für alle. Im Sommer isst man an der langen Tafel im Garten. Die Runde wird von Jahr zu Jahr größer: Kinder, Kindeskinder, Schwiegertöchter und -söhne ... Wie gut, dass der Wein nie ausgeht! Das glückliche Landleben!

WEINLAND EXKLUSIV, 2012 € 6,79 🍷
Badischer Merlot, den man höchstens im Schnapsglas servieren sollte. Ist bestimmt gut für die Verdauung und tötet jede Bazille im Hals.

NAHE

DR. FAUST, DORNFELDER, LIEBLICH, 2012 € 4,99 🍷
Kaffee mit ganz viel Milch und einer extra Portion Zucker. Aber in rot, kalt und mit Alkohol.

PFALZ

ASTOR, DORNFELDER & MERLOT, TROCKEN, 2013 € 2,99 🍷🍷
Til Schweiger und Ben Affleck spielen im deutschen Remake von Brokeback Mountain ... Tapfere Schafhirten müssen die Herde über den Rhein treiben. Das wird spannend! Muahaha!

BARRIQUE, KIRCHHEIMER SCHWARZERDE, MERLOT IM BARRIQUE GEREIFT, TROCKEN, 2011 — € 7,49 🍷🍷
Dünne Scheibchen Merlot auf dicke Scheiben Holz ... Hier wird der Rahmen zum Kunstwerk. Wer es gerne derb und dick aufgetragen hat, wird auch an den 14,5% Alkohol seine Freude haben.

DEUTSCHES WEINTOR, DORNFELDER MILD, 2013 — € 4,69 🍷🍷
Falls es mal keinen Nachschub gibt, Johannisbeersaft und halbtrockenen Sekt mischen - fertig ist so ein milder Dornfelder.

DEUTSCHES WEINTOR, DORNFELDER, LIEBLICH, 2013 — € 4,69 🍷🍷🍷
Patrick Lindner in Flüssigform: eingängige Melodie, lieblicher Refrain. Unterhaken und mitsingen.

DEUTSCHES WEINTOR, DORNFELDER, TROCKEN, 2013 — € 4,49 🍷🍷
Mehr Dorn als Felder. Nach einem gierigen zweiten Schluck des Messweins sind heute Abend 3 Peitschenschläge zur Selbstkasteiung fällig. Genuss ist Sünde!

DEUTSCHES WEINTOR, SPÄTBURGUNDER TROCKEN, 2011 — € 4,49 🍷
Ich schmeck das sowieso nicht, sagt Tante Anna immer. Da habe ich hier genau den richtigen Wein für sie, da gibt es auch nicht viel zu schmecken.

ERBEN EXKLUSIV, DORNFELDER BARRIQUE, 2012 — € 4,99 🍷🍷
Den sollte man eher Dornwälder nennen, soviel Holz bringt der mit. Wir hätten gerne etwas mehr von eigentlichen Wein geschmeckt.

ERBEN ORIGINAL, DORNFELDER TROCKEN, 2013 — € 3,99 🍷🍷
Nach der trockenen Verlesung des Testaments gibt es Schnittchen und Dornfelder. Im Großen und Ganzen sind alle zufrieden.

KENDERMANNS, DORNFELDER, TROCKEN, 2012 — € 4,99 🍷🍷
Dornfelders erste Schritte auf internationalem Weinparkett ... Das Englisch holpert, das Aftershave ist zu dick aufgetragen und vor lauter Aufregung hat er vergessen, was er eigentlich sagen wollte. Noch mal nach Hause um eine Runde zu üben.

LORCH, EXKLUSIV, DORNFELDER CLASSIC, 2012 € 4,99
Miley Cyrus mit nichts als ein bisschen Gaffer Tape am Körper. Das ist wie Auffahrunfall auf der Autobahn, man will nicht hinschauen, aber man tut es doch. Dabei gibt es überhaupt nichts zu sehen.

MICHEL SCHNEIDER, DORNFELDER IM BARRIQUE GEREIFT, TROCKEN, 2010 € 3,99
Das Fass hilft hier auch nicht. Wenn kein Aroma im Wein drin ist, dann schmeckt er eben nach nix mit ein bisschen Holz.

MICHEL SCHNEIDER, DORNFELDER, LIEBLICH, 2012 € 2,99
Unnützes Wissen: Der Palisadenzaun mit dem großen Tor, der im Film „King Kong“ um das Eingeborenendorf gezogen ist, wurde später in „Vom Winde verweht“ als Kulisse verbrannt. Was das mit trockenem Dornfelder zu tun hat? Nichts. Genauso wenig wie dieser Wein.

MICHEL SCHNEIDER, DORNFELDER, TROCKEN, 2012 € 2,99
Bastelabend für einen guten Zweck. Für die gute Stimmung gibt es ein Gläschen Wein dazu. Huch, hab ich jetzt den Dornfelder oder die Uhuflasche erwischt. Anna ist auch schon so lange still. Ob ihr Mund jetzt zugeklebt ist?

MICHEL SCHNEIDER, SPÄTBURGUNDER, TROCKEN, 2012 € 2,99
Der Opel Corsa unter den Spätburgundern. Ordentlicher Gebrauchtwagen mit noch zwei Jahren TÜV.

RIETBURG CREATION, REGENT, SÜSS, 2013 € 3,89
Süß wie Cherry-Coke ... Höchste Zeit für eine Zero und eine Light Version.

RIETBURG CREATION, SPÄTBURGUNDER, TROCKEN, 2013 € 4,99
Die Oldtimer Rallye macht Mittagspause mit Picknick am Waldrand. Die hübsche karierte Picknickdecke wird ins Gras gelegt, aus dem geflochtenen Korb kommen Teller, Besteck und Gläser. Die Hähnchenschlegel sind aus dem Delikatessengeschäft und der Spätburgunder wird im Bach noch kurz auf 16 Grad gekühlt. Ein Drei-Sterne-Ereignis.

RIETBURG, ACOLON, TROCKEN, 2012 € 3,59 🍷🍷
Pocahontas Teil 2 ... Man geht hin, weil einem der erste Teil so gut gefallen hat. Die Geschichte war aber auch eigentlich zu Ende erzählt ... Der Inhalt ist ein bisschen an den Haaren herbeigezogen.

RIETBURG, DORNFELDER IM BARRIQUE GEREIFT, 2012 € 5,99 🍷🍷
Der Koch hat heute seinen experimentellen Tag. Vorratsschrank auf, und von allem, was er findet muss etwas mit in das Gericht. Sehr kreativ! Mit Humor kann man es sich dann auch noch schmecken lassen ... Wetten, dass es dem Koch nicht gelingt, dieses Menu ein zweites Mal zu zaubern? (Und das ist auch gut so! Irgendwo hört der Spaß auf.)

RIETBURG, DORNFELDER, TROCKEN, 2012 € 3,99 🍷🍷
Ein sympathischer Schwindler, dem man kaum übel nehmen kann, dass er sich für einen ‚Trocken' ausgibt. Man lässt sich gerne von seinen Geschichten mitreißen.

ROTWILD, DORNFELDER UND REGENT, SÜSS, 2012 € 3,79 🍷🍷
Pflaumenkuchen steht auf dem Tisch, der frisch gebrühte Kaffee duftet aus der Küche. Jetzt noch schnell Sahne schlagen und die Küchenschürze ausziehen, bevor man sich zu den anderen an den Tisch setzt.

ROTWILD, DORNFELDER, TROCKEN, 2013 € 3,79 🍷🍷
Die Jagd auf das Rotwild war heute noch nicht erfolgreich. Auf der Hütte gibt es darum Würstchen aus der Vakuumverpackung, Erbsen und Möhren aus der Dose und ein Glas Dornfelder. Morgen ist auch noch ein Tag! Waidmanns Heil.

SPÄTBURGUNDER, TROCKEN, 2012 € 3,49 🍷
Man hat auf ebay ein iPhone 3 gekauft und freut sich, dass es so günstig war. Leider hängt es sich bei jeder App auf, und nach 3 Tagen lädt der Akku nicht mehr auf. Ersatzteil? Was ist das?

STEINER KELLER, DORNFELDER TROCKEN, 2012 € 3,99 🍷🍷🍷
Es ist erstaunlich, wie schnell die Leute geneigt sind, einen Dornfelder zu verachten. Bitte, wenn ihr das so wollt, dann bleibt eben mehr für uns übrig.

TURMFALKE, DORNFELDER, TROCKEN, 2013 — € 2,19

Dieser Turmfalke hat sein Nest auf der Mautstation gebaut. Im Mittelstreifen gibt es jede Menge Futter und es gibt immer viel zu sehen. Nicht romantisch, aber sehr praktisch!

WEINSCHWÄRMER, SPÄTBURGUNDER, TROCKEN, 2012 — € 3,29

Heimlich und ohne dass seine coolen Freunde etwas bemerken fährt der Hipster aus seinem schicken Kiez zu Oma aufs Dorf und freut sich schon wie Bolle auf den prima Rinderbraten, der drei Stunden geschmort hat, mit Rotkohl und Knödeln. Und nachher backt sie ihm noch einen Marmorkuchen und er darf wie früher die Teigschüssel auslecken. Den halben Kuchen gibt sie ihm mit auf den Heimweg. Kurz bevor er aus dem Zug steigt, macht er eine Starbucks-Tüte drum. So ein Feigling.

RHEINGAU

G.H.VON MUMM, SPÄTBURGUNDER, 2011 — € 8,99

Einfacher Bursche in teurem Anzug ... Aber nur mit schicken Attributen ist man noch lange nicht ‚von Stand'. Ein bisschen mehr Arbeit würde auch schon adeln.

RHEINHESSEN

CARL ZUCKMAYER, DORNFELDER, HALBTROCKEN, 2012 — € 4,49

Ein berühmter Schriftsteller, der Weinkenner ist, trinkt keinen halbtrockenen Wein ... Also, er könnte schon, aber er würde nicht! Das ist so, wie Tiger Woods, der mit einem Plastikschläger auf dem Golfplatz erscheint, oder Christiano Ronaldo, der mit einem Strandball zum WM-Training kommt.

DORNFELDER IM BARRIQUE GEREIFT, 2011 — € 3,99

Sehr geeignet für den Netzwerkabend der Unternehmer- frauen. Er hat Stil, ist subtil und so samtig wie er ist, schmeckt er nach mehr und macht die Zungen locker. Das werden geschmeidige Gespräche.

ERBEN ORIGINAL, DORNFELDER LIEBLICH, 2012 € 3,99 🍷🍷
Auch zum Nachmittagsschwatz mit der Nachbarin macht man sich ein bisschen zurecht. Man weiß ja nie, wer noch vorbei kommt. Und außerdem soll sie sich ruhig über die schicke neue Bluse ärgern. Escada aus dem Ausverkauf.

ERBEN ORIGINAL, SPÄTBURGUNDER, LIEBLICH, 2012 € 3,99 🍷🍷
Halb und halb mit Sprudel gemischt, Spritzer Zitronensaft rein und schon hat man einen lieblichen Rosé. Eiswürfel nicht vergessen.

ROSIÈRE, 2013 € 2,99
Hauptsache süß, denken sich die unternehmungslustigen männlichen Teenager, dann trinken die Mädchen mehr. Auf Geschmack kommt es da weniger an.

ROTKÄPPCHEN, DORNFELDER, HALBTROCKEN, 2012 € 3,99
Rotkäppchen kommt mit seinem Gabenkorb zu spät. Großmutter ist schon vor einigen Tagen von uns gegangen.

ROTKÄPPCHEN, SPÄTBURGUNDER, TROCKEN, 2012 € 3,99
Rotkäppchen hat unterwegs die Kirschen aufgegessen und füttert die Großmutter nun mit den Kernen. Die sieht ja sowieso nichts.

WEINSCHWÄRMER, DORNFELDER, SÜSS, 2012 € 3,29 🍷🍷
So angenehm wie ein Zahnarztbesuch, wenn er nicht gebohrt hat. Nachher war alles gar nicht so schlimm.

WEINSCHWÄRMER, REGENT, TROCKEN, 2012 € 3,29 🍷🍷
Wie Schokoladenpudding. Unspektakulär, aber wenn keiner hin guckt, ist die Schüssel auf einmal leer.

WEINSCHWÄRMER, SPÄTBURGUNDER, LIEBLICH, 2012 € 3,29 🍷🍷
Riecht gut nach Spätburgunder. Und ist so mild, da sind die Damen von Resis Bridgeclub nicht überfordert, wenn sie sich ein Glas genehmigen.

WÜRTTEMBERG

HABERSCHLACHTER HEUCHELBERG, TROLLINGER MIT LEMBERGER, 2012 € 4,59

Ihm große Komplimente zu machen, wäre geheuchelt ... Aber viel falsch machen tut er auch nicht. Wer ‚spannend' zu aufregend findet und sein Leben gerne aufgeräumt hat, könnte sich mit dem Haberschlachter anfreunden. Schlachten tut er allerdings nicht. Er ist vegetarischer Tierfreund.

LAUFFENER KATZENBEISSER SAMTROT, KABINETT, 2012 € 4,99

Wenn es Kuschelrock in der Flasche gäbe, dann hätten wir ihn hier gefunden. Weich, schmeichelnd, verführerisch.

LAUFFENER KATZENBEISSER, LEMBERGER, TROCKEN, 2012 € 4,79

Sonntags gibt es Rinderbraten. Der hat lange geschmort. Der Tisch ist fein gedeckt, und der Wein funkelt schon im Glas. Wenn der Braten so köstlich ist wie der Wein, ist der Sonntag perfekt.

LAUFFENER KATZENBEISSER, SAMTROT, LIEBLICH, 2012 € 4,59

Immer nur Kaffee und Kuchen für die Damenrunde ist doch auf Dauer langweilig. Wie wär's zur Abwechslung mal mit Käseschnittchen und Samtrot.

LAUFFENER KATZENBEISSER, TROLLINGER AUS TERRASSENLAGE, 2011 € 4,79

Beim Fußballtraining lief es noch nicht ganz rund. Bei der anschließenden Skatrunde schon besser. Weil es wieder mal spät geworden ist, bringt Klaus seiner Liebsten noch eine Flasche Wein mit. So ist der Abend eine runde Sache.

LAUFFENER KATZENBEISSER, TROLLINGER MIT LEMBERGER, HALBTROCKEN, 2012 € 4,59

Der Bürgersteig ist gefegt, die Linsen köcheln auf dem Herd, die Wäsche ist gebügelt. Das größte Kompliment für die schwäbische Hausfrau „Du sieht aber geschafft aus!" Darauf einen guten Schoppen!

LAUFFENER WEINGÄRTNER, SCHWARZRIESLING, TROCKEN, 2012 — € 4,49

In Frankreich kennt man Schwarzriesling als Pinot Meunier im Champagner. Aber auch hier macht er eine gute Figur. Wie ein guter Champagner, wird auch der Schwarzriesling lieber etwas kühler getrunken.

LAUFFENER, „FRIEDRICH HÖLDERLIN", SCHWARZRIESLING SPÄTLESE, TROCKEN, 2012 — € 6,99

„Das Angenehme dieser Welt hab ich genossen", schreibt Hölderlin. Dem kann man sich mit diesem Wein voll und ganz anschließen. Er fließt wie ein Gedicht mit seinen Duft nach Johannisbeeren und seinen zarten Holznoten.

LAUFFENER, SCHWARZRIESLING MIT SAMTROT, 2012 — € 4,49

Mädelsabend mit Schminktipps und DVDs, der Wein wartet im Kühlschrank. Viel Gekicher, gute Laune und der Wein trägt seinen Teil dazu bei.

ROTWEIN CUVÉE, TROCKEN, 2011 — € 3,59

Sonntagsfahrt im Bummelzug. Immerhin, es gibt einen mobilen Servicewagen: löslicher Kaffee, Schokoriegel oder Kekse in der Portionsverpackung und auch Bifi, wahlweise mit Bier oder Rotwein ...

WEINHAUS LÖWENSTEIN, LEMBERGER IM HOLZFASS GEREIFT, 2011 — € 6,39

Hier wird nicht gekleckert sondern geklotzt. Dicker goldener Löwe mit Siegelringausstrahlung, der laut ‚Holzfass' brüllt. Subtiler Schick ist anders, er macht aber sicher Eindruck.

WÜRTTEMBERG, LEMBERGER, TROCKEN, 2012 — € 5,99

Die stählerne Faust auf dem Etikett zeigt die Kraft an, die einem hier in der Flasche begegnet. Aber zum Glück hat der Ritter den Handschuh bereits abgelegt. Sein Händedruck ist warm und freundlich. Ein gutmütiger Kraftprotz, dessen deutliche Vorliebe reife Kirschen sind.

WÜRTTEMBERGER LEMBERGER, TROCKEN € 3,99 🍷🍷

Der sollte mal lieber noch ein Butterbrot essen, sagte Papa, als wir ihm die Platte von unserem Lieblingssänger zeigten. So ein dünner Hering, kein Wunder, dass er so eine Piepsstimme hat.

WÜRTTEMBERGER TROLLINGER, LITERFLASCHE € 4,49 🍷🍷

Linsen, Spätzle und Saitenwürschtle, dazu der Trollinger, schwäbische Glückseligkeit. Der Rest der Republik hat andere Vorlieben.

WÜRTTEMBERGER, LEMBERGER, TROCKEN € 4,29 🍷🍷

Dünn wie der Reifen eines Rennrads. Läuft schnell, bietet wenig Widerstand aber hat auch wenig Polster.

WÜRTTEMBERGER, SCHWARZRIESLING, HALBTROCKEN € 4,29 🍷🍷🍷

Eine raue Hand im Samthandschuh. Ernsthafter Wein, der in eine schmeichelnde, milde Hülle gepackt ist.

WÜRTTEMBERGER, TROLLINGER, HALBTROCKEN € 4,29 🍷🍷

Fröhlicher Schoppen für Anfänger. Der erste Schritt nach der Limo ... Für Weintrinker, die in der ersten Fahrstunde noch erklärt bekommen müssen, wo das Gaspedal und wo die Bremse ist.

ARGENTINIEN

MARAÑON, SYRAH, 2012 € 3,79 🍷🍷

Schön, dass auch endlich ein Wein aus Argentinien den Weg ins Regal gefunden hat. Auch schön, dass man den Tango direkt mit serviert bekommt (siehe Etikett). Nur schade, dass der Tänzer sich nicht die Mühe gemacht hat, seine Schuhe zu putzen. Aber auch das ist dann wiederum symbolisch für den Wein. Typischer Charakter, aber mit einem rauen Rand.

AUSTRALIEN

LINDEMANS, BIN 40, MERLOT, 2013 € 6,49 🍷🍷🍷🍷

SUPER SCHOPPEN

Wer sagt denn, dass sich die Australier außerhalb ihres Kontinents nicht zu benehmen wissen?.. Dummes Geschwätz. Die perfekten Gentlemen sind sie. Geschmeidig und elegant wie dieser Merlot.

LINDEMANS, BIN 45, CABERNET SAUVIGNON, 2012 € 6,49

Zum Burger Aussie-Style sind Rote Bete ein Muss! Der Ketchup darf dann ruhig ein wenig süß-scharf sein.

LINDEMANS, BIN 50, SHIRAZ, 2013 € 6,49

40°C ist alles andere als „freakin hot"! Wir sind hier in Australien - no country for sissies. Da geht immer noch ein ordentlicher Shiraz zum Barbecue. Der schmeckt nach Brombeeren und Vanille und geht runter wie Öl.

YELLOW TAIL, CABERNET SAUVIGNON, 2013 € 5,29

Das Känguru ist in die Backstube gehüpft und hat Vanillezucker, Kirschmarmelade und Walnüsse gemopst. Jetzt kann Peggy leider keinen Kuchen mehr backen.

YELLOW TAIL, MERLOT, 2013 € 4,99

Das ist Dr. Pepper für Erwachsene. Schräge Limo mit Alkohol.

YELLOW TAIL, SHIRAZ, 2013 € 4,99

Ausgefallenes Rezept: Karamellisiertes Känguru vom Grill mit Preißelbeerdip an Zuckerwatte.

BULGARIEN

KAPANKA, CABERNET SAUVIGNON, MAVRUD, 2011 € 1,99

Große Überraschung: Wenn es auch nicht ganz zur Goldmedaille gereicht hat, aber Silber hat er allemal verdient: angenehm fruchtig, weich und harmonisch.

MENADA, MERLOT, 2013 € 2,79

Als Wundertrunk für bulgarische Gewichtheber gedacht. Der kräftige Schuss Rote Bete macht Muckis.

ROSENTHALER MERLOT, HALBTROCKEN, 2012 € 2,99

Er passt in der Karaffe farblich ganz toll zu Omas Rosenthalservice auf dem Tisch. Immerhin etwas.

ROSENTHALER MERLOT, LIEBLICH, 2012 € 2,99

Lieblichen Merlot braucht man ungefähr genauso dringend wie einen Pickel auf der Backe. Beides ist aber harmlos. Den Pickel kann man überschminken und vielleicht findet sich sogar ein Liebhaber dieses weich-süßen Getränks.

CHILE

ANDES, MERLOT, 2012 € 2,29

Eine Achterbahnfahrt von lauter nicht zu einander passenden Geschmacksrichtungen hätte man noch als spannend empfinden können ... Vom Kinderkarussell aus ist das Ganze aber weniger aufregend.

CONCHA Y TORO, SENDERO DE CHILE, CABERNET SAUVIGNON, 2011 € 4,99

Wenn der Herr Professor mit seinen Weinbaustudenten den Cabernet Sauvignon durchnimmt, dann sollte er diesen hier zur Hand haben, das ist fast schon der Prototyp. So muss er sein: Johannisbeere pur, Rauch, Pfeffer.

ELEMENTAL RESERVA,CARMENÈRE, TROCKEN, BIO, FAIR TRADE, 2012 € 4,99

Quizduell: Carmenère ist a) ein Volkstanz b) eine argentinische Opernsängerin c) eine Rebsorte d) eine historische Automarke? (Ist doch klar: c! Wie Carmenère! Und die kann was, probiert mal.) Chile Spezial!

EMILIANA, CABERNET SAUVIGNON, 2012 € 3,89

Der Renner auf der Ü60-Party: ‚Song Sung Blue' von Neil Diamond und auch den Wein bitte nicht zu trocken.

EMILIANA, MERLOT, 2012 € 5,99

Depeche Mode verwechseln bei ihrem Konzert Peru mit Chile. Die Hotels und Konzertarenen dieser Welt sehen ja irgendwie alle gleich aus. Und wir hätten diesen schmeichelnden Merlot fast für einen Australier gehalten.

KÄFER, CHILE, CABERNET SAUVIGNON, 2013 € 3,99

Käfer soll sich um Feinkost kümmern.

KÄFER, CHILE, MERLOT, 2012 € 3,99

Tragisch, dass er so jung gestorben ist. Man wusste allerdings schon bei seiner Geburt, dass er nicht lange leben würde. Vielleicht war ja das schnelle Ende für ihn besser.

SENDERO DE CHILE, CABERNET SAUVIGNON, 2012 € 4,99

Was Deutschland mit Autos kann, kann Chile mit Wein: zuverlässige Qualität, mit dem „ich will"-Appeal. Hier haben wir einen Wagen in der unteren Mittelklasse. Ein Polo ...

SENDERO, CARMENÈRE, CONCHA Y TORO, 2012 € 4,99

Perfekt für den chilenischen Abend. Zur Begrüßung einen Pisco Sour und dann Asado, also jede Menge Fleisch vom Grill. Die Damen tanzen Cueda. Die Herren haben es ja nicht so mit dem Tanzen, sie stecken ihre Nasen in diesen würzigen Wein mit seinen Kräuter- und Beerenaromen und der kräftigen Holznote. Salud!

VIÑA TINAJAS, CABERNET MERLOT, 2013 € 3,49

Ordentlicher Industrieschoppen, der fehlerlos tut, was man von ihm verlangt. Dass ihm die Romantik fehlt, kann man ihm nicht übel nehmen.

VIÑA TINAJAS, CABERNET SAUVIGNON, RESERVA, 2013 € 3,99

Wortgewandter, glatter Schönling, der mit seinen Sprüchen die Menge verführt. Er ist allerdings fast zu schön, um wahr zu sein. Glaubt man ihm noch?

SENDERO DE CHILE, CARMENERE, 2012 € 4,99

Und dann gibt es auf einmal zum selben Preis eine gehobene Mittelklasse mit allen Extras. Erfreulich, dass Chile mit der landeseigenen Spezialität den Hauptpreis landet. Herber, aber cremiger Wein voller saftiger dunkler Beeren und einem Hauch Vanille.

FRANKEN

WEINGALERIE, DOMINA, TROCKEN, 2012 € 5,59

Diese Domina riecht aus dem Mund und ist schlecht frisiert. Oder gehört das etwa zu ihren Folterkünsten?

FRANKREICH

AMPÉLOGRAPHIE, GARD, BIO, 2012 € 4,99

Lustig, dass man bei der Speiseempfehlung auf der Flasche ganz deutlich auf Vegetarier zielt: Passt zur

Gemüseplatte und Käse. Er ist aber durchaus auch für Fleischesser geeignet. Ländlicher Biowein, der so schmeckt, wie es das Label verspricht.

BARTON & GUESTIER, BORDEAUX, MERLOT CABERNET SAUVIGNON, 2012 € 7,49

Bordeaux mit modernem Schnitt - sowohl im Wein als auch beim Etikett. Allerdings ist der Ausstattung hier mehr Aufmerksamkeit gewidmet worden als dem Inhalt. „Full bodied and rich" wird behauptet ... „Rich" ist hier höchstens die Werbeagentur geworden. Der Wein ist prima, aber ein bisschen dünn.

BONGERONDE, CABERNET SAUVIGNON, PAYS D'OC, 2012 € 3,49

Eau de vaiselle! Das klingt natürlich viel vornehmer als Spülwasser, meint aber das gleiche und ist auf Wein bezogen kein Kompliment.

CALVET, RESERVE DES PRINCES, BORDEAUX € 4,99

Reserve der Prinzen? Wir dachten, die Monarchie sei abgeschafft. Die besseren Bordeaux hat man ihnen jedenfalls nicht reserviert.

CALVET, RESERVE, MERLOT CABERNET SAUVIGNON, BORDEAUX, 2012 € 5,99

Bei interessanten Pfefferaromen im Bordeaux meint man aber nicht übersäuerten eingelegten grünen Pfeffer, liebe Firma Calvet.

CHÂTEAU DELORD, CADILLAC, BORDEAUX, 2012 € 4,99

Der junge Lord mit Ambitionen bewegt sich jetzt schon gekonnt auf internationalem Parkett. Er hat gute Umgangsformen, parliert leichtfüßig und hat deutlich Spaß an der Gesellschaft. Mit ein bisschen mehr Lebenserfahrung darf er bestimmt bald Botschafter für Bordeaux werden.

CHÂTEAU DES CAMPETS, CORBIÈRES, 2011 € 3,99

Ein strenger, aber gerechter Lehrer. Bei ihm herrscht Disziplin, jeder macht das, was er soll und das Resultat kann sich zeigen. Ab und zu ein kleiner Witz im Unterricht würde aber niemandem weh tun ...

CHÂTEAU DU BOIS CHANTANT, CUVÉE LAURENCE H., BORDEAUX SUPÉRIEUR, 2012 € 6,49

Studienreise nach Bordeaux und die ganze Gruppe sitzt beim Mittagessen an langen Tischen. Zu trinken gibt es einen typischen Wein aus der Gegend. Da hat der Wirt sich alle Mühe gegeben, bei der engen Budgetvorgabe des Veranstalters.

CHÂTEAU HAUT GROS CAILLOU, SAINT-ÉMILION GRAND CRU, 2011 € 9,99

Der Adler ist gelandet! Ein Schuss ins Schwarze. Echter Luxus, der seinen Preis hat, aber erreichbar bleibt. Abgerundete Subtilität mit einem Hauch von Zedernholz und feinen roten Beeren.

CHATEAUBRIAND, BEAUJOLAIS, 2012 € 5,99

Georges Duboef, der Magier des Beaujolais, zeichnet für diesen Wein verantwortlich. Mit ein paar einfachen Pinselstrichen ist ein Meisterwerk entstanden. Daran erkennt man den Profi. Ein leichtfüßiges Himbeeraroma in einem spannenden reifen Wein. Auch wenn er Chateaubriand heißt und von Duboef gemacht wurde, empfehlen wir ihn nicht zum Rind, sondern zum Schwein. Schinken mit Beaujolais - ideal!

CORSAIRE, RÉSERVE DU PRÉSIDENT, TRADITION, 2013 € 4,99

Tradition ist nicht die Anbetung der Asche sondern die Weitergabe des Feuers, soll Gustav Mahler einmal gesagt haben. Dann bitte gut achtgeben, dass die Flamme nicht erlischt.

COTEAUX DU LANGUEDOC, L. DUBLANC, 2012 € 2,49

Nichts auf dieser Welt geschieht ohne Grund. Der Grund, warum es diesen Wein überhaupt gibt, ist dann wohl eines der großen Rätsel in Gottes Schöpfung.

CULTURA VINI, LE JOLI VIN DE BORDEAUX, 2013 € 1,99

Wir verstehen, dass sie den 2013er schon ausgeliefert haben, wo die meisten anderen in Bordeaux jetzt gerade erst die 2011er und 2012er versenden. Sie konnten ihn auch nicht mehr sehen.

DELOR RÉSERVE, BORDEAUX, 2011 € 5,29

Ein netter alter Herr, der mit einem Rollator unterwegs ist. Aber immerhin kommt er so noch unter die Leute. Man nimmt ihm auch nicht wirklich übel, dass er immer dazwischen quatscht, wenn man gerade etwas erzählt.

DELOR, HERITAGE 1864, BORDEAUX SUPÉRIEUR, 2012 € 4,49 🍷🍷
Der Name ist Programm. Ein Bordeaux im Stil des neunzehnten Jahrhunderts. Das Erbe ist prima, aber der Wein darf inzwischen ruhig nach dem neuen Millennium schmecken.

FAMILLE CASTEL, BORDEAUX, MERLOT, 2012 € 5,99 🍷
Wird beim Kapitänsdiner serviert, bei der Kreuzfahrt über den Styx, wenn Garon sich zu Tisch gesellt. Ein Prosit auf das Wasser des Grauens.

FAMILLE CASTEL, RÉSERVE CASTEL, SYRAH ROUGE, 2012 € 3,99 🍷
Pappkarton gibt es auch in der Syrah Variante.

FAMILLE CASTEL, RÉSERVE DE FRANCE, CABERNET SAUVIGNON, 2012 € 3,99 🍷
Da es über den Wein nur wenig Gutes zu erzählen gibt, gibt es an dieser Stelle etwas Nettes zur Familie Castel. Es ist wirklich originell, dass sie auf dem Dach ihres Lagerhauses einen Wingert gepflanzt haben. Gut für die Aussicht, gut für die Umwelt und gut für den Umsatz. Gut gemacht!

FAMILLE CASTEL, RÉSERVE DE FRANCE, MERLOT, 2013 € 3,99 🍷
Eigentlich würde man Johannisbeerdragees in einer Folienrolle erwarten und nicht in einem Pappkarton. Schon gar nicht in einem geleimten Karton, statt einer Faltschachtel ...

FRANCOIS DULAC, LIEBLICH, LITERFLASCHE, 2012 € 2,69 🍷
Klappriger alter Ferrari mit H-Kennzeichen, Hauptsache rot und macht ordentlich Krach; hat aber kaum noch Sexappeal.

FRANÇOIS DULAC, PAYS D'OC, FRUITY AND BALANCED, LITERFLASCHE, 2012 € 2,69 🍷🍷
Fruchtig und ausgewogen verspricht das Etikett. Stimmt! Leider auch ein bisschen dünn.

GRAND SUD, CABERNET, TROCKEN, LITERFLASCHE, 2012 € 3,49

Auf der Autobahnraststätte im Süden sitzen die Fernfahrer in kurzen Hosen und ausgelatschten Gummischlappen auf Campingstühlen um einen kleinen Grill herum und fummeln an den Fahrtenschreibern rum. Romantik des Südens sieht anders aus.

GRAND SUD, GRENACHE, LIEBLICH, LITERFLASCHE, 2012 € 3,49

Man könnte mit ihm eine neue Eissorte kreieren - Brombeer-Rübensirup.

GRAND SUD, MERLOT, HALBTROCKEN, LITERFLASCHE, 2012 € 3,49

Mit der Haarbürste vor dem Badezimmerspiegel klappte der Hüftschwung eigentlich ganz gut. Keine Ahnung, warum es beim Casting für das Elvisdouble nicht geklappt hat.

GRAND SUD, MERLOT, TROCKEN, LITERFLASCHE, 2012 € 3,49

Das Beste an diesem Wein ist das Bier danach. Frisch gezapft, fein herb, kühl und erfrischend!

JP CHENET, CABERNET SYRAH, 2012 € 3,29

Letztes Jahr „süß und süffig“, dieses Jahr leider ein bisschen bitter und dünn - 2012 war aber auch ein schwieriger Jahrgang.

JP CHENET, MEDIUM SWEET, 2013 € 3,29

So medium sweet wie ein durchgebratenes Steak medium ist, pappsüß wäre richtiger.

JP CHENET, MERLOT, 2013 € 3,29

Chenet feiert 30. Geburtstag. Da haben sie wohl vor lauter Feiern das Weinmachen vernachlässigt.

LE JOLI VIN DE BORDEAUX, CULTURA VINI, 2013 € 1,99

Dreimal Null bleibt Null. Kein Geruch, kein Geschmack, kein Abgang - das ist bitter.

LE SWEET FILOU, ROUGE € 2,99

Wer Zahnarztbesuche liebt, der steht auch auf diesen klebrig süßen Wein. Trotzdem: Nach Genuss Zähneputzen nicht vergessen.

LES GRANGES DES ROTHSCHILD, HAUT-MÉDOC, 2010 — € 11,99

Man fühlt den Hauch des Lafite vorbeiziehen ... Cassis, subtiles Eichenholz und dezente Klasse. Man muss zugeben, es ist in diesem Verhältnis dann nur wie eine Socke von Chanel, statt des Abendkleides, aber immerhin, echt Chanel! (Okay, ein Paar Socken! ;-))

LUBERON, 2012 — € 3,49

Moderner Franzose, der im Strandcafé mit einer leichten Seebriese wahrscheinlich sogar noch besser schmeckt als zu Hause. Aber wer will nicht auch in Gedanken dorthin reisen?

MEDINET, HALBTROCKEN, LITERFLASCHE — € 3,29

Der Halbtrockene für Trockentrinker, die ansonsten mehr Wert auf eine ungewöhnliche Flaschenform legen als auf den Inhalt.

MONOPOLES NICHOLAS NAPOLÉON, GRANDE RÉSERVE, COSTIÈRES DE NÎMES, 2012 — € 4,49

Harmloser Napoléon, der im Sessel sitzt und mit seinem Schoßhund kuschelt ...

MONOPOLES NICOLAS NAPOLÉON, BORDEAUX SUPÉRIEUR, 2011 — € 5,49

Napoléon erlitt nicht nur ein Waterloo, sondern auch noch ein Bordeaux. Bitter.

MOUTON CADET, BORDEAUX, 2011 — € 9,99

Das Schaf auf dem Etikett schaut ziemlich hochnäsig. Dazu hat es allerdings überhaupt keinen Grund.

NICOLAS NAPOLÉON, CABERNET SAUVIGNON, 2012 — € 3,29

Hier trägt Nicolas sehr dick auf mit seinem ‚Sweet-Talk'. Mit Johannisbeersirup fängt man die Massen ...

NICOLAS NAPOLÉON, MERLOT, 2012 — € 3,29

Er ist ein Schönredner und Volksdompteur und findet dann tatsächlich einfache Lösungen für schwierige Probleme. Zuckerbrot und Peitsche funktioniert in allen Epochen.

NICOLAS NAPOLÉON, PINOT NOIR, 2012 — € 4,49

Wer Premium Pinot Noir auf seine Flasche schreibt, sollte dann bitte auch Kaiser Napoléon schreiben ... Ein netter Durchschnitts-Pinot, der offensichtlich höhere Ambitionen hatte.

PASQUIER DESVIGNE, CÔTE DU RHÔNE, 2012 — € 3,29

Mittagessen in der französischen Dorfkneipe: Plat du jour ist Pot au feu, das steht schon seit morgens früh auf dem Herd, dazu ein pichet du rouge und einen großen Krug Wasser. Tratsch und Fernsehprogramm inklusive.

PASQUIER DESVIGNE, CÔTE DU RHÔNE VILLAGES, 2012 — € 3,49

Hinter Lyon beginnt der Dschungel, das Autofahren wird gefährlicher und man lässt auf dem Rastplatz besser nichts im Auto liegen. Dafür ist auf dem Dorf die Welt noch in Ordnung und die Weine nichts für Weicheier.

RÉSERVE DE GRATIAS, CORBIÈRES, 2012 — € 4,79

SUPER SCHOPPEN

Eine echte Grazie! Charaktervolle Dame, stilvoll gekleidet mit teurem Schmuck und edlem Duft. Ihr Status ist ihr nicht zu Kopf gestiegen. Jeden Morgen dreht sie ihre Runde durch den Weinkeller, um nach ihren Lieblingen zu schauen. Das zahlt sich aus. Ein harmonisches Ganzes aus frischen Corbières-Kräutern, dem Duft von Rosen und Veilchen und saftigen schwarzen und roten Johannisbeeren.

SAINT GILLES, GRANDE RÉSERVE, LES ALBIZIAS, 2011 — € 3,99

Viel Tamtam auf der Flasche: Große Worte, goldene Siegel ... Viel Aufwand für eine einzige Brombeere und eine einsame Blaubeere! Und das Wichtigste wurde glatt vergessen: Élevé en fûts de caoutchouc!

TOUR DE SOLEIL, LITERFLASCHE, 2012 — € 3,99

Das Etikett mit der lustigen Radfahrerin stimmt fröhlich. Der Wein weniger, der ist streng und trocken, löscht aber den Durst.

GRIECHENLAND

CHALKIDIKI, TSANTALI, 2011 € 2,99

Wurde dieser Wein noch nach alter griechischer Tradition in Ziegenlederschläuchen transportiert?

DEUS, NEMEA, IMIGLYKOS, 2011 € 3,49

Oh lieber Gott, gib uns Wasser! Denn diesen Wein mögen wir wirklich nicht trinken.

IMIXIROS, HALBTROCKEN € 2,49

Die Griechen sind hart im Nehmen. Was die schon als halbtrocken bezeichnen, geht anderswo noch spielend als trocken durch. Und weil sie derzeit sparen müssen, haben sie es mit den Aromen auch nicht übertrieben.

ITALIEN

BERTOLDI, MERLOT, CASTELNUOVO DEL GARDA, 2012 € 5,29

SUPER SCHOPPEN

Perfekter Surferurlaub am Gardasee. Die Jungs verbringen den ganzen Tag auf dem Wasser und fallen nach einem erfrischenden Glas um 19:00 Uhr todmüde ins Wohnmobil. Die Surferfreundinnen ziehen alleine los, um mit den italienischen Charmeuren eine Flasche zu leeren. Sanftmütig, freundlich und keck - beide ... die Gesellschaft und der Wein.

BIOTERRA, BIOROSSO, CABERNET, MERLOT, BIO, 2011 € 4,49

Kochkurs in Italien, zum Abschluss eine klassische Bistecca Fiorentina und dazu den Biorosso. Beim Fleisch wurde nicht gespart, da sollte man beim Wein auch nicht kleinlich sein.

BOLLA, BARDOLINO CLASSICO, 2012 € 6,99

Bolla versucht sich philosophisch zu präsentieren, aber Bardolino passt besser zur Belletristik als zur schweren Literatur. Wahrscheinlich hat sich Bolla den Zauberberg mit Elfen und Feen vorgestellt und sich dann an der Ernsthaftigkeit verhoben.

CAMPETTO, ROSSO TOSCANO, 1,5 LITER, TROCKEN € 5,99
Moneypenny wollte die schöne bauchige Korbflasche unbedingt haben, um - wie früher - eine Tropfkerze in den Flaschenhals zu stecken. Dann soll sie auch zusehen, wie sie mit dem Flascheninhalt klar kommt. Wir helfen da nicht mit.

CASTELLO DI QUERCETO, CHIANTI CLASSICO, RISERVA, 2010 € 13,79
Der alte Professor, der zur Erinnerung an die guten alten Zeiten täglich eine Handvoll Studentenfutter nascht. Die Nüsse und Rosinen spült er mit einem Glas Whiskey runter ...

CHIANTI, CULTURA VINI, 2013 € 2,49
Die Abbildung auf dem Etikett ist eine ausgefallene, aber durchaus begreifliche Wahl: der abgebrannte Weinberg von Maximus Decimus Meridius.

CODICI, SALICE SANLENTINO, RISERVA, 2012 € 2,99
Dan Brown hätte an dieser Flasche seine Freude! Man hat auf jeden Fall ein abendfüllendes Programm, wenn man den Code auf dem Etikett entziffern will ... Die Chance, dass man es schafft, ehe die Flasche leer ist, ist klein. Dafür ist der Wein zu süffig. Ein kleiner Tipp: Es war nicht Maria Magdalena!

CORVO ROSSO, SICILIA, 2011 € 5,99
Die Kirschmarmelade ist angebrannt. Darauf erst mal einen doppelten Grappa.

D'AMATI, NERO D'AVOLA, MERLOT, LITERFLASCHE, 2012 € 2,99
Beim Verkostungsseminar wurden wir aufgefordert, das hinzuschreiben, was uns als erstes in den Sinn kommt, wenn wir den Wein probieren. Bitteschön, vielleicht können Sie sich einen Reim daraus machen, hier mein erster Gedanke: Davon, dass man alle Viertelstunde die Seite vom Wetterbericht aufruft, wird das Wetter auch nicht besser.

GABBIA D'ORO, BARDOLINO, 2012 € 2,49
Große Oper in der Arena in Verona, einmal im Leben sollte man da gewesen sein. Auf den teuren Plätzen gibt es strenge Kleidervorschriften, aber oben auf den Rängen kann man auch in Jeans und Polohemd rein. Dort klingt die Musik allerdings ziemlich verwaschen.

KÄFER, MERLOT, 2012 — € 3,33

Neu im Job, da gibt es erst einmal viele Fragen: Anzug oder Kombination? Du oder Sie? Einstand mit oder ohne Alkohol? Wenn „mit“ ok ist, dann sollte der Wein erstens nicht zu teuer sein und zweitens möglichst vielen Geschmäckern gerecht werden. Gut, dann ist die Frage nach dem Wein hier schon mal abgehakt. Die passenden Häppchen wären Roastbeefschnittchen und Käsespieße mit Salami.

KÄFER, MONTEPULCIANO D'ABRUZZO, 2012 — € 3,33

Ein Käfer Cabrio ist es nicht gerade. Solide und zuverlässig, aber ohne jeden besonderen Spaßfaktor.

LAMBERTI, SANTEPIETRE, BARDOLINO, 2013 — € 3,99

Hach, denkt sich der alte Pietro, als wieder einmal ein besonders scharfes Vögelchen vorbei stöckelte, wenn man früher mit den Händen soweit gekommen war, wie man heute mit den Augen gucken kann, war man schon nass geschwitzt. Und dann verkneift er sich lieber das Hinterherpfeifen, bei den modernen Frauen weiß man ja nie.

LAMBERTI, SANTEPIETRE, MERLOT, 2012 — € 3,99

Das Schreiben der Schule des hoffnungsvollen Filius war kein Blauer Brief sondern die Einladung zum Schulfest. Mit der Bitte um einen kleinen Unkostenbeitrag. Noch mal Glück gehabt.

LAMBERTI, SANTEPIETRE, VALPOLICELLA, 2011 — € 3,99

Für 3,90 gibt es im Fußballstadion eine 1a Currywurst! mit Pommes!

LE MASSERIE, SYRAH, 2012 — € 2,49

Auf der Poolparty ist es wohl sehr wild zugegangen. Das Schwimmbadwasser ist in die Weingläser geschwappt.

MEZZACORONA, CABERNET SAUVIGNON, TRENTINO, 2012 — € 4,99

Moderner Konfektionsanzug mit deutlich italienischem Schnitt. Man muss sich nicht dafür schämen, dass man ihn bei H&M in New York gekauft hat.

MEZZACORONA, MARZEMINO, TRENTINO, 2012 € 4,99

Ein italienischer Star spielt am besten in der heimischen Liga und in der Nationalelf. Dieser Marzemino ist mein persönlicher Buffon. Kernig und verführerisch, einzigartig uritalienisch. Den vernasche ich gerne!

MEZZACORONA, MERLOT, TRENTINO, 2012 € 4,99

Die einfachen Freuden aus Italien: Tomate, Mozzarella und Basilikum, Spaghetti Aglio Olio und Pizza Margherita. Hier reiht sich der Mezzarona ganz prima ein. Ganz typisch italienisch und ganz typisch Merlot.

MEZZACORONA, TEROLDEGO ROTALIANO, 2012 € 4,99

Knackiger Bauernsohn, der seine Muskeln nicht im Fitnessstudio aufgebaut hat, sondern beim Arbeiten auf dem Land. Sonnengebräunt und sympathisch, aber eher für das Abenteuer im Heu zu gebrauchen als für den Abend im schicken Restaurant.

PICCINI, MEMORO € 4,99

Freie Interpretation des Starbucks Modells: Wein mit Schuss. In diesem Fall: Piccini Macchiato, Cuvée Caramel.

SANTA CRISTINA, TOSCANA, 2013 € 8,99

Die Frattinis sind die einzigen in ganz Maranello, die es kalt lässt, wenn der Pfarrer beim Sieg von Ferrari in Monza die Glocken läutet. Sie lassen sich bei ihrer Portion Pasta und dem Gläschen Roten von nichts stören.

STEMMARI, NERO D'AVOLA, SICILIA, 2012 € 4,99

Die saftigste Versuchung, seit es Nero d'Avola gibt. Dicke, runde, schwarze Kirschen, die sich mit ein paar fröhlichen Schattenmorellen verbrüdert haben. Frisch gepflückt und unterm Baum verspeist. Wer gewinnt bei Kirschkernweitspucken?

TAVERNELLO NO. 1, 1L TETRAPAK € 1,99
Wer Zwiebeln, Maiglöckchen und Diesel in einem Getränk mag, der wird hier seinen neuen Lieblingsstoff finden. Aber wer mag schon so was?

VIALA, SWEET, ROSSO, 2012 € 3,29
Vor lauter Zucker schmeckt man gar nichts mehr vom Wein. Vielleicht ist das ja gut so.

VOSCARINI, MONTEPULCIANO D'ABRUZZO € 2,19
Das Gespensterschloss, das für diesen Wein verantwortlich ist, wurde der Ehrlichkeit halber auf der Flasche abgebildet.

VOSCARINI, ROMAGNA, SANGIOVESE, 2012 € 1,79
Ideal zu Spaghetti Bolognese aus der Vakuumverpackung.

ZONIN, BARDOLINO CLASSICO, 2012 € 4,99
Mit der Liebsten im Alpha Cabrio zum Picknick am Wasserfall. Zu Parmaschinken und Antipasti rundet der Bardolino stilvoll und fröhlich die Mahlzeit im Grünen ab. Saftige, frische Sauerkirschen und Sonnenschein im Glas.

ZONIN, MERLOT, FRIULI, 2012 € 4,99
Merlot wäre gerne rund und mollig und kauft sich schon mal die Kleider in XL. Die Absicht ist deutlich, es schlabbert aber noch überall.

ZONIN, MONTEPULCIANO D'ABRUZZO, 2012 € 4,99
Kerniger Männerwein. Vollmundig, herb, kräftig. Am besten zur deftigen Mahlzeit, bei der das Fleisch von den Knochen genagt wird.

ZONIN, RIPASSO, VALPOLICELLA SUPERIORE, 2012 € 7,99
Jugendlicher Casanova, dessen Ruhm weit über die Landesgrenzen hinaus geht. Zu Recht. Mit seinem samtigem Touch regt dieser kräftige Ripasso die lebhafte Stimmung an. Weil er saftig ist und auch erfrischt, wird es ein langer Abend, an dem gerne getanzt wird.

ZONIN, VALPOLICELLA CLASSICO, 2012 — € 4,99

Diesem Valpolicella fängt der Herbst an aufs Gemüt zu schlagen ... Aber Sturm und Regen haben auch ihren Charme, wenn man am Kachelofen sitzt.

KOSOVO

AMSELFELDER, LIEBLICH, 2012 — € 3,29

Ob Amselfelder, Amselkeller, bei den guten Trauben war die Amsel schneller. Hat sie mitgenommen in ihr Nest, und dem Wein blieb nur der Rest.

MEXIKO

IGUADO, CABERNET SAUVIGNON MERLOT, 2011 — € 3,69

Auf der Hacienda von Don Iguado hängen teure Kunstwerke an den Wänden. Auch wenn es heiß ist, gibt es jede Menge Schnee und am Lagerfeuer trinkt man Tequila ... aber bestimmt nicht diesen Wein. Hiermit macht sich der Don keine Freunde. Aber ein nettes Experiment für alle, die mal die karge Wüste verkosten wollen.

ÖSTERREICH

J.A. SCHACHENHUBER, BLAUER ZWEIGELT, 2013 — € 1,99

Kottan übernehmen Sie: Ist das hier ein Zweigelt? - Nicht unbedingt, aber man kann's trotzdem trinken.

J.A. SCHACHENHUBER, BLAUER ZWEIGELT RESERVE, 2011 — € 2,99

Bald ist Weihnachten! Mir wurscht, I geh eh ned hin ... Warum so muffig? Weil der Wein so karg schmeckt?

LENZ MOSER, SELECTION, BLAUER ZWEIGELT, BURGENLAND, 2012 — € 4,99

Wenn er will, kann er ja, der Lenz. Hat Oma Moser schon immer gesagt. Unkomplizierten Blaufränkisch für ordentlichen Trinkspaß kann er!

WEINMANUFAKTUR KREMS, BLAUER ZWEIGELT, 2012 — € 6,79

SUPER SCHOPPEN

Der Donaudampfschiffahrtsgesellschaftskapitän lässt sich beim Donauda mpfschiffahrtsgesellschaftscaptainsdinner nicht lumpen: Zum Wiener Rostbraten ein sehr feiner eleganter Zweigelt. Passend zu seiner schneidigen Uniform.

WINZER KREMS, SANDGRUBE 13, BLAUER ZWEIGELT, 2012 — € 5,29

Die 13 Winzer dürfen sich ein kräftiges Feierabendgulasch gönnen. Und auch wenn die Puristen meinen, dazu schmecke am besten ein Bier: Dieser fruchtig feine Zweigelt mit dem feinen Blaubeerduft passt auch hervorragend.

PORTUGAL

ASTROLÁBIUM, DÃO, RESERVA, 2010 — € 4,99

Anachronismus in der Flasche. Wer navigiert heutzutage noch mit einem Astrolabium? Andererseits ist Geschichte manchmal auch recht spannend ...

PAÇO DE SERVIÇARIA, DOURO, 2012 — € 4,49

Meine Güte, was steckt in diesem Wein viel Arbeit! Und das schmeckt man. Herbe dunkle Früchte, die geliebkost wurden und genau im richtigen Moment gepflückt. Und Rückgrat hat er auch. Genau wie Paco aus der Serviceabteilung ... Er hat noch schnell auf dem Farbkopierer 30.000 Etiketten gebastelt, als der Auftrag von Kaufland kam. Die ganze Nacht durch hat er gearbeitet, um alles zurecht zu schneiden. Klasse gemacht! Wir hätten den Wein ‚Xerox' genannt ...

PENINSULA, LISBOA, 2011 — € 4,99

Als Columbus 1494 aus Lissabon gen Westen segelte, hatte er bestimmt 4 Fässer hiervon als Bordration für die Bemannung bei sich. Damals sicher ein Genuss, der für gute Stimmung sorgte. Inzwischen hat sich aber einiges in der Weinwelt getan ... Aber die Nostalgiker unter uns werden ihn zu schätzen wissen.

TUELLA, DOURO, 2011 — € 4,99

Elli ist stinkesauer: Dabei sah die Flohmarktmission im ersten Moment so erfolgreich aus. Der Biedermeierschrank war wirklich preiswert und es lagen sogar noch ein paar wunderschöne alte Tischdecken drin. Leider ist der muffige Geruch auch mit Waschen und Weichspülen nicht rauszubekommen. Da hilft nur wegwerfen und wenn sie noch so hübsch aussehen.

Und der Schrank hat den Holzwurm und ist auch nicht echt antik.

RUMÄNIEN

SCHWALBENWEIN, SCHWARZE MÄDCHENTRAUBE, MERLOT, 2012 € 2,69

Über dem Sofa röhrt der Zwölfender von der Leinwand. Im Glas die schwarze Mädchentraube mit Merlot, mild und dünn. Pflichtbesuch bei Tante Amalie. Hoffentlich sind wir rechtzeitig zur Sportschau wieder zu Hause und das Bier steht kalt.

SCHWARZE MÄDCHENTRAUBE, MERLOT, TROCKEN, 2012 € 2,59

Liebe Deutsche, ihr braucht wirklich keine Angst vor der Zuwanderung aus Rumänien zu haben. In diesem Fall ist keine Konkurrenz.

SPANIEN

AMSELKELLER, LIEBLICH, 2012 € 1,99

Wein aus der Europäischen Union. Wenn man sieht, wie es in weiten Teilen um die EU bestellt ist, kann man diese Angabe nur als Warnung verstehen.

CAMPO VIEJO, RIOJA, RESERVA, 2008 € 8,79

SUPER SCHOPPEN

Der junge Antonio Banderas in einem Film von Pedro Almodóvar, kraftvoll, verführerisch, geheimnisvoll. Die DVD ist in HD-Qualität, wohlig in die Wolldecke gekuschelt und ein Glas Campo Viejo, das ist perfekt für ein verregnetes Herbstwochenende. Der Wein schmeckt warmwürzig nach Holz, Kirsche und Bitterschokolade mit einem Hauch Vanille. Und Banderas ist sowieso zum Dahinschmelzen.

CAMPO VIEJO, TEMPRANILLO, 2012 € 4,99

SUPER SCHOPPEN

Olà! So muss ein guter Tempranillo schmecken, ein bisschen Kirscharoma, ein bisschen Rauch und Würze und den langen Abgang gibt es noch obendrauf. Dazu scharfe Chorizo, Piementos und ein gutes Brot. Gibt uns ein fröhliches Urlaubsgefühl.

EL PRADO, MONASTRELL CABERNET SAUVIGNON, LITERFLASCHE, 2013 € 2,99

Da hat die Kindergartengruppe „Maikäfer“ Werke der Meister aus dem Prado abgemalt. Und als sie fertig waren, hat Lotta versehentlich das Wasserglas von den Aquarellfarben drüber ausgekippt.

FREIXENET, MEDERAÑO, TINTO, 2012 € 3,99

Gestern Abend in der Disco - Filmriss - wo bin ich nur gelandet. Ein bittersüßer Nachgeschmack. Schnell in die nächste Apotheke: einmal Aspirin und die Pille danach.

FREIXENET, MIA, 2012 € 3,99

Mia sollte lieber weiterhin hübsche bunte Mosaiken basteln und anderen das Weinmachen überlassen.

LA TERRAZA, GRAN RESERVA, VALDEPEÑAS, 2007 € 3,99

Wer gerne Kautabak, getrocknete Pflaumen und Staub im Wein mag, der sollte sich grundsätzlich an Flaschen mit goldenen Netzen orientieren. Das ist fast immer eine Garantie!

MURVIEDRO, CRIANZA, 2011 € 4,69

Feuriger Kellerteufel für das Grillen auf offenem Feuer. Nicht vergessen das saftige Steak mit der Grillzange dauernd hin und her zu drehen, damit es nicht verbrennt.

MURVIEDRO, RESERVA, 2009 € 5,79

Moderner Reserva: subtiles Holz und knackfrische Früchte. Das stilvolle, weltgewandte Spanien mit seinem Guggenheim Museum in Bilboa und dem Yachthafen von Valentia. Hier scheint die Krise vergessen.

SANGRE DE TORO, FAMILIE TORRES, TROCKEN, 2012 € 6,99

Stierblut, das klingt so blutrünstig. Im Grunde seines Herzens ist dieser feurige Spanier aber ein ganz reizender Kerl. Der nimmt das kleine Stierfigürchen, das an der Flasche hängt, und schenkt es seinem Neffen für den Lego-Bauernhof.

SOLAZ, OSBORNE, TEMPRANILLO, CABERNET, 2011 € 4,49 🍷🍷🍷

Immer diese Fangfragen, wenn man von der Arbeit nach Hause kommt. „Und? Fällt Dir was auf?“ Der Rasen ist gemäht. Der Linoleumfußboden ist perfekt gebohnert, in der Küche steht selbst gemachte Johannisbeermarmelade. Auf dem Tisch duftet frisch gekochtes Abendessen, der Wein funkelt in der Karaffe. Die Fenster sind geputzt und die Gardinen sind auch frisch gewaschen. Was soll also sein? „Nöö, alles in Ordnung!“ ist allerdings eindeutig die falsche Antwort auf die Frage.

SÜDAFRIKA

CULTURA VINI, PINOTAGE, 2013 € 2,29 🍷🍷

Er hat genauso viel Pfeffer im Hintern wie der tanzende Buschmann auf dem Label. Zaubertrank mit einer Extraportion Zucker.

KAYA, CABERNET SAUVIGNON, 2012 € 3,99 🍷🍷

Der „authentic character“ der auf dem Etikett genannt wird, spielt sicher auf den guten Zweck an, den der Hersteller mit dem Verkauf seiner Weine unterstützt. Sehr löblich, dass die Cheetahs in Südafrika in ihrer natürlichen Umgebung leben können sollen. Der Wein selbst ist eher gut durchkonfektioniert.

KAYA, SHIRAZ, 2012 € 3,99 🍷🍷

Runder, geschmeidiger „dummdidumm“-Wein. Wenn der Cheetah, der hier Pate steht, mit dem selben Elan hinter seiner Beute her liefe, würde er allerdings verhungern.

NEDERBURG, FOUNDATION, CABERNET SAUVIGNON, 2013 € 4,99 🍷🍷🍷

Typisch südafrikanischer Rugbyspieler: Hände wie Kohlenschaufeln, Beine wie Baumstämme und ein Rücken wie ein Schrank. Er steht barfüßig und in kurzen Hosen am Grill und wendet die kiloschweren T-Bone-Steaks ...

NEDERBURG, FOUNDATION, SHIRAZ, 2013 — € 4,99

In der Regenbogennation vermischen sich nicht nur die verschiedenen Kulturen, auch im Shiraz vereinigt sich hier die weite Welt: Die Eleganz des französischen Syrah, die Fülle der marmeladigen Australier und die Herbe des afrikanischen Kontinents. Ein moderner Shiraz, der seinesgleichen sucht und gerne zum vornehmen Diner erscheinen darf.

NEDERBURG, MANOR HOUSE, SHIRAZ, 2011 — € 8,49

Für alle, die in der englischsprachigen Kultur nicht so zu Hause sind: Manor House hieße in Frankreich ‚Château'. Und damit gibt Nederburg an, wer hier das Vorbild ist. Ein Wein im Bordeaux-Stil, der mit den großen Namen mithalten kann. Und dann hat man doch noch mit dem Shiraz einen ganz eigenen Charakter gewählt. Châpeau!

STONY CAPE, PINOTAGE CINSAULT, 2013 — € 2,39

Wie ein Rugbyspiel auf einem Stoppelfeld, rau, ungelenk und wuchtig. Aber die Jungs fühlen sich am Ende prima ausgepowert und sind von oben bis unten verschwitzt.

STONY CAPE, RUBY CABERNET CINSAULT, 2013 — € 2,39

Kirschkerne in Weizenkorn eingelegt mit Zucker und Vanilleschoten, 4 Wochen warten, dann gibt's ein leckeres Likörchen. Leider wurden hier Zucker und Vanille vergessen.

TABLE VIEW, CABERNET SAUVIGNON, 2012 — € 2,59

Cabernet, der in der Wüste von Robertson vergessen hat, sich mit Sonnencreme einzuschmieren. Er hat nicht nur Sonnenbrand, er ist verkohlt!

TWO OCEANS, SHIRAZ, 2012 — € 3,99

Ideal zum Einlegen einer toten Gazelle. Nur bitte danach nicht mehr zurück in die Flasche füllen.

TWO OCEANS, VINEYARD SELECTION, CABERNET SAUVIGNON MERLOT, 2012 — € 4,49

Hier ist mal die Karaffe angesagt. Eine gute Stunde Luft und der Wein zeigt sich von seiner allerbesten Seite, harmonisch, fruchtbetont, kraftvoll.

VAN DE VREDE, SHIRAZ, 2011 — € 3,49
Dead man walking.

WAKA WAKA, SHIRAZ CABERNET SAUVIGNON, 2012 — € 4,99
‚Original Bush Vines'! Hört, hört! Wir sehen es schon vor uns: Man ist auf Safari uns hält Ausschau nach Elefanten, stattdessen, nach der dritten Kurve hinter dem Hügel, ein Aufschrei des vorne auf dem Jeep sitzenden Wildführers! „HALT! Dort ... unter den Bäumen links! Sie bewegen sich nicht. Man muss schon genau schauen ... Zwei Buschreben! Wir nähern uns ganz langsam ..." Sehr originelles Marketing.

CAPE SPRING, PINOTAGE, 2013 — € 2,99
SUPER SCHOPPEN
Fast wie ein Sechser im Lotto! Ein typischer, kräftiger Pinotage für diesen Preis, samtig am Gaumen mit feinen Beerenaromen und dazu noch der Preis!

UNGARN

DONAUHERBST, BLAUFRÄNKISCH, LIEBLICH, 2011 — € 2,49
Zu lieb kann einem manchmal auch auf die Nerven gehen. Mensch Fränky, hau doch mal richtig mit de Faust auf den Tisch und sag, was Dich stört. Das ist doch nicht so schwer.

GRAF KÁROLYI, CABERNET SAUVIGNON MERLOT, 2012 — € 2,99
Eigentlich heißt Graf Károlyi Karl Baumeister und war mal Oberkellner in der Wirtschaft „Zum Goldenen Lamm". Nun strebt er nach Höherem. Da muss er aber noch ein bisschen streben, noch nimmt man ihm den Adel nicht ab.

USA

BAREFOOT, MERLOT — € 4,99
Mit Kumpels abhängen und die Stadt unsicher machen. Young man! It's fun to stay at the Y.M.C.A.!

GALLO FAMILY VINEYARDS, CABERNET SAUVIGNON, 2012 — € 4,99
Drittklassiger B-Western, leider noch nicht mal unfreiwillig komisch. Schade um die Nachos ‚n Cheese, die jetzt auf meinen Hüften sitzen.

GALLO FAMILY VINEYARDS, MERLOT, 2012 € 4,99
Wir wollen nicht hoffen, dass die süße kleine Tochter des Kellerchefs heimlich das Kilo echt holländische Salzlakritze von Tante Cordula in den Tank entsorgt hat.

GALLO FAMILY VINEYARDS, SUMMER RED € 4,99
Reiner Himbeersaft und das Tückische daran, da ist Alkohol drin. Wir empfehlen dringend Cross Selling mit Aspirin.

GALLO FAMILY VINEYARDS, ZINFANDEL, 2012 € 4,99
Wenn man lange genug reinschmeckt, kommt am Ende etwas Schokolade. Aber wer hält schon so lange durch, wenn er nicht muss?

GALLO FAMILY VINEYARDS, SHIRAZ, 2012 € 4,99
„Warum sollte ich dieses Buch lesen?" hat Marcel Reich-Ranicki immer gefragt, und wir fragen uns, warum wir diesen Wein trinken sollen. Ach ja, weil wir was drüber schreiben müssen. Nur was?

PRICKELND

Im folgenden Kapitel sind die Schaum- und Perlweine, die exklusiv bei Kaufland geführt werden, aufgelistet. Alle allgemeinen Marken, die sowohl hier als auch anderswo zu finden sind, haben wir unter „PRICKELNDE MARKEN" ab Seite 283 zusammengetragen.

DEUTSCHLAND

DON SECCO, PERLWEIN € 2,29
Aus spanischen Trauben in Deutschland hergestellt. Ob sich die weite Reise wirklich lohnt?

GRAF ARTOS, HALBTROCKEN € 1,49
SUPER SCHOPPEN
Graf Albertus beherrscht die Kunst des stilvollen Verarmens. Man merkt garnicht, dass er eigentlich pleite ist, wenn er diesen harmonischen fruchtig-weichen Sekt in den geerbten Champagnerflöten mit Waterfordschliff serviert. Vielleicht gönnt ihm das Schicksal noch die Heirat mit einer zauberhaften Millionärstochter. Wir wünschen es ihm von Herzen.

RÖMER ROSÉ, BLANCS DE NOIRS € 2,79

Verdi-Opern sind ja nicht jedermanns Sache. Aber ein Grund, sich mal wieder ein besonders elegantes Kleid zu kaufen. Und dieser Sekt in der Pause macht wirklich Spaß.

RÖMER, JAHRGANGSSEKT, HALBTROCKEN, 2012 € 2,79

Sven schwingt sich auf seine Vespa, einen wirklich feinen halbtrockenen Sekt im Rucksack, fährt zu seiner Sarah und fühlt sich wie ein junger Römer. Moment ... Römertrinken Prosecco!

RÖMER, JAHRGANGSSEKT, TROCKEN, 2012 € 2,79

Herr Römer ist nicht nur korrekt, er ist auch großzügig und hat durchaus Sinn für Humor. Die Damen aus dem Tennisclub sind hin und weg und laden ihn gleich auf ein Glas ein.

SCHLOSS BÖCHINGEN, HALBTROCKEN € 2,79

Auf die langweilige Schlossführung mit dem schluffigen Hausmeister hat aber eigentlich niemand Lust. Von weitem sieht das Schloss zauberhaft aus.

VIALA, DOLCE FRIZZANTE € 2,99

Jetzt ist es raus. Christine wird Großmutter. Eigentlich sollte sie sich freuen. Aber sie fühlt sich erstmal nur alt. Da beruhigt so ein weiches süßes Tröpfchen die aufgewühlten Nerven.

FRANKREICH

HENRI HERMANT, CRÉMANT DE LOIRE, BRUT € 5,89

Warum sollte man Champagner trinken, wenn Crémant so festlich und lecker ist! Spült die Austern mindestens genauso stilvoll herunter, knallt genauso weit, sieht klasse aus und kostet einen Bruchteil! Wer schlau ist setzt auf Henri!

NICOLAS NAPOLÉON, DEMI SEC CLASSIQUE € 4,49

Wäre Kaiser Napoléon öfter bei seinen Damen am Hof geblieben und hätte ein bisschen Sekt getrunken, dann wäre ihm die Sache mit Waterloo sicher erspart geblieben. Männer, halt.

NICOLAS NAPOLÉON, MUSCAT BLANC, DOUX € 4,49

Zum Dessert mit klassischen Zitronentörtchen aus der feinen Pariser Patisserie ein Glas fruchtig süßer Sekt mit angenehmem Schmelz. Liebe geht eben doch durch den Magen. Der Sekt aus der sehr aromatischen Muskatellertraube perlt leicht, schmeichelt auf der Zunge, ist schmelzig, süß und fein fruchtig.

NICOLAS NAPOLÉON, MUSCAT ROSÉ, LIEBLICH € 4,49

Er ist ja sooo süß wir wissen nicht, ob Josephine diesen Sekt oder ihren neuen Schwarm meint. Beim Sekt ist sie auf der sicheren Seite, zart, weich schäumend, angenehm süß und sehr fruchtig.

ITALIEN

CULTURA VINI, PROSECCO FRIZZANTE € 1,99

Marlene hat nur ein ganz klein wenig ein schlechtes Gewissen, dass sie so gemütlich auf der Terrasse sitzt, unter dem Sonnenschirm mit einem Glas feinem Prosecco und einen Buch, während Sven den Rasen mäht. Aber wenn er doch keinen Prosecco mag ...

MIONETTO, PROSECCO, FRIZZANTE € 5,49

Trotz (oder wegen?) Kronkorken, mit noch ein bisschen mehr Frucht hätte das sogar ein Super Schoppen werden können. Harmonisch, schmeichelnd und zart perlend.

ZONIN, PROSECCO, SPUMANTE BRUT € 7,99

Er macht optisch auf schick! Ein echter Korken mit Agraffe, goldenes Signet ... Bei diesem Inhalt wirkt die Ausstattung jedoch eher wie Breitreifen und Spoiler auf einem Fiat Panda ... Lecker, aber einfach.

SPANIEN

CORDONÍU, SEC CAVA € 4,99

Sauer macht lustig, aber nicht unbedingt Lust auf ein zweites Glas von diesem Sekt. (off records: dafür hat Michel aber gleich zwei Flaschen davon gekauft - wenn man nicht überall seine Augen hat)

CORDONÍU, SELECCIÓN RAVENTOS, ROSÉ PINOT NOIR, BRUT € 8,99 🍷🍷

Der Trostpreis der Tombola beim Sommerfest. Gleich aufmachen und anbieten. Und dann eine Rose in die leere Flasche stellen.

CORDONÍU, SELECTION RAVENTOS, CAVA € 8,99 🍷🍷🍷

Paco de Lucia spielt Gitarre, die Tapas schmecken herrlich, die Sonne und der Cava fließt in Strömen. Olé! Trocken, stilvoll und macht Stimmung.

GRAN GAMAN, BRUT € 3,59 🍷🍷

Señor Gaman, warum so sauer? Die Sonne scheint, es gibt Paella und alle haben gute Laune. Haben Sie sich etwa an ihrem Cava verschluckt?

GRAN GAMAN, CAVA, SECCO € 3,59 🍷🍷🍷

Ein kleiner Blumenstrauß und diesen feinen Secco, so hätte Don Quijote jederzeit bei seiner Dulcinea landen können und nicht gegen Mühlen kämpfen müssen.

LIDL

„Survival of the fittest!" Charles Darwin hat es uns erklärt:
Die Stärksten und Anpassungsfähigsten bestimmen die Zukunft!

Mit einem enormen Drang, der Stärkste sein zu wollen, legt LIDL die Messlatte für sich selber immer wieder hoch. Hier brummt der Motor der Evolution. Kräftemessen mit den anderen Discountern? Auf in den Ring! Die Sortimentsvielfalt eines Supermarkts bieten? Warum nicht auch das probieren! Können wir den Fachhandel das Fürchten lehren?
Immer wieder sucht LIDL die Herausforderung, definiert sich neu und passt sich an. Stark!

Es wurden insgesamt 89 Weine verkostet.

Davon waren:

ϟ	0	0,0 %
	4	4,5 %
🍷	20	22,5 %
🍷🍷	39	43,8 %
🍷🍷🍷	20	22,5 %
🍷🍷🍷🍷	6	6,7 %
Super Schoppen (S)	15	16,9 %

WEISS

DEUTSCHLAND

BADEN

GUTEDEL, FISCHINGER VOGTEI RÖTTELN, HALBTROCKEN, 2013 € 2,49

Der Wein ist gut, aber nicht wirklich edel ... Ein Biskuitboden gefüllt mit gezuckerter Schlagsahne - Ist das eine Torte?

MÜLLER-THURGAU, TROCKEN, LITERFLASCHE, 2013 € 2,49

Auf dem Spielplatz herumlungernde badische Jugend: Für die Schaukel sind sie alle schon ein bisschen zu groß, aber in die Disco ist es mit dem Fahrrad zu weit. Neben dem Sandkasten trinken sie ihren Schoppen und räumen brav das Leergut auf, wenn sie nach Hause gehen.

MOSEL

MOSEL, LIEBLICH, LITERFLASCHE, 2013 € 2,39

Eine nette Erinnerung an die Zeiten des Schwarz-Weiß-Fernsehers, in denen man seinen Lohn am Freitag in einem Umschlag zugesteckt bekam, die Wäsche noch auf der Leine in der Sonne getrocknet wurde und es im Dorf noch den Tante Emma Laden gab. Einfach gestrickt, aber die Welt ist in Ordnung.

RIESLING, THÖRNICHER ST. MICHAEL, FEINHERB, 2013 € 3,29

Persönlich bevorzuge ich trockene Weine, aber hier bleibt mir nichts anderes als Anerkennung. Wenn Fachmannschaft so lupenrein und geradlinig ausgeführt ist wie hier, dann trinke auch gerne mal einen Feinherb.

RHEINHESSEN

GRAUBURGUNDER, TROCKEN, 2013 € 2,79

DSDS der Grauburgunder. Bei 227 verschiedenen Tanzgruppen, die teilnehmen, ist es eine beachtliche Leistung, wenn man es in die erste Livesendung geschafft hat!

MÜLLER-THURGAU, TROCKEN, LITERFLASCHE, 2013 € 2,39

Wer als Kalb geboren ist, wird nie ein Rennpferd. Aber was ist es doch für ein niedliches Kalb!

RHEINHESSEN, LIEBLICH, LITERFLASCHE, 2013 € 2,39

Ein Opel Corsa in der Literflasche! Spritzig, praktisch, mit allem Drum und Dran und ach wie süß!

RIESLING, HALBTROCKEN, 2013 € 2,19

Riesling ist zwar das Aushängeschild des deutschen Weins, aber in der Praxis rammelt es oft: zu süß, zu sauer, zu viel Petrolgeruch ... immer irgendwas! Ähnlich wie mit den italienischen Luxuskarossen: Lamborghini, Maserati und Ferrari - immer ist irgendwo eine Schraube locker. Hier haben wir einen knuffigen Fiat 500. Toll gestylt und alles funktioniert so wie es soll. Bravo! Genau richtig!

SPÄTLESE, SÜSS, 2012 € 2,49

Die Gutenachtgeschichte, die man schon 200 mal gehört hat. Man kann den ganzen Text schon auswendig mitsprechen. Nett, aber die Spannung ist raus.

WEISSBURGUNDER, TROCKEN, 2013 € 2,69

Ein großer, saftiger, reifer, duftender Pfirsich! Mmmmmmmmmm! Gerade als man zubeißen will, fällt er auf den Boden. Kurzes Vergnügen.

WÜRTTEMBERG

RIESLING, LIEBLICH, LITERFLASCHE, 2012 € 3,49

Brave deutsche Gründlichkeit. Die Welt hat aber mehr Spannung zu bieten als sauber gekehrte Bürgersteige, bunte Geranien auf dem Balkon und Autos, die am Samstag mit der Hand gewaschen werden. Wer traut sich, über den Tellerrand zu schauen?

AUSTRALIEN

CIMAROSA, CHARDONNAY, TROCKEN, 2013 € 2,59

Vanille-Butter-Karamell mit Eukalyptusbonbon. Interessant! (Es ist wirklich wahr! Wein wird nur aus Trauben gemacht!)

FRANKREICH

BOURGOGNE, CHARDONNAY, 2012 — € 4,99

Ganz deutlich mit der Handschrift Burgunds, der berühmten Heimat des Chardonnay! Schade, dass es so ein verregneter Tag ist ...

CHABLIS, 2012 — € 8,99

Das Basis-Shirt aus der neuesten Edelkollektion. Der Schnitt stimmt und der Stil ist unverkennbar. Wer Hose, Rock und Jacke will, der muss halt mehr bezahlen. Ein Original, das dem Spitznamen ‚Austernwasser' gerecht wird. Wirklich trocken, mineralisch und citrusfrisch.

CHEVALIER DE FAUVERT, CHARDONNAY, PAYS D'OC, 2013 — € 2,19

Einen Chardonnay für diesen Preis kann man vergleichen mit einer Louis Vuitton Tasche, die man vom Straßenverkäufer auf der Strandpromenade gekauft hat. Hübsch und kurzlebig und niemand glaubt, sie sei echt. Kann trotzdem Spaß machen.

ITALIEN

GAVI, 2013 — € 2,99

Stilvoll verpackt, ein echter DOCG (aus einem Weingebiet mit der höchsten Reputation Italiens), typisch italienisches Bitterchen ... Jetzt noch ein bisschen Saft dazu, dann wäre er perfekt.

NURAGUS DI CAGLIARI, 2013 — € 2,59

Ein typischer Sarde! Herb, kantig und mit frischem Wind. Für diesen Preis stört es auch nicht, dass er ein Fast-Food-Sarde ist.

PINOT GRIGIO, 2013 — € 2,69

Braver Pinot Grigio, aber um aufzufallen ein bisschen zu wenig Pinot und ein bisschen zu viel Grigio.

SOAVE CLASSICO, 2013 — € 2,19

Eiskalt getrunken eine prima Erfrischung. Zur Pasta auf der sommerlichen Terrasse unter dem Sonnenschirm ... Man stelle sich vor: Säße man jetzt auf dem Piazza San Marco und der Pianist spielte live, dann würde man hierfür mindestens € 15 pro Glas bezahlen! Zum Glück sind wir gerade im eigenen Garten und am Klavier sitzt nur der Junior.

NEUSEELAND

CIMAROSA, ESTATE SELECTION, SAUVIGNON BLANC, 2013 € 5,49

Wer wissen möchte, wofür neuseeländischer Sauvignon Blanc berühmt geworden ist, bekommt hier einen Schnellkurs! Alles, was man zu diesem Thema wissen muss, in einem Schluck: viel Stachelbeere, ein Hauch Spargel und ein paar Tropfen Citrus zur Abrundung. Gut gelungen und im Preis unschlagbar!

ÖSTERREICH

GRÜNER VELTLINER, HEURIGER, LITERFLASCHE, 2013 € 2,89

Ein paar Meter können einen Riesenunterschied machen: Es ist nicht dasselbe, ob man seinen Durst aus einem Bergsee löscht oder aus dem Schwimmbad neben dem Bergsee.

SPANIEN

AIRÉN, LA MANCHA, TROCKEN, LITERFLASCHE, 2012 € 1,99

Nach dem wilden Tanzabend ungeduscht ins Bett und sich am nächsten Morgen über den Duft wundern?

SÜDAFRIKA

CIMAROSA, CHENIN BLANC, 0,25L, 2013 € 0,99

Es würde uns nicht wundern, wenn bei der South African Airways jeder Passagier in der First Class ein Fläschchen hiervon serviert bekäme! Wie schade, dass der leckerste Weißwein der Cimarosa Serie nur in der Kleinflasche zu finden ist ...

CIMAROSA, SAUVINGON BLANC, TROCKEN, 2013 € 2,39

Wissen Sie, wie sich ein Impala in der Trockenzeit fühlt? Froh über seine Freiheit durch die Steppe hüpfend, wäre sein Glück vollkommen, wenn er jetzt einen Fluss finden würde. So ein dicker Brocken trockenes Gras ist doch eher schwierig herunter zu schlucken.

ROSÉ

DEUTSCHLAND

BADEN

SPÄTBURGUNDER WEISSHERBST, OPFINGER ATTILAFELSEN, FEINHERB, 2013 € 2,79

Easy Drinking, lupenrein ... Zarte rote Früchte, die nach mehr schmecken. Frisch genug um den Durst zu löschen und süß genug um geschmeidig zu sein. Kleine Walderdbeeren mit Vanillezucker.

PFALZ

PORTUGIESER WEISSHERBST, LIEBLICH, LITERFLASCHE, 2013 € 2,29

Liebliche Nichtigkeit in Flüssigform. Tut nicht weh, hat wenig Alkohol und sorgt kurzfristig für gute Laune.

RHEINHESSEN

DORNFELDER ROSÉ, FEINHERB, 2013 € 1,99

Dorit hat schon seit 20 Jahren Tennisunterricht und kann immer noch keine Rückhand platzieren. Mit dem Tennislehrer trifft sie sich auch nicht außerhalb des Unterrichts ... War es das wert? Talent hat sie offensichtlich nicht, aber dafür erstaunliches Durchhaltevermögen! Wenn‘s Spaß macht ...

SPANIEN

TEMPRANILLO, ROSÉ, LA MANCHA, TROCKEN, LITERFLASCHE, 2013 € 1,49

Spottbillig und trinkbar. Und wie lustig, dass Rafael Nadal sich in ein Flamencokleid gezwängt hat, um für das Etikett Modell zu stehen.

USA

CIMAROSA, ZINFANDEL ROSÉ, CALIFORNIA, 2013 € 2,49

Die Erdbeermarmelade war offensichtlich nicht gut zugeschraubt. Jetzt wuchert ein Pelz aus Schimmel auf dem leckeren Brotbelag ... Einfach großzügig mit dem Löffel abschöpfen und so tun, als sei nichts vorgefallen! Wer es nicht gesehen hat, merkt nichts davon.

ROT

DEUTSCHLAND

BADEN

JUNGE WINZER, SPÄTBURGUNDER, TROCKEN, 2012 € 5,99

Jung, frisch, schlank, athletisch - nach diesem jugendlichen Adonis dreht sich jeder um. Wenn er jetzt noch ein entsprechendes Etikett hätte ... ohlala! Lassen Sie sich nicht durch seine bescheidene Ausstrahlung täuschen. Ein Spätburgunder, der komplex genug ist um sein Geld wert zu sein und fröhlich genug, um sich einen großen Vorrat anlegen zu wollen.

SPÄTBURGUNDER, OPFINGER ATTILAFELSEN, TROCKEN, 2013 € 2,99

Auch wenn es einfach aussieht - ganz so leicht ist es dann doch nicht, das Finale zu erreichen. Siehe Bayern München gegen Real Madrid: Zweimal hintereinander ohne Tor - ausgeschieden! Bei uns gibt es wenigstens noch 2 Gläser für den Einsatz.

PFALZ

DORNFELDER IM BARRIQUE GEREIFT, 2012 € 3,59

Weniger ist mehr. John Cage hat 1952 ein dreiteiliges Musikstück für beliebige Instrumente geschrieben mit dem Namen „4:33". Die Blattmusik hat deutliche Anweisungen für die Musiker: „Don't use your instrument!" 4 Minuten und 33 Sekunden Stille! Ein subtiler Erfolg. Einen solchen Barrique-Einsatz wünscht man sich öfter.

SPÄTBURGUNDER, HALBTROCKEN, 2012 € 2,29

Lieber Bub, der jedes Wochenende bei der Mama zum Kaffeetrinken erscheint. Ich beleidige ihn nicht, denn er wirft ganz sicher mit Wattebällchen und schlägt mit seiner Handtasche. Ansonsten tut er jedoch keiner Fliege etwas zu Leide und ist auch noch gut als Spätburgunder zu erkennen.

RHEINHESSEN

DORNFELDER, HALBTROCKEN, 2013 — € 1,79

Nichtssagender Mitläufer, graue Maus, Langweiler.

DORNFELDER, TROCKEN, 2012 — € 1,79

Milchreis mit Zimt und Zucker, Grießbrei mit heißen Kirschen, Pfannkuchen mit Kompott ... Da läuft einem doch das Wasser im Mund zusammen! Einfach, günstig und macht glücklich - wie dieser Dornfelder!

WÜRTTEMBERG

LEMBERGER, TROCKEN, 2012 — € 3,99

Mann mit Mut und Muskeln! Er ringt jedes Fleischgericht mühelos zu Boden. Schmackhaft, herzhaft, kräftig.

SCHWARZRIESLING, LITERFLASCHE, 2012 — € 4,49

Willi Wonka hat neuerdings Umpalumpas, die Wein aus Kaugummi pressen! Wir nehmen doch lieber die Schokolade.

TROLLINGER MIT LEMBERGER, LITERFLASCHE, 2012 — € 3,69

Wer aus dem Alter der Johannisbeerschorle heraus ist, sich aber noch nicht an den Wein traut, der darf hiermit anfangen ... Nach zwei Probeflaschen ist man dann aber reif für etwas Ernsthaftes. Den Lemberger ohne Trollinger, zum Beispiel.

AUSTRALIEN

CIMAROSA, SHIRAZ, 2013 — € 2,59

Man könnte einen beliebigen Rotwein kaufen und ihn mit einem Pfefferminzbonbon im Mund trinken, oder man wählt dieses 2-1-Paket! Da hat man das Geld für die Bonbons schon gespart! Aber ganz deutlich Australien.

CHILE

CIMAROSA, CABERNET SAUVIGNON, 2013 — € 1,69

Huch! Weinernte mal ganz anders ... Die Trauben hat man hängen lassen und hat stattdessen die Blätter gepflückt. Ist bestimmt gesund.

CIMAROSA, CABERNET SAUVIGNON, BARREL SELECTION, RESERVA PRIVADA, 2011 — € 3,99 — 🍷🍷🍷

Man bekommt hier wirklich viel für wenig. Sieht nicht nur klasse aus, sondern hat auch noch inhaltlich was zu bieten: authentische Johannisbeeraromen, herbe Kräuter, 6 Monate Lagerung auf französischer und amerikanischer Eiche, dezente 13% Alkohol ... Was will man mehr. Bei 3 Trauben extra pro Fass wäre es ein wahrhaftiger Super Schoppen!

CIMAROSA, SYRAH, LIMITED EDITION, 2011 — € 5,99 — 🍷🍷🍷

Ein stilvoller Begleiter zum geschmorten Wild. Egal ob Lama, Gürteltier oder Schwarzwälder Hirsch - dieser Blockbuster nimmt es mit allen auf. Gute Unterhaltung.

FRANKREICH

BORDEAUX, TROCKEN, 2012 — € 2,79 — 🍷

Sieht aus wie Bordeaux, riecht nach Bordeaux und schmeckt nach nassem Pappkarton?!

CHÂTEAU D'ARSAC, MARGAUX, 2011 — € 18,99 — 🍷🍷

Ein Koch mit großen Ambitionen, der auch die El Bulli Trickkiste öffnen möchte: quadratische Erbsen als Eiswürfel in auf Holz gereifter Kirschconsommé! Er übt noch. Wir sind beeindruckt. Wie wäre es mit einem quadratischen Flammenkuchen zum Anfangen?

CHÂTEAU SAINT-CHRISTOPHE, MÉDOC, 2011 — € 4,99 — 🍷🍷

Christophe ist anständig und korrekt, aber heilig?!?! Dafür teilt er zu wenig Freude und Glückseligkeit.

CHEVALIER DE FAUVERT, MERLOT, 2013 — € 1,79 — 🍷

Unser Chevalier wurde aus dem Sattel geworfen und liegt jetzt mit dem Gesicht nach unten im Staub. Er hat den Mund voll davon ...

CÔTES DU RHÔNE, BIO, 2012 — € 3,99 — 🍷🍷

Das Fröhlichste an dieser Flasche ist das Etikett. Gut trinkbar, aber man riecht immer noch, dass der Nachbar während der Ernte gerade die Gülle auf dem Land verteilte. Vielleicht kann man im nächsten Jahr die Termine besser abstimmen ...

CRU DES CÔTES DU RHÔNES, VINSOBRES, 2012 € 6,99

Ein klassischer Franzose mit dem strengen Charme eines Charles de Gaulle. Er wird erst mit einer guten Mahlzeit richtig geschmeidig.

LA CYTELLE, VIN ROUGE, PAYS DE L'HERAULT, LITERFLASCHE, 2013 € 2,29

Im ausgestorbenen französischen Hinterland ist man schon lange froh, wenn man überhaupt eine Kneipe findet, die Mittagstisch anbietet. Wenn dann auch noch dieser Wein serviert wird, hat man das große Los gezogen.

SAINT-EMILION GRAND CRU, 2011 € 9,99

Beeindruckende Grand Cru Kulisse ... Etikettentrinker werden sich freuen, echte Genießer ziehen eine Hausnummer weiter.

ITALIEN

AMARONE DELLA VALPOLICELLA CLASSICO, 2011 € 12,99

Ein päpstlicher Trunk mit Krönchen und Goldrand. Festlich und ernst. Zum Super Schoppen fehlt diesem Benedikt die Fröhlichkeit des Johannes Paul und des Franziskus. Zur Mahlzeit liefert er jedoch einen inhaltlich wertvollen Beitrag, und das darf man wertschätzen. Respekt.

BARDOLINO CLASSICO, 2012 € 2,59

Gut gelaunter Italiener aus der großen Stadt. Herausgeputzt und fein parfümiert nimmt er einen mit auf Entdeckungstour. Er zeigt einem die symphatischen Ecken, die sonst nur die Einheimischen kennen: einfach, aber einfach gut.

BAROLO, 2010 € 9,99

Hier fühlt man sich eher als Pathologe anstatt als Weinverkoster. Noch ein paar solcher Weine und ich tausche meinen Spuckeimer gegen einen Seziertisch ein ... Es haben sich noch keine Angehörigen gemeldet, um den Toten zu identifizieren.

BRUNELLO DI MONTALCINO, 2009 € 12,99

Brunello ist Opa und sitzt im Rollstuhl. Von Zeit zu Zeit schiebt man ihn gerne eine Runde durch den Park, auch wenn man all seine Geschichten schon hundertmal gehört hat. Immer wieder hört man etwas, das einen erstaunt und einem Spaß macht. Und wenn Opa sich freut, ist es auf jeden Fall die Mühe wert.

CHIANTI, RISERVA, CORTE ALLE MURA, 2010 € 4,99

Es ist doch sehr charmant, wenn ein Handwerker seine Kunst versteht. Mit Sorgfalt und Liebe auf die altmodische Art gemacht. Dunkelrote reife Früchte, Holz und Tradition - alles drin!

CHIANTI, TROCKEN, 2012 € 2,99

Wie lange wird Chianti noch von seinem Erbe leben können? Getan hat sich schon lange nichts mehr, aber die Zeiten und der Geschmack der Weintrinker haben sich verändert. Höchste Zeit, dass die junge Generation sich an die Arbeit macht ... Dieser Chianti hat die Botschaft verstanden. Er legt schon mal die Basis für einen Neuanfang. Viel Erfolg!

MONTEPULCIANO D'ABRUZZO, 2012 € 2,29

Wenn Butter ranzig wird, sollte man sie entsorgen. Nein, man kann damit keinen Kuchen mehr backen und nein, man sollte auch nicht das Weinfass damit einfetten!

NERO D'AVOLA SYRAH, TERRE SICILIANE, LITERFLASCHE, 2012 € 2,99

Hier hat der kleine Fiat die Kurve wohl zu schnell genommen und wahrscheinlich war auch noch die Handbremse angezogen. Die Reifen haben jetzt ganz sicher 2mm weniger Profil ... Verbrannte Autoreifen gesellen sich zum Duft des Zigaretten paffenden Fahrers und dem Benzin mit Bleizusatz.

NERO D'AVOLA, SICILIA, TROCKEN, 1,5 LITERFLASCHE, 2012 € 3,99

Toller Partywein! Die große Flasche macht Eindruck, und der Inhalt eignet sich sowohl als Basis für Sangria, für den berühmten Cola-Rotwein-Mix und auch ohne große Mühe pur zur knackigen Bratwurst.

ROSSO DE MONTALCINO, 2012 € 8,99

Wer gerne mit Zigarrenrauchern knutscht, wird hieran seine Freude haben ...

TEROLDEGO ROTALIANO, RISERVA, 2010 € 3,99

Wenn die Hauskuh Erna an Alter gestorben ist und man das Fleisch dann doch noch verwerten möchte, kann man das Filet 48 Stunden in diesem Teroldego marinieren. Es wird garantiert butterzart! Wenn man dann zum Festmahl noch ein Gläschen davon trinkt, wird es ein geselliger Abschied. Sauer macht lustig.

VALPOLICELLA RIPASSO, CLASSICO SUPERIORE, 2011 € 6,99

Ein ernsthafter Wein, der besser zur Silberhochzeit passt als zur Verlobungsfeier. Er verkörpert Status, Durchhaltevermögen, edlen Charme und sicher auch Lebensfreude. Kichernde Verliebtheit ist allerdings schon lange vergangen. Seine reifen Kirschen haben deutlich die Veredlung in der Holzkiste genossen.

VINO NOBILE DI MONTEPULCIANO, 2010 € 5,99

Dieser Bausatz muss noch zusammengebastelt werden ... Wie macht man aus Pflaumen, Tabak, Holz, Gewürzen, Pilzen und Teer einen noblen Wein? Alle Teile liegen im Karton, jetzt noch die Anleitung lesen. Gar nicht so einfach!

SPANIEN

BARCELIÑO, CATALUNYA, CRIADO EN BARRICA, 2012 € 4,49

Während der Ernte hat die Siesta wohl ein bisschen zu lange gedauert ... Dann kam auch noch Juan mit seinem „Mañana, mañana“. Würde es in Barcelona frieren, hätte man fast Eiswein aus den Trauben machen können! So ist er einfach etwas überreif. Das kann man auch nicht mit einem großen Stapel Holz überspielen.

BATURRICA, GRAN RESERVA, TARRAGONA, 2007 € 2,99

Ein Grand Reserva für € 2,99 ist eigentlich ein „contradictio in terminis“. Für diesen Preis darf man auf keinen Fall mehr erwarten. Er schlägt sich tapfer.

CARLES, PRIORAT, CRIANZA, 2010 — € 6,99

Ein Porsche Cayenne unter den Weinen: zu groß, zu pompös, zu angeberisch, und trotzdem passt wenig rein. Überschätzt, aber fährt.

CEPA LEBREL, RIOJA JOVEN, TROCKEN, 2012 — € 2,19

Eines hat er in seiner Jugend schon gelernt: Es gibt niemals eine zweite Chance, einen guten ersten Eindruck zu hinterlassen! Danach wird es allerdings bitter ...

CEPA LEBREL, RIOJA RESERVA, TROCKEN, 2009 — € 4,99

Wein einschenken, während der Gatte gerade die Kaminlade säubert, ist keine gute Idee ... Asche zu Asche, Staub zu Staub.

ESPAÑA, VINO TINTO, VALENCIA, LIEBLICH, LITERFLASCHE, 2013 — € 1,59

Die spanischen Stars Bobal, Monastrell und Tempranillo in ihrer schlechtesten Rolle aller Zeiten. Echte Fans werden es ihnen verzeihen ... Vielleicht ...

MESQUIRIZ, TEMPRANILLO, LA MANCHE, 2012 — € 2,49

Zum unkomplizierten Wegspülen des Pollo mit Patatas Bravas. Je mehr Knoblauch am Pollo, je besser der Wein.

MONTE PLOGAR, GRAN RESERVA, CARIÑENA, 2006 — € 2,99

Erinnert irgendwie an einen Zigarren rauchenden Erstklässler ... Jung und unerfahren, aber den großen Macker heraus hängen. Passt nicht.

SÜDAFRIKA

CIMAROSA, CABERNET SAUVIGNON, 2013 — € 2,29

Der Busfahrer hat leider gerade eine Antilope angefahren ... Natürlich wird sie mit nach Hause genommen! Dazu gibt ein Glas Cimarosa Cabernet Sauvignon! Passt prima und so günstig war das Festessen schon lange nicht mehr. Party in Gugulethu.

CIMAROSA, MERLOT, 2013 — € 2,49

Ein Wolf im Schafsfell! Kommt erstaunlich erfrischend und leichtfüßig daher, aber seine 14,5% Alkohol werden böse zuschlagen! Merlot? Wo hast du dich versteckt?

USA

CIMAROSA, RUBY CABERNET, TROCKEN, 2012 — € 2,49

Ich empfehle den Sud aus dem Einmachglas mit der Roten Beete ... Schmeckt genauso und man hat dann wenigstens noch Gemüse dazu!

PRICKELND

DEUTSCHLAND

BURG SCHÖNECK, JAHRGANGSSEKT, HALBTROCKEN, 2012 — € 2,79

Vanilleeis mit bunten Zuckerstreuseln. Sekt für den Eissalon.

HERZOG VON NASSAU, RHEINGAU RIESLING, JAHRGANGSSEKT, BRUT, 2012 — € 4,99

Die Hausfrau hat das ganze Haus mit Meister Proper Citrusfrisch geputzt. Alles durftet nach Zitrone. Zur Feier des Tages macht sie es sich auf dem Sofa gemütlich mit ihrer Lieblingsseifenoper und dem Herzog von Nassau. Moment ... Ist es der Sekt, der so riecht oder ist es immer noch der Meister Proper, der ihr in der Nase kitzelt?

LINDERHOF, JAHRGANGSSEKT, ROSÉ DE BLANC ET NOIR, 2012 — € 2,79

Schon alleine wegen seiner Ausmusterung der ideale Festumtrunk, wenn alle Nachbarn kommen um die Geburt der Tochter zu feiern. Niedlich und rosa. Wer Haselnüsse mag, wird sich besonders freuen.

LINDERHOF, JAHRGANGSSEKT, TROCKEN, 2012 — € 2,79

SUPER SCHOPPEN

Nicht wirklich trocken, aber dafür wirklich lecker! Sieht schick aus, kostet fast nichts und zischt! Ideal für die Abifeier. Da können alle Abiturienten, die Lehrer, die Eltern, die Großeltern und die Freunde mit anstoßen.

WALDENHOFF, RIESLING JAHRGANGSSEKT, EXTRA TROCKEN, 2012 — € 3,79

Zitronenbrausepulver mit Alkohol! Man könnte auch eine Vitamin C Tablette drin auflösen. Würde am Geschmack nichts verändern, es würde aber insgesamt gesünder.

EUROPA

PIU SECCO ROSÉ, VINO FRIZZANTE, 2012 € 1,99
Bubblegum Bubbles.

FRANKREICH

COMTE DE BRISMAND, CHAMPAGNER, BRUT € 12,99
Die beste Nachricht zu diesem Champagner ist die Tatsache, dass er billiger geworden ist. Aber vielleicht schafft Sebastian Vettel im nächsten Jahr auch wieder den Anschluss an die Weltspitze?! Vorläufig braucht er auch keinen Champagner ...

ITALIEN

ALLINI, ASTI SPUMANTE, 2013 € 4,99
SUPER SCHOPPEN
Der krönende Abschluss eines jeden Festmahls. Muskattrauben vom Feinsten. Setzt jedes Dessert dezent ins Scheinwerferlicht und verleiht die Leichtigkeit des Sein.

ALLINI, PIU SECCO, VINO FRIZZANTE, 2012 € 1,79
Wer oft und billig mit vielen Freunden feiern will, der hat hier einen guten Kumpel.

ALLINI, PROSECCO SUPERIORE, CONEGLIANO VALDOBBIADENE DOCG, 2013 € 5,99
Ein liebliches Prosecco-Aquarell, das an die romantischen Zeiten von Monet erinnert. Sanfte Pfirsicharomen, zarte Perlen und erfrischend lecker.

ALLINI, PROSECCO, TREVISO, 2013 € 1,99
SUPER SCHOPPEN
Macht seinem Namen alle Ehre! Hiermit macht man wirklich jedem eine Freude. Es wird kaum jemand zu finden sein, dem er nicht schmeckt. Eine gute Grundlage für ein gelungenes italienisches Gartenfest.

LAMBRUSCO, SALAMINO DI SANTA CROCE DOC, AMABILE, 2012 € 2,49
Der Jahrgang 2013 macht bestimmt wieder Freude. Dieser Lambrusco gehört ins Altersheim ... Eingekochte Erdbeeren mit klebriger Karamellsauce.

SECCO BIANCO ITALIANO, DOSE 0,2L, 2012 € 0,89

Wenn dies die erste Begegnung eines Schülers mit Alkohol ist, braucht man sich um seine Zukunft keine Sorgen zu machen. Er greift nicht so schnell wieder zu.

SECCO ROSATO ITALIANO, DOSE 0,2L, 2012 € 0,89

Der Inhalt ist nicht der Rede wert ... Bleibt die spannende Frage: Ist das altrosa Dosendesign mit der Blümchentapete retro hip oder langweilig altmodisch?

WALDENHOFF, PINOT CHARDONNAY, VINO SPUMANTE BRUT, 2013 € 3,79

Weltstar Chardonnay hat ein Blind Date mit Pinot ... Pinot wer? Etwa der berühmte Pinot Noir? Das wäre der Knaller! Oder ist es doch der Serienstar Pinot Gris? Vielleicht das Mauerblümchen Pinot Blanc? Oder gar der Bauernsohn Schwarzriesling, der sich hinter dem Pseudonym Pinot Meunier versteckt hat? Pinot gibt sich nicht zu erkennen. Aber wen stört's. Die zwei haben den Abend ihres Lebens und sind deutlich glücklich. Das wollen wir gerne mit ihnen feiern!

NETTO

„Was wäre das Leben, hätten wir nicht den Mut, etwas zu riskieren?" stellte Vincent van Gogh fest, hörte auf, traurige graue Kartoffelesser zu portraitieren und zauberte strahlende Sonnenblumen auf die Leinwand.

Das scheint auch das neue Credo bei Netto zu sein. Vorbei die Zeiten der freudlosen Ansammlung von ewigem Grau! Ein buntes Sortiment mit einer reichhaltigen Auswahl, hier und da pointiert mit bekannten Namen wie Torres oder Rosemount und ab und zu ergänzt um einen kleinen Wirbel an besonderen Angebotsweinen.

Es wurden insgesamt 97 Weine verkostet.

Davon waren:

⚡	0	0,0 %
	12	12,4 %
🍷	26	26,8 %
🍷🍷	42	43,3 %
🍷🍷🍷	12	11,3 %
🍷🍷🍷🍷	6	6,2 %
SUPER SCHOPPEN	11	11,3 %

WEISS

DEUTSCHLAND

BADEN

GRAUER BURGUNDER, TROCKEN, 2013 — € 2,99

Verbitterter Lehrer, der immer Professor werden wollte, aber immer noch an der Grundschule unterrichtet. Aber das macht er gut! Zu seinem eigenen Glück wird er bald pensioniert.

GUTEDEL, TROCKEN, LITERFLASCHE, 2013 — € 2,79

Ein bisschen schade, dass die rote Socke aus Versehen in die weiße Wäsche geraten ist und ihr einem rosa Schleier verpasst hat. Aber alles ist sauber und duftet frisch. Wen kümmert schon der Weißabgleich?!

MÜLLER-THURGAU, TROCKEN, LITERFLASCHE, 2013 — € 2,59

Lieb, blass und bescheiden. Fällt nicht unangenehm auf, wird aber auch übersehen, wenn Lob ausgeteilt wird. Wie wäre es mit einem Assertivitätstraining?

WEISSER BURGUNDER, TROCKEN, 2013 — € 2,99

Er ist gut gelaunt und fröhlich aufgestanden! Jetzt noch schnell die Zähne putzen und einmal mit dem neuen Duschgel abseifen, damit der letzte Muff der Nacht verschwindet.

FRANKEN

MÜLLER-THURGAU, KABINETT, HALBTROCKEN, 2012 — € 3,19

Frau Müller-Thurgau ist in den Wechseljahren. Sie hat Hitzewallungen, hat zugenommen und fühlt sich nutzlos und unattraktiv ... Man ist immer so jung wie man sich fühlt, nicht wahr?!

PFALZ

GRAUER BURGUNDER RIVANER, TROCKEN, 2013 — € 1,99

Tennissocken, die zum dritten Mal hintereinander getragen werden, ohne gewaschen worden zu sein ... Man fängt an, es zu riechen.

KERNER, TROCKEN, LITERFLASCHE, 2013 € 2,49

Erfrischende Waldmeister-Bowle schon fix und fertig! Lang lebe Rivella mit 11,5% Alkohol.

PFÄLZER LANDWEIN, TROCKEN, LITERFLASCHE, 2013 € 2,49

Blutwurst, Saumagen und becherweise Landwein. Die Pfalz, wie wir sie lieben. Morgen wandern wir weiter.

VALENTIN VOGEL, RIESLING, TROCKEN, 2013 € 4,99

Er hat es in die erste Bundesliga geschafft! Es sind noch ein paar Wochen Zeit bis die neue Saison beginnt und die Trainingslager stehen noch aus. Bei so viel Elan und Talent kann der Erfolg nicht ausbleiben! Zugänglicher Riesling mit einer breiten Palette tropischer Früchte und genügend typischer Citrusfrische.

WEINGOLD, MÜLLER-THURGAU, FEINHERB, 2013 € 2,99

Es ist sicher lobenswert, nach den Sternen zu greifen! Aber „Weingold" lobt hier den Tag vor dem Abend. Sympathisch und süffig, aber dieser Müller-Thurgau scheidet in der Vorrunde um die Medaillen aus.

WEISSER BURGUNDER RIVANER, TROCKEN, 2013 € 1,99

Idealer Sommerwein. Passt zu jedem beliebigen Häppchen auf der Gartenparty, ist der Trumpf im Picknickkorb und auch auf der Terrasse löscht er bei fröhlicher Stimmung den Durst. Unkomplizierter, geschmackvoller, saftiger Tropfen, der nach Feldblumen duftet und nach Pfirsich und Zitrone schmeckt.

RHEINHESSEN

KABINETT, LIEBLICH, 2013 € 2,19

Prädikatswein? Das einzige Prädikat, das einem hier einfällt ist: Billig! Für Schnäppchenjäger ein kurzer Rausch ... Ein Magermodell ohne Ecken und Kanten - und ganz bestimmt ohne Rundungen.

RHEINHESSEN, LIEBLICH, LITERFLASCHE, 2013 € 2,39 🍷🍷

Der lokale Federballkönig! Im Umkreis sicher unangefochten, ob es für die Bezirksliga reicht, muss sich noch zeigen. Aber wer nicht wagt ... Also los, raus in die große weite Welt! Ach übrigens ... der Sport heißt Badminton!

RIESLING, TROCKEN, LITERFLASCHE, 2013 € 2,79 🍷

Sylvie van der Vaart als Riesling ... Mehr Ambitionen als Inhalt und inzwischen fragt man sich, ob wohl alles stimmt, was sie so erzählt. Vorläufig bekommt sie aber noch die Credits.

AUSTRALIEN

ROSEMOUNT, FOUNDER'S SELECTION, CHARDONNAY, 2013 € 4,99 🍷🍷🍷🍷

Australien auf der internationalen Bühne: Nicole Kidman in ihrer Hauptrolle als Grace Kelly! Elegant, stilecht und vornehm subtil. Rosemount könnte sich ohne weiteres in Monaco in die Hofgesellschaft einreihen.

CHILE

SAUVIGNON BLANC, VALLE CENTRAL, 2013 € 2,99 🍷🍷

Ein Strichmännchen Sauvignon. Jeder erkennt, was es darstellen soll und die Botschaft versteht man in aller Welt. Gerade, weil man sich hier an die Basics gehalten hat.

FRANKREICH

CHARDONNAY, PAYS D'OC, TROCKEN, 2013 € 1,99 🍷🍷🍷

Je schneller man ihn trinkt desto besser schmeckt er. Schnell, noch ein Glas! Charmanter Chardonnay mit jeder Menge Frische. Kein Weltstar aus Burgund, aber mit seinem Fleiß wird er es weit bringen. Bürgermeister in Vallon sûr Durance et Arrière Labourieux ist er schon!

LE SWEET FILOU € 2,99 🍷🍷

Filou und süß, das ist ja ungefähr so wie ein Taucheranzug in der Sahara. Irgendwas stimmt da nicht.

SERGE MORIN, HALBTROCKEN, LITERFLASCHE € 2,49
Serge ist so ein typischer Fall ... Wenn man ihn braucht, ist er nirgends zu finden, und wenn man wirklich keinen Bedarf hat, steht er vor der Tür und lässt sich nicht abwimmeln. Ein saurer Halbtrocken? He?

ITALIEN

BIOBIO, TREBBIANO D'ABRUZZO, BIO, 2013 € 2,19
Duftet vielversprechend blumig! Aber ein bisschen Haare auf den Zähnen hat diese junge Maid jetzt schon ...

PINOT GRIGIO DELLE VENEZIE, 2013 € 2,99
Ein milder, runder Pinot Grigio, von dem man sich gerne eine Runde durch Venedig gondeln lässt ... (siehe Gondoliere auf dem Etikett) Er ist saftig, erfrischend und schmiert die Kehle. Das nächste „O sole mio" kann heraus geschmettert werden.

SAN MONDELLO, CHARDONNAY DELLE VENEZIE, 2013 € 1,79
Ein Chardonnay für Leute, die keinen Chardonnay mögen - wie ich zum Beipsiel. Man hätte seine Rebsorte nie erraten! Er ist leicht und frisch und löscht den Durst.

SAN MONDELLO, SOAVE, 2013 € 1,89
In einem Rutsch von Hamburg bis an den Gardasee gefahren! Durchgesessen, müde und verschwitzt baut man sein Zelt auf und gießt sich ein Glas Soave ein. Was für eine erfrischende Überraschung!

VINO D'ITALIA, LIEBLICH, 1,5L TETRAPAK € 1,79
„Weinexperten-Tipp: Idealer Trinkgenuss bis Ende ..."?!?! Das grenzt an Gotteslästerung! Unser Weinexperten-Tipp: Don't try this at home!

GRÜNER VELTLINER, HEURIGER, LITERFLASCHE, 2013 € 2,89
Wie gut, dass auf der Flasche ein Etikett klebt. Der Wein leidet an Amnesie. Er weiß nicht, wer er ist und wo er her kommt. Vielleicht ist das besser so ...

SÜDAFRIKA

SAUVIGNON BLANC, TROCKEN, 2013 — € 2,39 🍷

Die arme Giraffe, die auf dem Etikett im strömenden Regen steht! Wer einen Schluck aus der Flasche nimmt, kann sich vorstellen, wie sie sich fühlt ... Einziger Vorteil an diesem Elend: Die Löwen jagen wahrscheinlich auch nicht.

UNGARN

UNGARISCHE MÄDCHENTRAUBE, LIEBLICH, 2013 — € 1,99 🍷🍷

Gott erhalte mir meine Vorurteile: Das Schlimmste hab ich befürchtet, als ich die Flasche sah. Und dann war's ein ganz ordentlicher, schmeichelnder und kein bisschen pappiger Wein. Na bitte, geht doch.

UNGARISCHER GEWÜRZTRAMINER, 2013 — € 1,99 🍷

Wenn das Gewürztraminer ist, will ich ab sofort Moritz heißen.

ROSÉ

DEUTSCHLAND

RHEINHESSEN

DORNFELDER ROSÉ, HALBTROCKEN, 2013 — € 1,99

So schmeckt es, wenn man bis zum Hals im Moor versunken ist ...

PORTUGIESER WEISSHERBST, LIEBLICH, LITERFLASCHE, 2013 — € 2,29 🍷🍷

Um den Griff ins Portemonnaie zu erleichtern, wird auf der Tupperware Party bei der Demo des Cakepop-Makers ein Gläschen Weißherbst serviert. Fröhliches Gekicher während die ersten Kuchenlollies mit Zuckerguss vernascht werden, und ganz sicher stehen bei so viel guter Laune morgen in jedem Küchenschrank im Dorf ein paar extra Plastikbehälter.

FRANKREICH

LE SWEET FILOU — € 2,99 🍷

Der Wein zu Fifty Shades of Grey. Süßer Schmerz. Ohne jede Raffinesse. Und tut auch nicht weh.

ITALIEN

SAN MONDELLO, BARDOLINO, CHIARETTO, TROCKEN, 2013 — € 2,49 🍷🍷

Eiskalt serviert, ein Retter in der Not, wenn die feuerscharfen Spaghetti al Arrabiata serviert werden. Auch gerne getrunken zur Pizza al Diabolo mit extra Knoblauch.

MAZEDONIEN

REPUBLIK MAZEDONIEN, LIEBLICH, LITERFLASCHE, 2013 — € 1,79 🍷

Der mazedonische Rosé kostet 20 Cent mehr als der mazedonische Rotwein ... Erstaunlich, was Mazedonier für 20 Cent Preisunterschied leisten können! Wie würde wohl ein Wein für € 1,99 schmecken? Trotzdem scheint es uns ein bisschen früh, Michel Rolland gen Osten zu schicken ...

SPANIEN

LA FERIA, RIOJA, ROSADO, 2013 — € 2,39 🍷

Ein Obstkorb aus dem Wachsfigurenkabinett. Sieht sehr hübsch aus, aber rein beißen sollte man nicht. Fettig und geschmacklos.

ROT

DEUTSCHLAND

BADEN

SPÄTBURGUNDER, HALBTROCKEN, 2012 — € 2,99 🍷🍷

Man ist seit dreißig Jahren verheiratet, man liegt nebeneinander im Bett, man steht auf und frühstückt und man fragt sich nicht, warum oder wieso. Es ist, wie es ist ... Es ist halt so. Und dieser Spätburgunder ist ein Spätburgunder. Er ist halbtrocken und er steckt in einer Flasche. So ist es.

PFALZ

DÜRKHEIMER FEUERBERG, TROCKEN, LITERFLASCHE, 2013 — € 2,99 🍷🍷

Schoppenwein, der sich am wohlsten fühlt, wenn er zur Brotzeit mit Wurst aus der Vakuumverpackung serviert wird. Senf dazu, Glotze an und entspannen. Schmeckt auch zu Paprikachips!

DORNFELDER SPÄTBURGUNDER, HALBTROCKEN, LITERFLASCHE, 2013 € 2,39 🍷
Der Weinmacher ist heimlicher Uhu-Schnüffler und sein Zwillingsbruder, der das Etikett entworfen hat, setzt normalerweise bei der Zeitung die Traueranzeigen. Sie wohnen zusammen auf einem abgelegenen Bauernhof und wir hoffen, dass wir auf diesem Landweg bei Dunkelheit keine Panne bekommen ... Wir wollen sie bestimmt nicht um Hilfe bitten müssen. Sie heißen nämlich Freddy und Jason.

VALENTIN VOGEL, CUVÉE, TROCKEN, 2012 € 4,99 🍷🍷🍷
Eine Hommage an die guten alten Zeiten, in denen der Bauer sein Land noch mit dem Pferd pflügte und mit dem Eselskarren das Gemüse zum Markt brachte. Wie schön wäre es, wenn der Bauer auch noch Obst hätte und nicht nur Gemüse.

WEINGOLD, DORNFELDER, FEINHERB, 2012 € 2,99 🍷
Wenn die Kartoffeln angebrannt sind, sollte man den Topf gleich mit entsorgen. Den Geschmack wird man nie wieder los.

RHEINHESSEN

DORNFELDER, IM BARRIQUE GEREIFT, 2012 € 3,59 🍷🍷
Kirschbonbons mit Karamellsauce genau bereitet nach vorgeschriebenem Rezept. Etwas gekünstelt, nicht wirklich abgerundet, aber gut gemeint.

DORNFELDER, LIEBLICH, 2013 € 1,79 🍷🍷
Zum Frühstück gibt es einen extra starken Kaffee mit 4 Würfeln Zucker und zum nachmittäglichen Marmorkuchen genießt man einen Dornfelder lieblich. Trotz der 5 Würfel Zucker, die den Wein begleiten, schmeckt man immer noch Dornfelder.

DORNFELDER, TROCKEN, 2013 € 1,79 🍷🍷
Aktiver Frührentner, der inzwischen alle deutschen Mittelgebirge bewandert hat und jetzt die Alpen in Angriff nimmt. Gut durchtrainiert, kein Gramm Fett zuviel und jede Menge Durchhaltevermögen. Kleiner Tipp: Es geht nicht nur um die Kilometer! Ab und zu auch mal die Landschaft genießen.

WÜRTTEMBERG

WEINGILDE, SCHWARZRIESLING, LITERFLASCHE, 2012 € 3,79

Easy going! Der Gesellschaftsliebling, der sich überall einfügt, immer für ein Lächeln sorgt und sich mit jedem gerne unterhält. Allerdings sollte die Unterhaltung nie zu lange dauern, sonst merkt man, dass sie etwas oberflächlich bleibt.

AUSTRALIEN

CABERNET SHIRAZ, TROCKEN, 2013 € 2,59

Wein aus dem staubigen Outback, wo die behaarten Rowdys mit ärmellosen T-Shirts und Shorts aus abgeschnittenen Jeans herumlaufen. Nicht zu oft duschen, denn Dreck schützt auch vor Sonnenbrand!

ROSEMOUNT, FOUNDER'S SELECTION, SHIRAZ, 2013 € 4,99

SUPER SCHOPPEN

Der weltgewandte Aussie im neuen Look. Aber nicht nur das neue Outfit ist schick! Der Wein ist ein Volltreffer. Geschmeidig, samtig, mit herben Früchten. Ein beispielhafter 6-Punkte Schlag im Cricket! Damit kann man Weltmeister werden.

CHILE

CABERNET SAUVIGNON, TROCKEN, 2013 € 1,99

Das Etikett spricht Bände! Es hat das ganze Jahr geregnet, und dann hat auch noch das Lama nachts heimlich alle Trauben aufgefressen. Für die Ernte blieben nur die Blätter! Wenigstens hat die Infrarotkamera den Täter geknipst. Allerdings ist der gefräßige Vierbeiner noch auf der Flucht.

CARMENÈRE, VALLE CENTRAL, 2013 € 2,99

Völlig unerwartet: ein grünes Etikett im Rotweinregal?? Irgendwie erwartet man einen Weißwein in der Flasche ... Aber beim ersten Schluck ist alles klar! Der Wein schmeckt grün - und damit ist die Welt wieder in Ordnung ... Ein bisschen mehr Frucht und ein paar Blätter weniger hätten Wunder gewirkt. Vielleicht im nächsten Jahr ein lila Etikett?

FRANKREICH

BARON PHILIPPE DE ROTHSCHILD, BORDEAUX, 2012 — € 4,99
Großer Name, kleiner Wein. Es hat schon seinen Grund, dass Ferrari keinen Kleinwagen auf den Markt bringt. Der Baron sollte mal darüber nachdenken ...

CHÂTEAU BONEUL, BORDEAUX, 2012 — € 2,49
In Frankreich heißt auch jede verfallene Hütte auf einem Grundstück, das größer als 4 m^2 ist, Château ... Dieses Château ist in einem äußerst bitteren Zustand. Der Wein auch.

GRAND SUD, MERLOT, TROCKEN, LITERFLASCHE — € 3,49
Das Beste an diesem Wein ist das Bier danach. Frisch gezapft, fein herb, kühl und erfrischend!

LE FILOU, ROUGE, 2013 — € 2,99
Was ist besser, verheiratet zu sein oder eine Freundin zu haben? Beides, sagt der Nerdfilou. Die Ehefrau denkt, ich wäre bei der Freundin. Die Freundin denkt, ich wäre bei der Ehefrau. Und so kann ich in aller Ruhe programmieren.

LE SWEET FILOU, ROUGE — € 2,99
Wer Zahnarztbesuche liebt, der steht auch auf diesen klebrig süßen Wein. Trotzdem: Nach Genuss Zähneputzen nicht vergessen.

MERLOT, PAYS D'OC, 2012 — € 2,99
Merlot mit Lorbeerkranz. Mit Blaubeeren hätte er etwas besser geschmeckt ... Die Flasche eignet sich prima zum Muttertag, als Valentinsüberraschung, und auch der Papa freut sich zum Vatertag über die Flasche mit Herzchen auf dem Etikett.

SERGE MORIN, HALBTROCKEN, LITERFLASCHE — € 2,49
Man sieht ihn regelrecht vor sich, den Serge in seinem Citroën Xsara ... Er fährt durch ganz Frankreich, um überall das Billigste vom Billigen zu kaufen. A man has to do, what a man has to do!

VIN DE FRANCE, TROCKEN, 1L TETRAPAK € 1,59 🍷🍷
Besser als so mancher billige Bordeaux! Wenn im Restaurant zu Ladenschluss die Reste an der Hintertür ausgeteilt werden, wird es hiermit unter der Brücke ein wahres Festmahl.

VIN DE PAYS D'HERAULT, LITERFLASCHE € 2,29 🍷🍷
Er hat den Glamour von Präsident Hollande. Aber wir wissen inzwischen: Auch ein blindes Huhn findet mal ein Korn!

GRIECHENLAND

ZEUS, IMIGLYKOS, LIEBLICH € 2,29
Ausnahmsweise mal kein Blitz! Ein fast schon freundlicher Moment im Leben des unsterblichen Zeus. Den Hauptpreis der Sympathieträger bekommt er nicht, dieser Fremdgänger, der überall uneheliche Kinder in die Welt setzt. Göttlich? No way!

ITALIEN

BAROLO, 2010 € 8,99 🍷🍷
Die meisten Barolos unter € 15 sind untrinkbar! Da lässt einen dieser hier fast Luftsprünge machen. Statt den erhofften Aromen von Trüffel, Teer und Leder hat er allerdings nur einen Tropfen Trüffelöl und jede Menge Staub im Gepäck. Vielleicht ist sein Koffer ja aus Leder?

BIOBIO, MONTEPULCIANO D'ABRUZZO, TROCKEN, BIO, 2013 € 2,19 🍷🍷
Ein Schwein vom Bio-Bauernhof, knusprig im Ofen gebacken, schwitzend im eignen Fett ... mmmmmmmm! Mund vor dem Trinken erst an der Serviette abputzen, sonst sieht das Glas so unappetitlich aus. Jetzt macht der Montepulciano einen schlanken Fuß.

D'AMATI, NERO D'AVOLA MERLOT, LITERFLASCHE € 4,29 🍷🍷
Beim Verkostungsseminar wurden wir aufgefordert, das hinzuschreiben, was uns als erstes in den Sinn kommt, wenn wir den Wein probieren. Bitteschön, vielleicht können Sie sich einen Reim daraus machen, hier mein erster Gedanke: Davon, dass man alle Viertelstunde die Seite vom Wetterbericht aufruft, wird das Wetter auch nicht besser.

I LECCIONI, CHIANTI, FRESCOBALDI, 2013 — € 4,99

Adel verpflichtet. Das renommierte Chianti-Haus Frescobaldi zeigt wie es geht. Alles was ein Chianti braucht: Frische Kirschen mit Biss und ein Rückgrat aus knackiger Säure. Kein Wein für Weicheier!

PRIMITIVO, PUGLIA, 2011 — € 4,99

Der frische Wind im mafiosen Süditalien. Hier haben wir den Verfechter der Gerechtigkeit. Den jungen Richter, der mit Idealismus, Ehrlichkeit und Rechtschaffenheit das Image seiner Heimat aufputzt. Statt Primitivo sollte er Futurissimo heißen. Frische, saftige Kirschen und Zwetschgen lassen einen nach mehr verlangen.

SAN MONDELLO, CHIANTI, TROCKEN, 2012 — € 2,89

Alles, was einen Chianti attraktiv machen könnte, wurde aus diesem San Mondello heraus geprügelt. Bewundernswert, dass er trotz aller Schläge standfest dabei bleibt, dass er ein Chianti ist. Der arme Bursche.

SAN MONDELLO, NERO D'AVOLA, TERRE SICILIANE, 2013 — € 1,99

War es der Ätna oder der Stromboli der die Trauben versengt und den Weinberg mit einer dicken Ascheschicht bedeckt hat? Ich habe gar nichts in den Nachrichten gehört?

SÜDTIROLER EDELVERNATSCH, BRIGL, LITERFLASCHE, 2013 — € 3,99

Achtung, die Holländer kommen übers Wochenende zum Skifahren! Sie sind die ganze Nacht durchgefahren von Eindhoven bis zu den Dolomiten. Jetzt stehen sie ein wenig wacklig auf den Beinen am Skilift. Aber auf der Hütte sind sie mit Abstand die Lustigsten. Vom Edelvernatsch nehmen sie noch ein paar Flaschen mit nach Hause, zur Erinnerung.

VINO D'ITALIA, LIEBLICH, 1,5L TETRAPAK — € 2,19

Geniale Speiseempfehlung auf der Verpackung: Pizza, Käse, Wild. Und das geht so: Legen Sie eine Pizza auf den Boden und garnieren sie diese mit einem extra Käsewürfel. Sobald die Maus den Käse schnappen will, schieben Sie das Trio in den Backofen!

MAZEDONIEN

REPUBLIK MAZEDONIEN, LIEBLICH, LITERFLASCHE, 2013 — € 1,59

Es fällt schwer, sich vorzustellen, dass es sich um die Heimat von Alexander dem Großen handelt ... Wo ist sie hin, die Größe?

VRANEC MERLOT, LIEBLICH, LITERFLASCHE, 2013 — € 2,29

Der einsame Merlot hat sich aus dem Partnerschaftskatalog Vranec ausgesucht ... Auf dem Foto sah das alles vielversprechend sexy aus! Vranec dachte natürlich, dass Merlot reich und berühmt ist. Diese Ehe ist eine einzige Enttäuschung. Aufgebaut auf Trugbildern. Bitter!

ÖSTERREICH

BLAUER ZWEIGELT, TROCKEN, 2013 — € 1,99

Repräsentativ für die österreichische Nationalelf. Kenner wissen, dass hier keine Höhenflieger zu finden sind, ab und zu erlebt man aber eine angenehme Überraschung. In diesem Fall ist das der Preis. Witziger Wein.

SPANIEN

BIOBIO, TEMPRANILLO, BIO, 2013 — € 2,19

SUPER SCHOPPEN

Moderner Biobauer in Jeans und weißem Oberhemd mit hip gestutztem Dreitagesbart. Er ist ganz sicher Flexitarier - Montag bis Freitag gibt es nur Gemüse, aber am Wochenende ein glückliches Steak. Das etwas triviale Etikett ist in diesem Fall bedacht platziertes Understatement-Marketing. Toller Bursche! Ein kräftiger Wein mit fröhlichen roten Beeren.

LA FERIA, RIOJA, TEMPRANILLO, 2013 — € 2,39

SUPER SCHOPPEN

Straßenfest in der großen Stadt. Auf dem Bürgersteig werden lange Tische und Bänke aufgestellt, es gibt Spanferkel für alle und becherweise Wein. Die Herren können nach dem Büro im Anzug mitfeiern. Völlig ‚in style".

MARQUÉS DE CARANÓ, GRAN RESERVA, 2005 € 2,99

Der Marqués liegt beim Psychiater auf der Couch und erzählt aus seinem Leben. Seine Geschichten sind so traurig, dass sogar der Doc ein Taschentuch braucht ... Wir wünschen ihm ein wenig Sonnenschein!

TEMPRANILLO, LA MANCHA, 2012 € 2,19

Feurig wie die Tänzerin auf dem Etikett. Hola, da schlägt das Herz höher.

TORRES, VIÑA BRAVA, TEMPRANILLO, 2013 € 5,99

Es ist nicht der Sonntagswein, aber von Montag bis Freitag steht der Viña Brava bei der Familie Torres ganz bestimmt täglich auf dem Tisch, wenn sich der Clan zum Mittagessen trifft. Ehrlicher, saftiger Spanier mit herrlichen frischen Früchten. Der geht runter wie Öl! Aber natürlich darf man ihn auch gerne am Wochenende trinken!

SÜDAFRIKA

CABERNET SAUVIGNON & PINOTAGE, FAIRTRADE, 2013 € 2,99

Er ist sympathisch, weil er „Fairtrade" ist. Der Wein an sich ist sauber, aber ein bisschen schlapp ... Fairtrade sollte nicht bedeuten, dass die Arbeit nicht mehr ernst genommen werden muss. Erst die Arbeit, dann das Vergnügen, Jungs, dann klappt das schon und niemand kommt zu kurz.

PINOTAGE, 2013 € 2,99

Auf der Gardenroute geht mal wieder gar nichts mehr ... Wegen Felsbrocken auf der Straße steht der Verkehr still. Statt sich zu ärgern, legt man sich neben der Strecke mit einer Flasche Pinotage ins Gras, kaut träumerisch auf einem Halm und bewundert den Stau. Gras, Gummi, Asphalt - alles in einer Flasche, die mit einer witzigen Fratze geschmückt ist - erstaunlich!

PRICKELND

DEUTSCHLAND

FABER KRÖNUNG, HALBTROCKEN € 3,69 🍷
Faber, überlass das mit der Krönung lieber denen von Jacobs-Kaffee.

FABER ROTLESE, MILD € 3,49 🍷🍷
Seht Ihr, Erdbeersekt geht auch ganz ohne Erdbeeren!

FÜRST VON REITENAU JAHRGANGSSEKT, HALBTROCKEN, 2012 € 2,79 🍷🍷
Mottoparty im Schuppen hinter dem Haus: Ibiza-Sommer-Schaum-Rave. Die Musik ist laut, die Kostüme sind spärlich, die Stimmung ist gut. Ob der Schaum jetzt aus der Seifenblasenmaschine kommt oder aus dem Sektglas, niemand will es so genau wissen. Hoppa, der nächste Korken knallt!

HENKELL, TROCKEN € 4,49 🍷🍷🍷
Damit stießen schon Oma und Opa auf ihre Verlobung an. Heute muss es kein besonderer Anlass sein, um sich mal ein richtig feines Gläschen zu gönnen.

KUPFERBERG GOLD, TROCKEN € 3,69 🍷🍷
Wenn man nur lange genug wartet, wird alles mal wieder modern ... Aber dann bitte mit neuem Anstrich. Altmodisch, aber liebenswert.

ROTKÄPPCHEN, HALBTROCKEN € 2,55 🍷🍷🍷
Für den Urlaub auf Sylt hat es dieses Jahr nicht gereicht, dafür haben wir es uns auf dem Balkon mit vielen duftenden Blumen- und Kräuterkübeln besonders gemütlich gemacht und genießen die Sommerabende mit einem gut gekühlten Sekt. Zu Hause ist es doch immer noch am schönsten.

SCHLOSS HERRENBRUNN, ROSÉ DE BLANC ET NOIR, SEKT, TROCKEN € 2,79 🍷
Erinnert an den polnischen Beitrag beim Songfestival: Die Brüste platzen fast aus dem Dekolleté, und warum diese Figur im Butterfass rührt wird, niemandem klar ... Mit dem Lied hat das so wenig zu tun wie der Flascheninhalt mit Sekt.

SCHLOSS HERRENBRUNN, SEKT, TROCKEN € 2,79
Call it dry but make it sweet ... Pappsüß und klebrig.

FRANKREICH

RESONANCE, CHAMPAGNE, BRUT € 12,99
Ein echter Champagner für Anfänger: Er hat alle Attribute, die er braucht, nämlich einen Hauch Toastbrot, gelbe Äpfel, feines Mousse und einen erfrischenden Spritzer Citrus. Jetzt noch durch die Pubertät, um den Charakter zu entwickeln. Wird schon!

ITALIEN

BOTICELLI, PROSECCO € 2,99
Boticelli hat offensichtlich nicht nur einen „Bad-Hair-Day“ (siehe Sturmfrisur auf dem Etikett), sondern hat auch noch das Prickeln vergessen ... Prosecco ohne Prickeln ist wie Conchita Wurst ohne Bart!

IL CORTIGIANO, ASTI € 4,99
Schon klar, dass so ein großes Fest jede Menge Koordination erfordert ... Und dass die Teller von der Vorspeise schnell für den Nachtisch gespült werden müssen, ist auch nicht weiter schlimm. Aber doch ein bisschen schade, dass in der Eile nicht nachgespült wurde und die Torte jetzt einen Hauch von Spüli erahnen lässt. Oder war das dann doch der Asti? Egal! Das kann die Stimmung nicht verderben.

LAMBRUSCO, SALAMINO DE SANTA CROCE DOC, PERLWEIN SÜSS € 2,49
Sandy und Irene drehen ein HAPPY-Video und bringen sich mit frisch-fruchtigem Lambrusco in Schwung. Because I’m happy! Clap along if you feel like that’s what you wanna do...

LAMBRUSCO, SALAMINO DI SANTA CROCE, FRIZZANTE DOLCE, SÜSS € 2,49
Ein kleines Kreuz hat er noch zu tragen, aber wenn er im nächsten Jahr zwei Tage früher erntet, wird alles gut. Erfrischender Lambrusco, der zur Salami voll im Trend ist.

MOSCIANO FRIZZANTE € 1,49
Erinnert uns sehr an den süßem Asti Spumante unserer Jugend. Da verstehen wir heute auch nicht mehr, was wir an dem so toll gefunden haben. Aber der war wenigstens nur süß und hat nicht auch noch nach Klebstoff gerochen.

SAN MONDELLO, SECCO ROSATO, 0,2L DOSE € 0,89
Atomarer Unfall in San Mondello ... Der Wein leuchtet im Dunkeln und ist auf der Flucht als Taschenlampe zu gebrauchen. Trinken würde ich nicht empfehlen.

SAN MONDELLO, VERDUZZO VENETO, SECCO € 1,99
Verdutzt über diesen Verduzzo ... Schmeckt nach Wasser und bitzelt schon nach 30 Sekunden nicht mehr ...

SAN MONDELLO, SECCO BIANCO, 0,2L DOSE € 0,89
Das Beste an diesem Produkt ist, dass das Geheimnis von San Mondello endlich gelüftet wird. Wir dachten immer, es handele sich dabei um ein kleines italienisches Bergdorf ... Tatsächlich handelt es sich um eine unbekannte Großstadt in einem kugelförmigen Dom. War schon mal jemand da? Oder handelt es sich doch um die Truman Show Kulisse?

VERDUZZO SECCO, VENETO € 1,99
Junggesellinnenabschied. Dieses lästige Küsse verkaufen. Und die anderen Mädels kreischen wie am Spieß und trinken den Secco aus der Flasche. Wäre Frau doch als Mann auf die Welt gekommen. Dann säße sie jetzt gemütlich mit den Kumpels beim Fußballspiel und könnte ein kühles Bier trinken.

VINO FRIZZANTE, SECCO € 1,79
Es ist Sommer. Freitagabend. Die Jugend ist mit dem Mofa an den Baggersee gerauscht. Ghettoblaster im Sand aufgestellt, Holz für das Lagerfeuer gesammelt, und zum Einklang kreist die Secco Flasche. Das Taschengeld reicht auch noch für ein paar Bifi und Chips.

SPANIEN

FREIXENET, CARTA NEVADA, CAVA SEMI SECO € 5,99
Der Obstkuchen ist schon ein wenig trocken. Da hilft auch die dicke Schicht Puderzucker nichts.

NORMA

Manchmal sind Erfinder brillant und visionär – und manchmal entpuppen sich ihre Ideen als heiße Luft. Gar nicht schlimm, denn nur der Versuch bringt die Erkenntnis! Man muss andere Wege gehen, um Neues zu entdecken. In diesem Sinne beschränkt sich Norma auf ein kleines Basissortiment, um die Kunden stets mit wechselnden Angeboten groß zu überraschen. In der Theorie ein tolles Konzept. In der Praxis bleibt es leicht chaotisch, und warum diese Angebote so besonders sind, das bleibt geheim.

Aber nicht verzagen! Der alte Doc Brown hat mit seinem DeLorean die Lichtgeschwindigkeit besiegt und reist damit in der Zeit hin und her! Genial! Und auch er hat nicht immer Recht behalten: „Ich bin mir sicher, dass 1985 Plutonium an jeder Ecke verkauft wird, aber 1955 ist es schwer zu bekommen."

Es wurden insgesamt 60 Weine verkostet.

Davon waren:

⚡	2	3,3 %
	6	10,0 %
🍷	20	33,3 %
🍷🍷	20	33,3 %
🍷🍷🍷	12	20,0 %
🍷🍷🍷🍷	0	0,0 %
SUPER SCHOPPEN	5	8,3 %

WEISS

DEUTSCHLAND

RHEINHESSEN

BIO SONNE, RIESLING, TROCKEN, BIO, 2012 — € 2,99

Die Sonne ist untergegangen ... Im Bioland ist es dunkel, grau und traurig!

MÜLLER-THURGAU, HALBTROCKEN, LITERFLASCHE, 2013 — € 2,59

Auf dem Empfang zur Eröffnung des neuen Bürgerhauses wird zu den gefüllten Eiern auch ein Glas Wein ausgeschenkt. Weil nirgends ein Blumenkübel zu sehen ist, in den man den Tropfen ausgießen kann, spült man das Ei eben damit runter. Kein Problem! Beim Nachschenken allerdings darauf achten, dass man dankend abwinkt.

MÜLLER-THURGAU, LIEBLICH, LITERFLASCHE, 2013 — € 2,39

Auffallend frisch, dieser Liter lieblich. Erfreulich, wie eine blank geputzte Küche, ein soeben gebohnertes Parkett oder das Badezimmer, in dem sich Meister Proper gerade ausgetobt hat.

RIESLING CHARDONNAY, FEINHERB, 2013 — € 2,19

Im Rosenkrieg zwischen Riesling und Chardonnay gibt es leider nur Verlierer. Sie zeigen sich beide von ihrer garstigsten Seite. Kann unterhaltsam sein, wenn man Schadenfreude mag.

RIESLING, TROCKEN, 2013 — € 2,99

Ist immer so: Kommt so federleicht und schmeichelnd daher, jedoch dahinter steckt schwere und sorgfältige Arbeit.

PFALZ

BEREICH SÜDLICHE WEINSTRASSE, TROCKEN, LITERFLASCHE, 2013 — € 2,39

Der Blütenbaum, der auf dem Etikett abgebildet ist, ist das richtige Symbol für diesen fröhlichen Schoppen. Herrlich duftendes Vergnügen, das viel zu schnell vorüber ist. Der Frühling dürfte länger dauern.

SPÄTLESE, 2012 € 2,49

Es gibt Situationen, in denen ein Hamburger aus der Vakuumverpackung, aufgewärmt in der Selbstbedienungs-Mikrowelle, ein wahrer Genuss ist ... Nach 4 Stunden im Stau an der überfüllten Autobahnraststätte zum Beispiel ... Solche Momente gibt es für diese Spätlese sicher auch.

FRANKREICH

BELLE TOUR, SAUVIGNON-VIOGNIER, PAYS D'OC, 2012 € 2,99

Bei ‚Deutschland sucht den Superstar' tritt überraschend ein Zauberer auf. Trotz seines Alters setzt er sich mühelos gegen die Jungspunde durch und erreicht mit seinen ausgefallenen Tricks sogar die Endrunde. Sauvignon-Viognier? Wer hätte das gedacht?! Das könnte der Durchbruch sein.

LE SWEET FILOU € 2,99

Filou und süß, das ist ja ungefähr so wie ein Taucheranzug in der Sahara. Irgendwas stimmt da nicht.

ITALIEN

CAMASELLA, PINOT GRIGIO, VALDADIGE, 2013 € 2,79

Ein Pinot Grigio voller Kräuter. Schade, dass es keine frischen Kräuter sind, sondern getrocknete aus der Kräutermischung. Knackig wäre so viel sympathischer als das etwas zu bitter geratene Pulver aus dem Glas.

COLLI DI RIMINI, BIANCO, 2011 € 2,99

Berlusconi feiert jetzt seine Bunga-Bunga-Feste im Altersheim. Einmal Windeln wechseln, einmal Gebiss reinigen, dann kann die Party losgehen. Wir verzichten auf Details.

LE CENGE, SOAVE, 2012 € 2,19

„Mama, Mama, ich mag meinen kleinen Bruder nicht!", „Halt den Mund! Es wird gegessen, was auf den Tisch kommt!

RATSTROPFEN, 1,5L TETRAPAK, LIEBLICH € 1,99

So eine große Tetrapak-Verpackung hat Vorteile! Ist der Inhalt getrunken, kann man die Ecken aufklappen, das Ganz aufpusten und prompt hat man ein Kopfkissen! Liegt sich besser als mit dem Kopf auf dem Asphalt!

ÖSTERREICH

GV, GRÜNER VELTLINER, HEURIGER, 2013 € 2,89 🍷

Man hat sich in der Bar von einer bildschönen Frau verführen lassen. Es wurde sogar schon wild geküsst! Natürlich geht man mit nach Hause auf einen Drink ... Dort entpuppt sich die bittere Wahrheit: Die Perücke wird abgenommen, die Schminke ist dick wie Putz ... Was ist der schnellste Weg nach draußen?

SÜDAFRIKA

NEW WORLD COLLECTION, SAUVIGNON BLANC, 2013 € 2,99 🍷🍷

Mit einem klapprigen Jeep geht's auf Safari. Es rammelt an allen Ecken und Enden, und mit den glatten Reifen rutscht man geschmeidig um die Kurven. Gut festhalten! Hoffentlich schafft er es wieder zurück zum Camp. Aber es soll bloß keiner sagen, dieses Abenteuer hätte keinen Spaß gemacht.

ROSÉ

DEUTSCHLAND

PFALZ

PORTUGIESER WEISSHERBST, LITERFLASCHE, LIEBLICH, 2013 € 2,29 🍷🍷

Ein barbierosa Weißherbst mit demselben sonnigen, lieben Charakter wie die blonde Plastikpuppe.

FRANKREICH

LE SWEET FILOU € 2,99 🍷

Der Wein zu Fifty Shades of Grey. Süßer Schmerz. Ohne jede Raffinesse. Und tut auch nicht weh.

MAZEDONIEN

ROSÉ, LITERFLASCHE, 2013 € 1,59

Weinblätter, die mit Uhu zusammengelebt wurden? Kann nicht sein - Uhu ist zu teuer!

ROT

DEUTSCHLAND

PFALZ

DORNFELDER, BARRIQUE, 2011 € 3,59

Die gute Nachricht ist: man riecht Barrique! Die schlechte Nachricht ist: Man schmeckt es auch … Nicht mal Dolly Parton hat so viel Holz vor der Hütte!

DORNFELDER, LIEBLICH, 2013 € 1,79

Outfit bei KiK gekauft, Heizdeckenbusfahrt für € 10,- gebucht und für unterwegs den Dornfelder mitgenommen.

RHEINHESSEN

BIO SONNE, DORNFELDER SPÄTBURGUNDER, TROCKEN, BIO, 2012 € 2,99

Der Scrooge unter den Bioweinen. Ein geiziger Erbsenzähler, der Angst hat, dass er zu kurz kommt. Mensch! Freude muss man teilen, um sie zu vervielfältigen! Aber immerhin, er hat es zu was gebracht …

DORNFELDER REGENT, HALBTROCKEN, LITERFLASCHE, 2013 € 2,59

Neulich im Kino mit meinen Kindern: Ganz unten in der Popcornschachtel die Kinderüberraschung. Eine Plastikkamera mit Naturfotodiavorstellung! Wer erinnert sich noch an die guten alten Zeiten des Viewmasters?! Das Youtube der heute Übervierzigjährigen … Drehscheibe rein und hübsche Bilder anschauen. Nette Erinnerung! Dieser einfache, aber gefällige Wein erinnert auch an damals.

DORNFELDER, TROCKEN, 2013 € 1,79

Dornfelder mit einem französischen Touch! Renault Dornfelder, witzige Idee. Etwas weniger sauer wäre er geschmeidiger. Sagen wir mal, mehr Opel bitte.

CHILE

NEW WORLD COLLECTION, CABERNET SAUVIGNON, 2013 — € 1,99

Ausflug mit dem Patenkind in den Zoo. Man will sich ja von seiner besten Seite zeigen ... Man trabt von den Gürteltieren rüber zu den Affen, an der Voliere vorbei zu den Huftieren ... Das war ja klar! Hat das Lama gerade den Komposthaufen wiedergekäut und spuckt einem jetzt voll ins Gesicht! Bah!

FRANKREICH

BARON DE RAIS, BORDEAUX RÉSERVE, 2012 — € 2,79

Der arme Baron ist ein wenig ausgehungert! Wir sollten ihm ein Care-Paket schicken. Wir wollen den lieben Kerl ja nicht verhungern lassen. Er gibt sich solche Mühe, den Schein zu wahren.

CÔTES DU RHÔNE, RHÔNE VIGNOBLES, 2011 — € 3,99

Ein gut gemachtes Collier von Bijoux Brigitte ... Herrliches Bling-Bling, das das wohlgeformte, frisch geliftete Dekolleté akzentuiert. Hat der Hans mitgebracht, als er vom Solarium zurück gekommen ist! Was für eine freudige Überraschung. Für seine 14,5% Alkohol und seine vollreifen Früchte gibt sich dieser Côtes du Rhône erstaunlich locker! Man nimmt ihm seine Châteauneuf-Geschichten ohne Zögern ab.

CRUSCADES, CORBIERES, RÉSERVE, 2011 — € 2,99

Der frischgebackene Kirschkuchen duftet durch das ganze Haus. Nichts wie hin, an den Kaffeetisch! Beim Anschneiden erwischt man dann jedoch leider gleich eine Kirsche mit Fleischbeilage ... Weg ist der Appetit!

HENRI DE MONTIGNAC, MERLOT CABERNET, GRANDE CUVÉE, 2012 — € 2,99

SUPER SCHOPPEN

Ein Cuvée aus den klassischen Bordeaux-Trauben, aus derselben Ecke Frankreichs ... aber hier wirklich Qualität, die ihr Geld wert ist. Gute Wahl! Wer braucht da noch einen billigen, sauren Bordeaux!! Sanft und geschmeidig und trotzdem kräftig. Lecker!

LE FILOU, ROUGE, 2013 € 2,99 🍷

Was ist besser, verheiratet zu sein oder eine Freundin zu haben? Beides, sagt der Nerdfilou. Die Ehefrau denkt, ich wäre bei der Freundin. Die Freundin denkt, ich wäre bei der Ehefrau. Und so kann ich in aller Ruhe programmieren.

LE SWEET FILOU, ROUGE € 2,99

Wer Zahnarztbesuche liebt, der steht auch auf diesen klebrig süßen Wein. Trotzdem: Nach Genuss Zähneputzen nicht vergessen.

VIN DE PAYS DE L'AUDE, LITERFLASCHE € 1,79 🍷🍷

Das Wochenendhäuschen in der Auvergne ... Mit dem Citroën Mehari am Samstagmorgen zum Bäcker, auf dem Rückweg noch kurz beim Winzer vorbei und 5 Liter Wein aus dem Fass in den Kanister gezapft. Das sind Ferien! Ach ja ... wir können auch 5 Literflaschen Vin de Pays de l'Aude mitnehmen. Kommt aufs Gleiche raus!

VIN FRANCE, MERLOT, TROCKEN, 2013 € 1,79 🍷🍷

Der Ritter auf dem Etikett ist ganz deutlich noch minderjährig. Es ist Schulfest in der Grundschule, und er hat sich verkleidet. Jeder soll wissen, was er mal werden will, wenn er groß ist. Toll, wie er sich in die Rolle einlebt! Und logisch, dass er noch ein wenig grün ist ...

ITALIEN

CABERNET SAUVIGNON, RUBICONE, 2012 € 3,99 🍷🍷🍷

„Alea iacta est!“ war der berühmte Spruch von Caesar, als er den Rubikon überquerte ... Im Falle dieses Weins sind die Würfel offensichtlich noch nicht gefallen. Je nach Filiale gibt es ihn in der niedlichen Knubbelflasche mit rundem Etikett verziert mit lila Dreiecken, oder in der schlanken Variante mit Aufwärtspfeil und schicken Rauten ... Auch preispolitisch gibt es jede Menge Möglichkeiten ... Vielleicht wird ja noch demokratisch abgestimmt. Egal, in welchem Gewand sich unser Caesar zeigt, er ist ein sympathischer Italiener mit einer typischen Bitternote und vielen dunklen Beeren.

CAMASELLA, BARDOLINO CLASSICO, LITERFLASCHE, 2012 € 3,29

Bardolino auf dem Holzweg ... Kleiner Tipp: Camasella, folge dem Pfad der Kirschen.

CAMASELLA, MONTEPULCIANO D'ABRUZZO, 2013 € 2,19

Nach einem freudigen Luftsprung leider schief gelandet und sich den Fuß verstaucht ... Humpelnd kommt der Montepulciano ins Ziel.

CAMASELLA, NERO D'AVOLA SANGIOVESE, TERRE SICILIANE, 2013 € 2,79

Auf eine witzige Art und Weise nostalgisch ausgestattet. Das Etikett mit den Schnörkeln und der Laute erinnert irgendwie an die Korbflasche aus den Sechzigern - mit all seiner Romantik. Zum italienischen Gartenfest mit Musik von Adriano Celentano macht er gute Laune, solange sich der Abend nicht in die Länge zieht. Für den Hop-und-Weg-Genuss.

CAMASELLA, VENEZIA GIULIA, 2013 € 3,99

Wer möchte nicht mal mit Giulia durch Venedig gondeln ... Ein bisschen kitschig und touristisch, aber trotzdem will man es nicht auslassen. Macht Spaß!

CONTESSA CAROLA, PRIMITIVO DI MANDURIA, 2011 € 4,99

Die arme Contessa! Sie wurde offensichtlich von Neandertalern verschleppt. Primitiver Primitivo, der zum Mammut passt, das mit der Keule erschlagen wurde.

CUVÉE NO 67, SANGIOVESE, MERLOT, RUBICONE, 2012 € 2,99

Die vierte Rebsorte wurde auf dem Etikett vergessen: Aromat!

DUCA DI SARAGNANO, CHIANTI, 2013 € 2,99

Es duftet nach Lippenstift!? Wie verführerisch. Aber die Dame des Herzens raucht Zigarre über die Lunge ... Ob das zum Küssen einlädt?

DUCA DI SARAGNANO, MAREMMA TOSCANA, 2013 — € 3,99

Maremma hat ihr Designerkleid im Outlet-Center gekauft. Echte Marke, aber B-Qualität. Fällt niemandem auf ... Die fehlenden Knöpfe kann man selber wieder annähen. Guter Kauf.

DUCA DI SARAGNANO, NEGROAMARO-PRIMITIVO, 2012 — € 3,49

Im Dorf in Puglia sitzen die sonnengegerbten Alten abends im schwarzen Anzug auf der Bank und erzählen sich gegenseitig bei einem Glas Wein die Geschichten von früher. Das ist ihr Lebensinhalt. Typisch, charaktervoll, warmherzig und konzentriert.

ETSCHTALER EDELVERNATSCH PREMIUM, LITERFLASCHE, 2012 — € 3,59

Weil es ein ‚Premium' ist bekommt, er eine Eins! Ein Glas gegen den größten Durst ...

FEUDO SICULI, MERLOT, SICILIA, 2010 — € 3,69

Feudo Siculi - das klingt nach Fehde ... Daraus kann nichts Gutes entstehen. Gemein, hinterhältig und verdorben.

MILANI, MONFERRATO, ROSSO, 2010 — € 4,99

Irgendwie fiel mir bei diesem Namen sofort Nosferatu ein ... Aber völlig zu Unrecht! Dieser Graf Orlof ist alles andere als erschreckend. Aber rot wie Blut! Und schwarz-weiß Stimmung mit dramatischer Klaviermusik passt auch. Ein Wein, der sich und das Leben etwas zu ernst nimmt, aber durchaus das Zeug zum Klassiker hat.

RATSTROPFEN, 1,5L TETRAPAK — € 1,99

Es gibt sicher so manche Pizzeria, die diesen Wein als Wein in der Karaffe als Hauswein serviert. Niemand, der sich darüber beschwert. Außerdem ist er sicher italienischer als viele Pizzabäcker ...

MAZEDONIEN

ROTWEIN, LITERFLASCHE, 2013 — € 1,59

Man kann viel über das Weinsortiment von Norma sagen, aber sie haben von allen Discountern zweifelsohne den leckersten Rotwein aus Mazedonien.

ÖSTERREICH

BLAUFRÄNKISCH ZWEIGELT, PREMIUM BARRIQUE, 2012 — € 3,99

Das Premium Barrique entpuppt sich als Spanplatten-Gartenhütte nach drei Monaten Regenzeit ...

CUVÉE BLAUER ZWEIGELT, 2013 — € 1,99

„Sensorisch und analytisch getestet". Ergebnis leider unbekannt ... Wer dran riecht ist schon bedient: der Duft von offenem Klärtank. Aus beruflichen Gründen haben wir dann trotz des inneren Widerstands einen Schluck genommen ... :-(Ein Extralob für den Labormitarbeiter, der trotz schwerer Grippe zur Arbeit erschienen ist, um diesen Wein mit verstopfter Nase zu untersuchen. Unser gut gemeinter Rat: Beim nächsten Mal lieber im Bett bleiben!

SPANIEN

CASTILLO PERACENSE, TEMPRANILLO GARNACHA, CARIÑENA, 2010 — € 2,99

Nach einem Jahr geht man wieder auf den Speicher, um die Sommergarderobe gegen die Winterkleidung einzutauschen. Mäntel und Pullis riechen inzwischen zwar nach Mottenkugeln, ansonsten ist aber alles sauber und ordentlich geblieben. Nicht mehr ganz nach der neuesten Mode, aber man muss ja auch nicht jeden Trend mitmachen. Einmal gut lüften, dann hat sich das mit dem Mottenduft auch erledigt.

MAGNÍFICO, GRENACHE, 2012 — € 3,49

Der Wein hat so gar nichts mit dem grazil tänzelnden Pferd auf dem Etikett zu tun. Es handelt sich hier eher um ein kurzbeiniges, übergewichtiges, zickiges Shetlandpony, das nicht einmal am Feiertag die Kinder des Chefs eine Runde durch den Garten tragen möchte. Drei Schritte im Tausch gegen einen Zuckerwürfel ...

MIRET, TEMPRANILLO, CATALUNYA, 2012 — € 2,99

SUPER SCHOPPEN

Miret wird in der hippen Bar in Pamplona durch den feschen, gut gelaunten Barmann am laufenden Band eingeschenkt. Eine Reihe Gläser auf den

Tresen, in einem Rutsch voll ... Abnehmer gibt es immer genug! Hier kommt man gerne zum Samstagnachmittags-Schoppen. Geschmeidiger Wegtrinker mit roten Früchten, die fröhlich machen.

RAICES, VI GENERACIÓN, CRIANZA, 2007 € 2,99 🍷
Dass Frauen über ihr Alter und ihr Gewicht schwindeln, ist allgemein bekannt ... Weine machen das auch! Allerdings in die andere Richtung: Je älter und je schwerer, desto interessanter, glauben sie ... Aber ein Crianza aus 2007 ist vergleichbar mit einer sonnengebräunten Mutter von vier Teenagern, die versucht, einem weiszumachen, sie sei 22.

VENTA REAL, GRAN RESERVA, 2005 € 2,99 🍷🍷
In der Kategorie ‚Gran Reservas aus 2005' ist dies ein Knaller! Wer hätte gerne eine Freikarte für die Bikinirunde der Misswahlen für die Damen ab 60?

SÜDAFRIKA

NEW WORLD COLLECION, PINOTAGE, 2013 € 2,59 🍷
Man könnte meinen es sei billiger Kirschbranntwein ...

PRICKELND

DEUTSCHLAND

FÜRST KYLLBURG, JAHRGANGS-SEKT, TROCKEN, 2012 € 2,59 🍷🍷
Fürst Kyllburg versucht eine Seifenoper wie ‚Gute Zeiten, schlechte Zeiten' zum Kulturgut zu erheben ... Skriptloser, einfacher Bonbonsekt, der sich als trockenes Jahrgangsprodukt vermummt.

SCHLOSS HOHENLAUF, JAHRGANGSSEKT, HALBTROCKEN, 2012 € 2,59 🍷🍷
Am nächsten Samstag ist zum zehnten Mal ‚Vom Winde verweht' angesagt. Alle Freundinnen kommen, und man hat die Riesenpackung Taschentücher schon gekauft. Man weiß jetzt schon genau, in welchen Szenen die Tränen rollen ... immer wieder. Trostschluck steht auch bereit!

ITALIEN

CAMASELLA, PROSECCO MILLESIMATO, EXTRA DRY, 2012 — € 4,99 🍷🍷🍷

Heute ist die letzte Stunde des Reiki-Kurses. Weil sich die Damen alle so gut verstanden haben, gibt es einen Umtrunk. Camasella kann man auch gut am Vormittag trinken! Beschwingt werden Adressen ausgetauscht, und man verspricht sich ein Wiedersehen bei ‚Feng-Shui im Reihenhaus'.

CONTE VERDE, SECCO BIANCO — € 1,79 🍷🍷

Sohnemann hat in den letzten vier Monaten nur auf der Reservebank gesessen. Zum Saisonende entschließt er sich, dass Fußball nicht mehr in sein Leben passt. Nach sieben Jahren Einsatz für den Verein muss der Abschied aber natürlich noch gefeiert werden ... Zum Sommerfest schmeißt Papa eine Runde. Man möchte niemanden verärgern, aber ein Vermögen möchte man in dieser Situation auch nicht mehr loswerden. Conte Verde tut niemandem weh, auch nicht dem Portemonnaie.

CONTE VERDE, SECCO ROSATO — € 1,79 🍷🍷

Man steht im Aufzug und ist unterwegs in die 87ste Etage ... Bei Etage zehn merkt man, dass man die Melodie der Liftmusik mitsummt. Dabei hatte man sie bewusst noch gar nicht wahrgenommen! Witzig, dass Musik, die man zu Hause nicht auflegen würde, auf einmal so gute Laune macht.

PENNY

„Sein oder nicht sein?"
Mit dieser wesentlichen Frage hat sich Penny einige Zeit beschäftigt …
Will man ein markantes Profil und will man im Kreise der Discountmajestäten mitmischen?
Penny entscheidet sich klar für das „Sein" und stellt die Weichen auf grün. Das Sortiment bietet von allem etwas und von nichts zu viel. Jetzt noch ein bisschen mehr Selbstvertrauen, dann tritt der Charakter auch mehr in den Vordergrund.

Von Shakespeare gibt es noch einen guten Rat:
„Wenn die Seele bereit ist, sind es die Dinge auch."

Es wurden insgesamt 68 Weine verkostet.

Davon waren:

ϟ	0	0,0 %
	7	10,3 %
🍷	22	32,4 %
🍷🍷	24	35,3 %
🍷🍷🍷	12	17,6 %
🍷🍷🍷🍷	3	4,4 %
SUPER SCHOPPEN	8	11,8 %

WEISS

DEUTSCHLAND

NAHE

MÜLLER-THURGAU, TROCKEN, 0,25L, 2013 € 0,99

Kleiner Wein aus kleinem Weingebiet von einer Rebsorte mit kleinem Ruf in kleiner Flasche: kleines Ergebnis!

1538, RIESLING WEISSBURGUNDER, TROCKEN, 2013 € 4,99

Hier spielt die Musik. Weißburgunder singt die bezaubernde erste Stimme und Riesling gibt mit seinem sympathischem Schallala die nötige Fülle. Dieses Konzert besucht man gerne öfter. Es gibt genügend zu entdecken.

WEISSBURGUNDER GRAUBURGUNDER, TROCKEN, 2013 € 2,29

Dunkelblaue Markenjeans und ein körpernahes weißes T-Shirt - ein Outfit, mit dem man nichts falsch machen kann. So ist es, wenn ‚basic' zum Klassiker wird. Ein geschmackvoller Grauburgunder, dem der saubere Weißburgunder Schwung verleiht. Steht jedem gut!

RHEINHESSEN

RHEINHESSEN, LIEBLICH, LITERFLASCHE, 2013 € 2,39

Im Notfall kann man ihn in den Akku füllen ... Das kann man nicht von vielen ‚lieblichen' Weinen behaupten. Überreife Honigmelone in Zitronenwasser aufgelöst.

RIESLING, HALBTROCKEN, LITERFLASCHE, 2013 € 2,79

Selten einen so gut vermummten Riesling getroffen! Man erkennt ihn selbst mit Personalausweis nicht. Sogar das ‚Halbtrocken' weiß er hervorragend zu verstecken. Minzblättchen rein, fertig ist die hausgemachte Zitronenlimonade.

WEINFELS, RIESLING, TROCKEN, 2013 — € 2,99

Das Lieblingsessen wurde leider ein bisschen verkocht ... Die Pasta hat keinen Biss mehr, das Gemüse ist schwer auf die Gabel zu pieksen und die Soße hat schon eine Haut. Aber weil es die Leibspeise ist, wird sie trotzdem ohne Murren aufgegessen.

EUROPA

WAPPENTRUNK, WEISSWEIN, LIEBLICH, 1,5L TETRAPAK — € 1,99

Hier zeigt sich die Europäische Gemeinschaft von ihrer positiven Seite! Wer gerne weiß, süß und billig trinkt, ist hier bestens bedient. Umgießen in eine Karaffe und niemand wird einen Tetrapak-Wein vermuten!

FRANKREICH

BLANCBOIS, LITERFLASCHE, 2013 — € 2,49

Der Hausmeister, der niemals auffällt - bis er nicht mehr da ist ... Ein Wein, der den Durst löscht und über den niemand etwas zu meckern hat. Wird man sich an ihn erinnern?

ITALIEN

B!O, TREBBIANO D'ABBRUZZO, BIO, 2013 — € 2,39

Die Blässe des Etiketts ist gar nicht nötig! Er darf sich wirklich gerne sehen lassen, dieser Trebbiano. Grapefruit und Zitrone und zwar natürlich ohne Zucker! Charaktervoller Italiener mit der typischen Bitternote.

FIOR DANELLI, CHARDONNAY DELLE VENEZIE, 2012 — € 2,89

Sofia Loren ist zeitlos schön, aber das ändert nichts daran, dass sie früher anders aussah als jetzt ... Fior Danelli kommt inzwischen auch schon in die Wechseljahre. Immer noch hübsch, aber nicht mehr die Jüngste.

STEFANO COLUCCI, PINOT GRIGIO GARGANEGA, 2012 — € 2,69

Der wunderschöne Blumenstrauß, den man vor einer Woche zum Hochzeitstag geschenkt bekommen hat, macht einem immer noch enorme Freude, auch wenn er nicht mehr ganz so frisch ist. In ein paar Tagen ist es allerdings wirklich Zeit, ihn zu entsorgen ...

STEFANO COLUCCI, SOAVE CLASSICO, 2013 €1,99

Soave ist lange Zeit das hässliche Entlein der italienischen Classicos gewesen ... Armselige Qualitäten zu kleinen Preisen. Aber siehe da, aus dem grauen Jammerlappen ist tatsächlich ein Schwan geworden. Stolzes, schlankes, erfrischendes Weiß.

NEUSEELAND

NEW ZEALAND, SAUVIGNON BLANC, 2013 €4,99

Wäre dieser Wein ein Lied und Neuseeland dürfte beim Songfestival mitmachen, dann wäre dies der Beitrag! Alles, was typisch für Neuseeland ist, ist mit drin, aber überzogen ... Spargel mit Feuerwerk, Gras mit kurzem Röckchen und Stachelbeeren, die im Hintergrund Trampolinspringen. Der niedliche Kiwi vom Etikett darf natürlich auch mit! Der dreht kreischend seine Runden im riesigen Hamsterrad.

ÖSTERREICH

GRÜNER VELTLINER, TROCKEN, LITERFLASCHE, 2013 €2,89

Wer in der Sahara die höchsten Dünen besteigt, der wird sich über diesen Liter freuen. Die Bergsteiger in Österreich lassen ihn sicher stehen.

SÜDAFRIKA

CHARDONNAY, TROCKEN, 2013 €1,99

Wenigstens ist das Etikett ehrlich. Chardonnay mit Trauerrand und grauer Kulisse. Das traurigste Bild des Tafelbergs aller Zeiten.

UNGARN

KÖNIGLICHE MÄDCHENTRAUBE, LIEBLICH, 2013 €1,99

Der König hat sich mit lauter netten Tänzerinnen umringt ... Wirklich niedlich! Noch ein wenig jung und unausgereift, aber durchaus fröhlich.

ROSÉ

DEUTSCHLAND

RHEINHESSEN

DORNFELDER ROSÉ, HALBTROCKEN, 2013 € 1,99

„Der Wein erfreut des Menschen Herz und Freudigkeit ist die Mutter aller Tugenden." Dieses berühmte Zitat von Goethe ziert das Etikett. Der gute Johann Wolfgang meinte aber ganz bestimmt nicht diesen! Denn Windelwechsel und Freude ist eine Kombination, die einem höchstens beim frischgeborenen Sprössling einfällt, nicht aber beim abendlichen Schoppen.

PORTUGIESER WEISSHERBST, LIEBLICH, LITERFLASCHE, 2013 € 2,29

Wir sollten eine Stiftung ‚Pro Portugal' ins Leben rufen ... Daraus würden wir juristische Hilfe finanzieren, wenn die Portugiesen jemals einen Rechtsstreit führen wollen wegen Rufschädigung ... Nein! Der Portugieser hat wirklich nichts mit Portugal zu tun. Dieser schon gar nicht.

PFALZ

DORNFELDER ROSÉ, LIEBLICH, 0,25L, 2012 € 0,99

Ressourcenverschwendung. Schade um die Trauben, schade um die Arbeit, schade um die Flasche ... Liebe Sonne, es tut mir Leid, dass du deine Strahlen umsonst auf dieses Fleckchen Erde hast scheinen lassen!

ITALIEN

B!O, ITALIEN ROSÉ, HALBTROCKEN, BIO, 2013 € 2,19

Die Dose war schon länger offen und ein bisschen rostig, aber es wäre wohl irgendwie schade gewesen, die Pfirsiche zu entsorgen ...

MAZEDONIEN

REPUBLIK MAZEDONIEN, ROSÉ, LIEBLICH, LITERFLASCHE, 2012 € 1,79

Wäre die passende Begleitung zum Whopper XL aus Gammelfleisch ...

ROT

DEUTSCHLAND

BADEN

SPÄTBURGUNDER, TROCKEN, 2013 € 2,99
Ideal zu Großmutters Kohlrouladen! Auf sympathische Weise altmodisch und weckt gute Erinnerungen. Auch an der zurückhaltenden Ausstattung wird sich weder alt noch jung stören.

PFALZ

1538, DORNFELDER, MERLOT, 2012 € 4,99
In diesem Jahr hat das Traumpaar Dornfelder und Merlot eine deutliche Beziehungskrise. Merlot zickt sauer herum und der langweilige Dornfelder geht auf in seiner Opferrolle. Schnell in Therapie, ehe es zur Scheidung kommt.

DORNFELDER, HALBTROCKEN, 2013 € 1,79
Schmeckt nach Kirschsaft. Vielleicht lecker zum Joghurt oder Vanilleeis? Aber nicht als Wein ernst zu nehmen.

DORNFELDER, TROCKEN, 2013 € 1,79
Fehlerloser Wein! Das Sympathischste an ihm ist sein Etikett. Herrlich ‚basic', sofern dieser englische Begriff für ein typisch deutsches Produkt angemessen ist ... Die Packpapierausstrahlung wertet ihn auf witzige Weise zum Trendartikel auf. Man nimmt ihn gerne mit nach Hause.

DORNFELDER, TROCKEN, 0,25L, 2012 € 0,99
Wäre er bloß mit Flug MH370 verschwunden ...

SPÄTBURGUNDER, HALBTROCKEN, 0,25L, 2013 € 0,99
Wer alleine auf dem Sofa seine Dosenravioli verspeisen muss, kann hiermit vielleicht noch seine Situation verbessern ...

RHEINHESSEN

DORNFELDER, LIEBLICH, 2013 € 1,79
Am Sonntag gibt es Donauwellen! Wer sich auf den Saft aus dem Schattenmorellenglas freut, ist hier ganz richtig. Man schmeckt die dicken reifen Kirschen.

AUSTRALIEN

WINE OF AUSTRALIA, SHIRAZ CABERNET SAUVIGNON, 2012 € 2,59

Wer nach Australien fliegt der weiß: Man fliegt von Singapur aus übers Meer und dann kommt noch 6 Stunden lang leere, platte Wüste ... Ein Schluck hiervon und man erinnert sich sofort.

CHILE

CABERNET SAUVIGNON, TROCKEN, 2013 € 1,99

So trostlos wie das Etikett ist auch der Inhalt. Man ist also schon gewarnt. „World Select Vineyard"? Ausgesucht nach was? Mit Pech und Federn aus dem Land gejagt!

EUROPA

WAPPENTRUNK, LIEBLICH, 1,5L TETRAPAK € 2,19

Eher Waffentrunk als Wappentrunk. Nix da, lieblich! Es klappt einem das Messer in der Hosentasche auf.

FRANKREICH

CHÂTEAU COUAT, BORDEAUX, 2011 € 3,99

Eine 10 cm dicke, knallharte Futonmatratze ... Man liegt drauf, weil das gut für den Rücken sein soll, aber gemütlich ist anders.

FITOU, RÉSERVE, 2012 € 3,49

Dieser moderne Fitou hat seine Ausbildung in der Weltstadt genossen und ist jetzt zu seinen Wurzeln zurückgekehrt. Er ehrt seine Herkunft, weiss sie aber aufgefrischt und zeitgemäß zu verpacken. Herbe Kräuter, dunkle Früchte und ein Hauch Holz für die Struktur. Ein toller Fitou bist du!

GRAND SUD, MERLOT, LITERFLASCHE, 2011 € 3,49

Das Beste an diesem Wein ist das Bier danach. Frisch gezapft, fein herb, kühl und erfrischend!

LA GRANDE CLASSIQUE, CORBIÈRES, 2012 € 2,99

Auch bei uns ist La Grande Classique inzwischen ein Klassiker ... Jedes Jahr wieder ein Super Schoppen. Geschmeidiger Tischgenosse, der zum

Weitertrinken animiert. Kräftig, aber mit weichem Touch. Seine Früchte sind für einen Franzosen überraschend marmeladig.

LE SWEET FILOU € 2,99

Wer Zahnarztbesuche liebt, der steht auch auf diesen klebrig süßen Wein. Trotzdem: Nach Genuss Zähneputzen nicht vergessen.

MAÎTRE PHILIPPE, LITERFLASCHE € 2,29 🍷🍷

Bei Oma gibt es immer Tee mit Milch und Zucker ... Dies ist der passende Wein dazu. Harmlos und lieb, wie Oma selbst auch.

ITALIEN

D'AMATI, NERO D'AVOLA MERLOT, LITERFLASCHE, 2012 € 4,29 🍷🍷

Beim Verkostungsseminar wurden wir aufgefordert, das hinzuschreiben, was uns als erstes in den Sinn kommt, wenn wir den Wein probieren. Bitteschön, vielleicht können Sie sich einen Reim daraus machen, hier mein erster Gedanke: Davon, dass man alle Viertelstunde die Seite vom Wetterbericht aufruft, wird das Wetter auch nicht besser.

STEFANO COLUCCI, BARDOLINO, 2012 € 2,59 🍷🍷

Leichter Schoppenwein, der sich im Becherglas am wohlsten fühlt. Wir empfehlen ihn natürlich nicht zu Muscheln in Tomatensauce, wie es der Hersteller tut, sondern ganz einfach zum knusprigen Hähnchenschlegel mit Pfeffer und Salz. Wer, bitte, trinkt zu Muscheln Rotwein???

STEFANO COLUCCI, MERLOT DEL VENETO, 2013 € 1,79 🍷

Stefano leidet an Selbstüberschätzung. Diesem zarten kleinen Merlot eine gefüllte Paprika als Speisebegleitung mitzugeben ist vermessen. An einer solchen ist schon so mancher große Wein gescheitert. Paprika - der Rotweinmassenmörder!

VENTI LUNE, UMBRIA, 2012 € 2,99 🍷🍷🍷

La le lu, nur der Mann im Mond schaut zu ... Ein Glas, noch ein Glas und noch eins ... bis zum Einschlafen. Ein sehr angenehmer, weicher, süffiger Gesellschafter. Schade, dass das hässliche DLG Siegel den hübschen Sternenhimmel des Etiketts verunstaltet.

VINO NOBILE DI MONTEPULCIANO, 2010 € 5,99 🍷🍷

„Tabak, Vanille und reife Früchte" - und genau in dieser Reihenfolge! Wem jetzt das Wasser im Munde zusammen läuft, der sollte ihn kaufen. Was uns mehr beeindruckt, ist, dass ein Vino Nobile sich traut, mit einem Etikett aus der Comic-Abteilung zu erscheinen ... Witzig, diese Ritterkarikatur mit dem toten Vogel auf dem Kopf und dem Pferd, dem gerade jemand in den Hintern gekniffen hat.

MAZEDONIEN

MAZEDONISCHER ROTWEIN, LIEBLICH, LITERFLASCHE, 2013 € 1,59 🍷🍷

Wenn es einen Sonderpreis gäbe für den besten roten, lieblichen Wein aus Mazedonien, dann wäre dieser hier in seiner Zwirbelflasche sicher ein Favorit! Man kann sein Glas mit einem Lächeln leer trinken.

SPANIEN

B!O TEMPRANILLO, TROCKEN, BIO, 2013 € 2,19 🍷🍷

Es wundert überhaupt nicht, dass auf dem Etikett zu diesem Spanier Antipasti empfohlen werden. Er mutet nämlich ausgesprochen italienisch an ... Tempranillo mit Identitätskrise. Egal! Es ist ein erfrischender Biowein mit herrlichen Sauerkirsch-Aromen.

FREIXENET, MEDERAÑO, TINTO, 2011 € 3,99 🍷

Gestern Abend in der Disco - Filmriss - wo bin ich nur gelandet. Ein bittersüßer Nachgeschmack. Schnell in die nächste Apotheke: einmal Aspirin und die Pille danach.

MONTELCIEGO, RIOJA, RESERVA, 2007 € 4,99 🍷🍷

Schade, schade. Dieser so hübsch geschniegelte Großstadtspanier macht optisch einen so guten Eindruck. Offensichtlich hat er aber schon etwas zu lange gefeiert ... Die Luft ist ein bisschen raus und er wird langsam müde. Einmal gut ausschlafen und dann in die neue Runde! (Neuer Jahrgang gefällig ...)

VIÑAS DEL REY, GRAN RESERVA, VALDEPEÑAS, 2008 € 2,99 🍷🍷

In diesem Grand Reserva ist das Holz der König. Die vorlauten Balken lassen die schüchternen Trauben kaum zu Wort kommen. Zeit für eine

Revolution! Er muss ja nicht gleich in den Kerker oder ins Exil. Mitspracherecht für die Früchtchen würde schon reichen …

SÜDAFRIKA

VINEYARDS EDITION, CABERNET SAUVIGNON MERLOT, FAIR TRADE, 2012 € 3,99

Das Super Schoppen Team ist grundsätzlich für Fairtrade. Singend sind die Kinder unterwegs in die Schule, Mama schrubbt fröhlich auf dem Waschbrett die Wäsche, und Papa freut sich auf seinen Arbeitstag. Diese Stimmung schmeckt man in der Flasche. Saftig, reif und freundlich und ganz typisch Südafrika.

PRICKELND

DEUTSCHLAND

FABER KRÖNUNG, HALBTROCKEN € 3,69

Faber, überlass das mit der Krönung lieber denen von Jacobs-Kaffee.

HENKELL, TROCKEN € 4,49

Damit stießen schon Oma und Opa auf ihre Verlobung an. Heute muss es kein besonderer Anlass sein, um sich mal ein richtig feines Gläschen zu gönnen.

JULES MUMM, MEDIUM DRY € 4,99

Süß aber nicht zu süß, zart aber nicht zu zart, das mag Jules an seiner Julie.

MM EXTRA, ROSÉ TROCKEN € 3,59

Flüssiger McFlurry Erdbeer mit Haselnuss-Topping.

MM EXTRA, TROCKEN € 3,59

Die Flasche ist schon dreimal weiterverschenkt worden. Man muss ja schnell irgendwas greifen, wenn die Nachbarin spontan zur Dessousparty einlädt.

ROTKÄPPCHEN, HALBTROCKEN € 2,55 🍷🍷🍷

Für den Urlaub auf Sylt hat es dieses Jahr nicht gereicht, dafür haben wir es uns auf dem Balkon mit vielen duftenden Blumen- und Kräuterkübeln besonders gemütlich gemacht und genießen die Sommerabende mit einem gut gekühlten Sekt. Zu Hause ist es doch immer noch am schönsten.

ROTKÄPPCHEN, ROSÉ, TROCKEN € 3,99 🍷🍷

Lachs ist das neue Rosa! Rotkäppchen liegt damit farblich voll im Trend. Jetzt noch geschmacklich einen Gang höher schalten, dann wird's ein Hit!

ROTKÄPPCHEN, TROCKEN € 3,99 🍷🍷

Rotkäppchen ist ganz schon gerissen. Die knackigen Äpfel isst sie selbst, die mit den Dellen nimmt sie der Großmutter mit ... Immerhin, so verkommt nichts.

SCHLOSS KRONFELS, JAHRGANGSSEKT, TROCKEN, 2012 € 2,79 🍷🍷🍷

Was für eine Überraschung ... Frau Merkel hat mal wieder das dunkelblaue Abendkleid mit dem verführerischen Dekolleté ausgepackt. Respekt. Sie hat tatsächlich manchmal Glamour.

SCHLOSS KRONFELS, SEKT, HALBTROCKEN € 2,79 🍷

Viel Sprudel und wenig Geschmack. Bedauerlich, wo doch der trockene Zwilling so eine Erfolgsgeschichte zu erzählen hat.

FRANKREICH

CHAMPAGNE COMTESSE MARIE-LOUISE, BRUT TRADITION € 12,99 🍷

Es war einmal ein kleiner gelber Apfel, der hatte große Ambitionen! Er wollte nicht zu Mus, nicht zu Saft und nicht zu Apfelkuchen werden. Champagner wollte er sein! Seine Brüder und Schwestern waren alle schon geerntet und er klammerte sich noch hoffnungsvoll an seinen Ast. Endlich, im Herbst, kam ein Lastwagen vorbei. Der fuhr in die Champagne. Der Apfel ließ sich glücklich fallen und reiste seinem Traum entgegen. Leider war ihm gar nicht aufgefallen, dass er inzwischen alt und schrumpelig geworden war. Moral von der Geschichte: Hochmut kommt vor dem Fall ...

ITALIEN

CONSECCO, SECCO € 1,79

Pfirsich Melba in neuem Gewand: Weg mit der Himbeersoße, dafür das Dessert in Flüssigform. Pfirsich mit Haselnusskrokant auf Vanilleeis und Sprudel.

FRIEDRICHSHÖHE, MERLOT SECCO, ROSÉ € 1,99

Schon mutig vom Weltstar Merlot, dass er sich mit Papphütchen und Tröte auf die Bühne im Comedy-Club stellt. Solchen Selbstspott muss man schätzen!

MARCHESINI, ASTI SPUMANTE € 4,99

Der erfolgreiche Abschluss des Mädchenabends. Erst gab es lauter mitgebrachte Häppchen, jetzt liegen alle auf dem Teppich und löffeln Eis zum romantischen Film. Dazu gibt's natürlich ein Glas Asti. Nächsten Samstag gerne wieder, aber dann bei Britta zu Hause ...

MONTROSO, FRIZZANTE € 1,49

Nette Alternative für diejenigen, die sich den Asti nicht erlauben können ... Harmlos, süß und mit praktischem Schraubverschluss. Da braucht man auch nicht die Flasche an einem Abend leer zu trinken.

ROSATO 2GO, 0,2L DOSE € 0,95

Der Inhalt ist nicht ganz so rosig wie die Verpackung ... Abgebildet ist die Großstadtsilhouette, aber gelandet sind wir in den Bronx.

SECCO FRIZZANTE 2GO, 0,2L DOSE € 0,95

In der großen Pause geht die ganze Abiturklasse zu Penny ... Schnell eine Dose leeren, dann wird die Mathestunde gleich viel lustiger!

STEFANO COLUCCI, PROSECCO € 1,99

Der Saft aus der Pfirsichdose mit Kohlensäure aufgespritzt. So einfach geht das! Aber wer hat schon einen Sodastream zu Hause ...

SPANIEN

FREIXENET, CARTA NEVADA, CAVA SEMI SECO € 5,99 🍷🍷

Der Obstkuchen ist schon ein wenig trocken. Da hilft auch die dicke Schicht Puderzucker nichts.

FREIXENET, SECCITO € 3,99 🍷

Da hat Mutti die Medizin in Zuckerwasser aufgelöst, damit sie nicht so bitter schmeckt.

REWE

Auch bei REWE regiert der Wunsch, dem Kunden möglichst alles zu bieten, wonach sein Weinherz begehrt. Doch schon Kafka hat gewarnt: „Jedes Ideal erzeugt ebenso viele Heilige wie Märtyrer."

Neben schmucken Perlen und trendy Tropfen stehen leider auch jede Menge arme Schlucker im Regal, die den traurigen Tod der Nichtbeachtung gestorben sind. „Ich habe immer noch leichter das Überflüssige getan als das fast Notwendige." Und prompt kommt noch ein Wein ins Sortiment. Zeit für die Verwandlung!?

Eigentlich schade, denn das Personalmanagement scheint wesentlich besser zu klappen als die Regalpflege. Die Mitarbeiter in den Filialen sind immer auffallend freundlich und hilfsbereit.

Es wurden insgesamt 333 Weine verkostet.

Davon waren:

⚡	1	0,3 %
	23	6,9 %
🍷	74	22,2 %
🍷🍷	127	38,1 %
🍷🍷🍷	71	21,3 %
🍷🍷🍷🍷	37	11,1 %
[S] Super Schoppen	32	9,6 %

WEISS

DEUTSCHLAND

ERBEN LANDWEIN, HALBTROCKEN, 2013 € 2,99 🍷🍷

Das Unwetter hat die Aprikosen noch ein wenig unreif vom Baum gefegt, aber auf dem Kuchen mit ein bisschen Zucker schmecken sie ganz gut. Ein paar Mandelblättchen hätten der Sache noch einen besonderen Pfiff gegeben,

BADEN

HEINRICH HANSJAKOB, GUTEDEL TROCKEN, LITERFLASCHE, 2013 € 3,99 🍷🍷🍷

Nachdem der Fritz wieder einstimmig zum Vorsitzenden des Fußballvereins gewählt wurde, lässt er sich nicht lumpen: Ein ganzes Viertele Gutedel für jeden und das Versprechen, dass die Mannschaft in der nächsten Saison endlich aufsteigt! Hipp hipp, hurra!

HEINRICH HANSJAKOB, WEISSER BURGUNDER TROCKEN, LITERFLASCHE, 2013 € 4,79 🍷🍷🍷

Vor dem Regen noch schnell den Rasen mähen. Heinrich zieht die Bahnen immer akkurat und schnurgerade. Gelernt ist gelernt. Und auf der langen Geraden gibt er mal richtig Gas. Wie Vettel auf dem Nürburgring.

MARKGRÄFLER GUTEDEL, TROCKEN, LITERFLASCHE, 2013 € 2,99 🍷

Zwei Flaschen Gutedel, eine Flasche Sprudel, zwei Dosen Obstsalat, etwas Zucker und frisch gepresster Zitronensaft - fertig ist die Sommerbowle. Eiswürfel nicht vergessen! Und Aspirin!

MARTIN SCHONGAUER, GRAUER BURGUNDER, TROCKEN, 2013 € 4,99 🍷🍷🍷

Mutter Beimer aus der Flasche. Urdeutsch, beliebt, unkompliziert und zeitlos. Die Welt wird sie nicht verändern, auch wenn sie jedem in Erinnerung ist.

MARTIN SCHONGAUER, WEISSER BURGUNDER, TROCKEN, 2013 €3,99

Fred Astaire, der trotz seines reifen Alters der begehrteste aller Tänzer war: Leichtfüßig steppend, immer mit charmantem Lächeln, verführerisch und mit Charakter. Die Damen werden schwach und die Herren bewundern ein bisschen neidisch ...

GREEN MOMENTS, 2013 €4,99

Dieser Weinflüchtling versucht an den internationalen Grenzen zu erzählen, dass er seinen Pass verloren hat und beantragt in jedem Exportmarkt Asyl. Wir wünschen ihm, dass Baden ihn irgendwann aus dem Asylbewerberheim abholt, ihm ein neues Profil verpasst und er sich wieder zu seiner Heimat bekennt.

FRANKEN

DIE JUNGEN FRANKEN, MÜLLER-THURGAU, 2013 €3,99

Die jungen Franken müssen wohl noch ein wenig die Schulbank drücken. Lektion 1: Was ist der Unterschied zwischen Pampelmusensaft und Müller-Thurgau? Lektion 2: Warum sollte ein Etikett von Raumspray anders aussehen als das einer Weinflasche?

MOSEL

ERBEN ORIGINAL, RIESLING, HALBTROCKEN, 2013 €3,99

Thema verfehlt, halbtrocken ist etwas anderes! Trinkt sich aber unfallfrei.

GOLDSCHILD, RIESLING SPÄTLESE, MÜDENER FUNKENBERG, 2013 €8,49

Gar nicht müde, sondern funky, dieser Funkenberg! Hier ist die Süße nicht klebrig, sondern schmeckt nach mehr. Wie ein reifer Pfirsich, in den man beißt, und der Saft fängt an zu laufen ... Man schlürft, kaut, schluckt und genießt gleichzeitig.

GOLDSCHILD, RIESLING,TROCKEN, SAAR, 2013 €6,49

Riesling, bei dem das Gold zu dick aufgetragen ist ... Das Model, das auf dem Laufsteg stolpert. Erst ‚ahhhh' und ‚ohhhh', dann ‚huch!' ... Ein wenig entzaubert.

H.P. SCHREINER, RIESLING, FEINHERB, 2013 €4,29

Der Herr Schreiner wieder mit den langweiligen Etiketten und den tollen Rieslingen. Warum so bescheiden? So ein toller Wein könnte ruhig ein wenig angemessener präsentiert werden. Wir haben hier ein feines Süße-Säure-Spiel, dezente Süße, Schmelz, zarte Citrus- und Pfirsichnoten, so muss Riesling sein.

H.P. SCHREINER, RIESLING, TROCKEN, 2013 €4,29

Never judge a book by its cover. Und beurteile keinen Wein nach seinem Etikett. Hinter diesem langweiligen Bebberl verbirgt sich ein feingliedriger, zartfruchtiger, mineralischer Riesling.

MOSELLAND AKZENTE, BLANC DE NOIRS SPÄTBURGUNDER, 2013 €4,49

Goldmedaillengewinner auf den Paralymics der Spätburgunder! Ambitioniert, gut trainiert, positiv eingestellt - ein geborener Sieger. Warum rot, wenn es auch weiß geht!

MOSELLAND AKZENTE, ELBLING, TROCKEN, 2013 €4,59

Der ältesten Rebsorte Deutschlands merkt man die Jahrhunderte ganz bestimmt nicht an. Jugendlich, knackig und modern. Es läuft einem das Wasser im Mund zusammen von der erfrischenden Kombination von Äpfeln und Quitten. Daran haben sich schon die römischen Legionäre gelabt.

MOSELLAND AKZENTE, GRAUER BURGUNDER, TROCKEN, 2013 €4,49

Er trägt die Akzente nur im Namen ... Dieser Grauburgunder ist glatt und geschniegelt. Ein paar Ecken und Kanten würden ihn noch sympathischer machen.

MOSELLAND AKZENTE, WEISSER BURGUNDER, TROCKEN, 2013 €4,49

Überraschender Auftritt des Jugendorchesters. Musizierende Kinder machen grundsätzlich froh - und dann auch noch auf so hohem Niveau! Das bietet Perspektive.

MOSELLAND, ELBLING, TROCKEN, BIO, 2013 — € 4,99

Ein Wein mit Birkenstock-Charme ... Als ob ‚gut für die Welt' nicht auch grazil und schick sein darf. Auch eine Frau die ihre Beine rasiert kann ein Umweltgewissen haben.

MOSELLAND, MÜLLER-THURGAU, BIO, HALBTROCKEN, 2013 — € 4,99

Weg mit allen Vorurteilen! Wer hat etwas gegen halbtrockenen Müller-Thurgau? Erfrischender, fröhlicher Biotropfen, der zum Mittagessen auf den Tisch mit den weißen Tafellaken darf.

MOSELLAND, RIESLING AUS DER STEILLAGE, LIEBLICH, 2013 — € 5,49

Diese Steillagen-Prinzessin hat Biss! Lassen Sie sich nicht durch ihre niedlichen Zöpfe und das Blümchenkleid täuschen. Ein erfrischender Wirbelwind, wenn es um Stimmungsmache geht.

MOSELLAND, RIESLING AUS DER STEILLAGE, TROCKEN, 2013 — € 5,49

Man schmeckt den Morgentau auf den knackfrischen Trauben, die die Pflücker in der Morgendämmerung bei der Steillagenerklimmung mit in den Korb befördert haben. Echte Winzerromantik.

MOSELLAND, RIESLING AUSLESE AUS DER STEILLAGE, 2012 — € 7,69

Die Krönung des deutschen Fleißes! Wer den ganzen Tag in der Steillage geschuftet hat, hat sich einen solchen goldenen Honigtautropfen verdient! Wenn süß nicht klebt, sondern zu mehr verführt.

MOSELLAND, RIESLING SPÄTLESE AUS DER STEILLAGE, 2012 — € 6,49

Leichtfüßige Spätlese, die einen Stepptanz auf dem Tisch aufführt. Gefälliger Rhythmus, geschmeidige Bewegung ... Ein peppiger Publikumsliebling.

NAHE

DR. FAUST, WEISSER BURGUNDER, TROCKEN, 2013 € 5,29

Die weltweiten Pinot Blanc Winzer würden allesamt ihre Seele dem Teufel verkaufen, wenn sie dafür das Geheimnis des Dr. Faust erfahren würden. Ein Weißburgunder mit Rückgrat, der mit Pfirsichen und Nektarinen lockt, die Damen verführt und den Herren Paroli bietet.

WEINVERTRIEB NAHETAL, RIESLING FEINHERB AUS DER STEILLAGE, 2012 € 5,49

Die schwere Arbeit in der Steillage hat sich wirklich gelohnt. Die Trauben haben genug Sonne abbekommen und schenken uns diesen nicht zu süßen Wein mit knackiger Säure und wunderbaren Fruchtnoten.

PFALZ

DEUTSCHES WEINTOR, GRAUBURGUNDER WEISSBURGUNDER, MILD, 2013 € 4,69

Die gertenschlanke blonde Schönheit entpuppt sich bei näherem Hinsehen als künstlicher Ladyboy.

DEUTSCHES WEINTOR, GRAUER BURGUNDER, TROCKEN, 2013 € 4,69

Bei diesem korrekten Wein verläuft die Diskussion über die Umgangsregelung in der Scheidungsvereinbarung viel harmonischer. Schon wegen des beruhigend amtlich aussehenden Etiketts. Freude kommt bei solch einem Gespräch eh nicht auf.

DEUTSCHES WEINTOR, RIESLING, TROCKEN, 2013 € 4,49

Riesling von der Stange. Zum Glück passt Größe 50 immer und ist der Schnitt zeitlos und die Farbe voll im Trend. Warum sollte man zum Maßschneider gehen?

DR. BÜRKLIN-WOLF, WEISSBURGUNDER, TROCKEN, 2012 € 10,59

Herr Dr. spielt jeden Donnerstag Schach mit seinem Steuerberater. Der freut sich schon die ganze Woche auf den ruhigen Abend und den hervorragenden Wein, der schon wohl temperiert bereit steht. Zurückhaltend, seriös, elegant - die Herren und ihr Wein.

EMIL WISSING, PFÄLZER LANDWEIN, HALBTROCKEN, LITERFLASCHE, 2013 — € 2,19

Weck un' Worscht statt Pasta und Sugo. Schon klar, warum man die Pfalz als Toskana Deutschlands bezeichnet. Und mit diesem Wein im Glas will man auch gar nicht mehr weg.

ERBEN ORIGINAL, GRAUBURGUNDER TROCKEN, 2013 — € 3,99

Der Pfälzer mag es ja gerne ein wenig knarziger, aber zum Schluss ist er dann doch noch ein bisschen süß - der Wein.

J. HETTINGER, KERNER, TROCKEN, LITERFLASCHE, 2012 — € 3,59

Ein klassischer Schoppenwein zur Pfälzer Leberwurst, spritzig, fruchtig, trocken. Schönen Feierabend.

J. HETTINGER, RIESLING, TROCKEN, LITERFLASCHE, 2013 — € 3,59

Was ist der Unterschied zwischen Humor und diesem Wein? Humor kann nicht trocken genug sein.

LANDLUST, WEISSER BURGUNDER TROCKEN, BIO, 2012 — € 4,99

Als Kinder haben wir es gehasst, wenn wir sonntagnachmittags fein gemacht wurden und mit Mama und Papa spazieren gehen mussten. Und heute schleppen wir die eigenen Kinder durch Feld und Wald, bepackt mit Kühltasche, Picknickdecke und Federballspiel. Hauptsache wir sind in der Natur. Da schmeckt der trockene, fruchtige Weißburgunder mit seinem Aroma von Beeren und Birnen gleich noch mal so gut. Und solange die Kinder mit ihren Smartphones spielen können, sind sie auch zufrieden. Prost!

MAYBACH, GRAUER BURGUNDER, TROCKEN, 2013 — € 3,99

Ein Maybach ist es noch nicht, aber auf alle Fälle ein Mercedes, E-Klasse, mindestens.

MAYBACH, RIESLING, HALBTROCKEN, 2013 — € 3,99

Ich bin von Kopf bis Fuß auf Süße eingestellt ... und sonst gar nichts.

MICHEL SCHNEIDER, CHARDONNAY, TROCKEN, 2012 — € 4,49 🍷🍷

Das zweite Weingesetz der Cordula besagt, dass ein Spritzer Limettensaft müde Weine wieder aufpeppt. Dann stellen wir uns diesen eben als Reparaturwein für solche Zwecke in den Kühlschrank.

MICHEL SCHNEIDER, GRAUER BURGUNDER, TROCKEN, 2013 — € 2,99 🍷🍷

Bitte legen Sie nicht auf, der nächste freie Platz ist für Sie reserviert! Bitte legen Sie nicht auf ... Weswegen wollte man die Nummer noch mal anrufen? Hach, vergessen.

MICHEL SCHNEIDER, RIESLING CLASSIC, 2013 — € 2,99 🍷🍷

Die neue Aufmachung der Flasche ist schon mal eine Riesenverbesserung. Der Wein hinkt noch ein bisschen hinterher. Michel hau rein!

MICHEL SCHNEIDER, RIESLING, TROCKEN, 2013 — € 2,99 🍷🍷

Wurstmarkt wie in der Pfalz in Tötensen, leider kommt die gute Leberwurst aus der Konserve und das Brot aus der Plastiktüte. Da passt der Wein ja.

MICHEL SCHNEIDER, WEISSER BURGUNDER, TROCKEN, 2013 — € 2,99 🍷🍷

Sohnemann hat die Birne im Schulranzen vergessen. Nach zwei Tagen haben wir es gemerkt. Für Kompott konnte man sie noch gebrauchen. Auch lecker.

RIETBURG, CREATION, GEWÜRZTRAMINER, HALBTROCKEN, 2013 — € 4,49 🍷🍷🍷

Im Morgentau gepflückter Feldblumenstrauß. Knackig frisch verbreitet er gute Laune. Von wegen halbtrocken ...

RIETBURG, CREATION, GRAUER BURGUNDER, TROCKEN, 2013 — € 4,49 🍷🍷

Eine hübsche Frau, mit der man sich stundenlang unterhalten könnte. Sie hat wirklich etwas zu erzählen. Wenn nur dieses aufdringliche Parfüm nicht wäre ...

RIETBURG, CREATION, WEISSER BURGUNDER, TROCKEN, 2013 € 3,99

Haribo hat sein Sortiment erweitert. Neben Sauren Gurken, Sauren Pommes und Sauren Bohnen gibt es jetzt auch Weißen Burgunder! Lecker Schlecker für Erwachsene.

RIETBURG, KERNER, TROCKEN, 2013 € 3,69

Ein Star in der vegetarischen Küche! Er nimmt die Spargel mit Leichtigkeit, schmeichelt der Artischocke und erschreckt nicht, wenn sich der Spinat angekündigt hat. Ein Weißwein mit mutigem Charakter. Ein saftiger Geselle, der mit seiner milden Bitternote Stärke beweist.

RIETBURG, RIVANER, TROCKEN, 2013 € 3,99

Prima Wein zum Fußballgucken! Riecht nach Gras, schmeckt nach Gras. Für das Fankurven-Gefühl. Löscht den Durst und macht Laune.

TURMFALKE, GRAUER BRUGUNDER, TROCKEN, 2013 € 2,89

Wenn Du nicht mit dem zusammen sein kannst, den Du liebst, liebe den, mit dem Du zusammen bist. Also den Wein, oder was habt Ihr denn gedacht?

RHEINGAU

G.H. VON MUMM, RHEINGAU RIESLING, TROCKEN, LITERFLASCHE, 2012 € 6,79

Ein Rheingau Riesling im französischen Stil. Das kommt nur selten vor. Vielleicht findet die Familie von Mumm das ja schick, ist aber nicht als ausgesprochenes Kompliment gemeint. Wenig subtil und ein Duft von Landluft und Benzin.

G.H. VON MUMM, RIESLING FEINHERB, TAUNUSQUARZIT, 2013 € 6,99

Taunusquarzit‘ ... Klingt toll und macht richtig neugierig. Duft von reifem Pfirsich, ein bisschen salzig, feines Süße-Säure-Spiel. So muss Riesling sein.

HESSISCHE STAATSWEINKELLEREI, RIESLING, TROCKEN, 2012 — € 6,29

So wünschen wir uns unseren Riesling: frisch, angenehm fruchtig. Den kann man auch guten Gewissens verschenken.

WEINLAND RHEINGAU, HOCHHEIMER DAUBHAUS, RIESLING, HALBTROCKEN, 2013 — € 4,99

Das wohlgeformte Maxi-Model hat plötzlich beschlossen eine Diät zu machen. Die Gute will auch in Kleidergröße 36 passen! Warum nur? Sie war gerade wegen ihrer Rundungen so erfolgreich. Heim zur Mutter und wieder ein paar Pfund auf die Rippen!

RHEINHESSEN

CARL ZUCKMAYER, GRAUER BURGUNDER, TROCKEN, 2012 — € 4,99

Mehlige Äpfel und Pfirsiche mit braunen Flecken kann man immer noch im Kuchen verwerten. Will man sie im Wein verwenden, sollte man nicht vergessen, ein bisschen Citrus hinzuzufügen ...

CARL ZUCKMAYER, SILVANER, TROCKEN, 2013 — € 3,99

Carl Zuckmayers Komödie hat in diesem Fall eine deutliche Kernaussage: Sauer macht lustig. Wirklich lustig ist es aber, wenn zum Schluss noch alle lachen und nicht, wenn die Hauptperson erschossen ist. Hier verschwindet die Frucht im letzten Akt geheimnisvoll und auf nimmer Wiedersehen. Ein schaler Nachgeschmack.

CARL ZUCKMAYER, WEISSER BURGUNDER, TROCKEN, 2013 — € 4,49

Dieses Zuckmayersche Stück hat tatsächlich ein Happy End. Leichtfüßiges Volkstheater mit fröhlichem Gesang und Mitgeschunkel. Man schaut es sich gerne noch ein zweites Mal an.

ERBEN ORIGINAL, KABINETT, LIEBLICH, 2013 — € 3,99

Auf der Flasche steht:„Der Abnehmwein!“ Man hätte auch drauf schreiben können: Der Einschlafwein!

ERBEN SPÄTLESE, FEINFRUCHTIG, 2012 — € 3,99

Wenn sich die Erben anfangen zu streiten, dann ist es alles andere als ‚fein‘. Diese Früchtchen!

MAINZER DOMHERR, LIEBLICH, LITERFLASCHE, 2013 — € 2,89

Abi-Abschlussball. Die Arbeitsgruppe Dekoration hat das Budget überzogen, die Arbeitsgruppe Getränke holt das spielend wieder rein und bekommt auch noch ein Lob über die gute Wahl.

MAYBACH, RIESLING, TROCKEN, 2013 — € 3,99

Schnitzelteller im Dorfgasthaus, der langweilige Balsamicokringel am Tellerrand macht noch keine Sterneküche. Dafür sind die Portionen üppig und der Wein großzügig eingeschenkt.

ROSIÈRE, SÜSS & FRUCHTIG, 2013 — € 2,99

Sag mir wo die Früchte sind, wo sind sie geblieben … Hier schmeckt nichts fruchtig, aber süß. Heutzutage ist es aber doch schon viel, wenn 50% der Angaben stimmen.

ROTKÄPPCHEN, MÜLLER THURGAU, HALBTROCKEN, 2013 — € 3,99

Da hat Rotkäppchen uns ja doch noch eine Freude gemacht. Sie wusste ja, dass sie mit Kuchen bei uns nicht landen kann, aber zu einem angenehm fruchtigen feinen Wein sagen wir nicht nein.

ROTKÄPPCHEN, RIESLING TROCKEN, 2012 — € 3,99

Warm machen und bei Grippe trinken! Heiße Zitrone war gestern.

STEITZ & BECK, GRAUBURGUNDER, TROCKEN, 2013 — € 3,99

Die netten Jungs vom Rückenetikett verstehen beim Grauburgunder ihr Handwerk. Frisch, knackig, trocken und typisch Grauburgunder. Daumen hoch! Alle beide.

STEITZ & BECK, SILVANER, 2013 — € 3,99

Es ist eine echte Unsitte geworden, Silvaner immer nur zu Spargel anzupreisen. Den hier sollte man ruhig auch mal zum Grillhähnchen trinken. Und zum bunten Salatteller, zur Wurstplatte, zum Käsefondue und zu jeder Menge mehr. Hauptsache man trinkt ihn oft! Er ist leicht, würzig und erfrischend. Nachschenken bitte!

WÜRTTEMBERG

LAUFFENER KATZENBEISSER, WEISSBURGUNDER, TROCKEN, 2012 — € 4,99

Die Schmetterlinge haben den Bauch verlassen. Jetzt beginnt der Alltag. Auch der ist durchaus harmonisch. Vielleicht kommt mit dem 2013er wieder ein bisschen mehr Spannung?

LAUFFENER WEINGÄRTNER, RIESLING, TROCKEN, 2013 — € 4,49

Mit einem Sprung zur Goldmedaille! Wie Carina Vogt in Sotchi. Ein Riesling auf dem Höhenflug. Jung, knackig, sympathisch und auf den Punkt.

LAUFFENER WEINGÄRTNER, SCHWARZ WEISS, TROCKEN, 2013 — € 4,49

Schwarzriesling an sich ist ja schon eine Seltenheit und dann auch noch ein so wunderbar zarter, frischer Weißwein aus dieser roten Rebsorte. Das muss einen doch begeistern!

LAUFFENER, „EDUARD MÖRIKE", GRAUBURGUNDER, KABINETT TROCKEN, 2013 — € 6,99

„Und in der Mitten liegt holdes Bescheiden" sagt Mörike; wir hätten es gerne etwas unbescheidener.

AUSTRALIEN

LINDEMAN'S, BIN 65 CHARDONNAY, TROCKEN, 2013 — € 5,99

Die Australienreise war ein voller Erfolg. Zum Abschluss Seafood mit Blick auf den Hafen von Sydney und ein kühler Chardonnay.

FRANKREICH

BREE WHITE, CHARDONNAY, TROCKEN, 2013 — € 3,99

Die schicke Flasche macht sich gut auf dem Tisch, und der Wein macht sich prima in der Schorle.

CORSAIRE, RÉSERVE DU PRÉSIDENT, TRADITION, 2013 € 4,99 🍷🍷
Das nenne ich Tradition: der alljährliche Lehrerstreik in Frankreich. Die Professoren gehen für mehr Geld auf die Straße, und die Schüler machen eine Bottleparty bei Fréderic, dessen Eltern nicht zu Hause sind. Nach zwei Tagen ist der Spuk wieder vorbei, und alles geht seinen geregelten Gang.

GRAND SUD, CHARDONNAY, LITERFLASCHE, 2013 € 3,49 🍷
Wer am liebsten nur am Wein riecht, statt ihn zu trinken, wird seine helle Freude haben.

JP CHENET, COLOMBARD SAUVIGNON, 2013 € 3,29 🍷🍷🍷
Frisch, zart, zitronenfruchtig, blütenduftig und weich, ein Wein der allen gefällt. Mit ein paar überraschenden Ecken und Kanten hätte es sogar zum Super Schoppen gereicht.

JP CHENET, MEDIUM SWEET, 2013 € 3,29 🍷🍷🍷
Ein flaumig-fluffiges Zitronenmandeltörtchen und nicht zu süß. Sehr delikat!

LE FILOU, BLANC, 2013 € 2,99 🍷🍷
Ok, er hat nicht so ein atemberaubendes Six-Pack wie Cristiano Ronaldo. Und seine Augenbrauen zupft er auch nicht. Aber er trägt ohne zu murren den Müll runter und bringt freitags eine gute Flasche Wein für den Feierabend mit.

LE SWEET FILOU € 2,99 🍷🍷
Filou und süß, das ist ja ungefähr so wie ein Taucheranzug in der Sahara. Irgendwas stimmt da nicht.

MEDINET, HALBTROCKEN, LITERFLASCHE, 2012 € 4,99
Nicht nur nicht halbtrocken, auch nicht lecker.

MOUTON CADET, BORDEAUX, 2011 € 8,99 🍷🍷
Mit großem Brimborium serviert der hochnäsige Butler einen Wein und murmelt etwas von „Mouton ... Rothschild“. Die Herrschaften trinken sehr ehrfürchtig. Wo ist die versteckte Kamera?

RÉSERVE LA BAUME, SAINT PAUL, SAUVIGNON BLANC, 2012 € 5,99 🍷
Französischkonversationskurs in der Volkshochschule; man kennt sich seit Jahren und nach 15 Minuten unterhält man sich einfachheitshalber auf Deutsch weiter. Das lockt Monsieur Paul auch nicht mehr aus der Reserve.

ITALIEN

BIOREBE, CHARDONNAY, TROCKEN, BIO, 2013 € 4,19 🍷
ABC - anything but Chardonnay. Nie war der Spruch richtiger als hier. Der schmeckt nach allem möglichen, nur nicht nach Chardonnay. Und auch nicht lecker.

D'AMATI, INSOLIA CHARDONNAY, LITERFLASCHE, 2013 € 3,79 🍷🍷
Eurovision Song Contest, Mottoparty vor dem Fernseher. Auf die Häppchen sind die Nationalfähnchen aller teilnehmenden Länder gesteckt. Italy: zwei Punkte, two points, deux points, due punti.

KÄFER, CHARDONNAY, 2013 € 3,33 🍷🍷
Käfer stellt sich ja gerne als noble Feinkostmarke dar. Für lustige 3.33€ bekommt man ein bisschen Münchener Bussi-Bussi-Flair und einen soliden fruchtig-feinen Chardonnay, dem es allerdings an Glamour fehlt.

KÄFER, PINOT GRIGIO, 2013 € 3,33 🍷
Grauburgunder mögen die golfspielenden Damen gar nicht, aber so ein Gläschen Pinot Grigio nach der gemütlichen Runde über 9 Löcher, da sagen sie nicht nein.

LAMBERTI, PINOT GRIGIO, 2013 € 4,29 🍷🍷🍷
Blind Date: Die Pasta schmecken fast wie selbst gemacht. Und er ‚at sogar eine Auto. Perfect match!

ORVIETO, CLASSICO, 2013 € 1,99 🍷🍷
Fußballabend mit Damen, lauwarme Tiefkühlpizza und Orvieto Classico. Langweiliges Mittelfeldgekicke.

PRIMAVERA, FRASCATI SECCO, 2013 € 2,99
Der Frühling hat auch schon mal etwas rauere Tage. Und der Regen ist gut für den Garten.

SANTA CRISTINA, UMBRIA, 2013 € 7,99
Da fehlt nicht viel zum Topmodel, beschwingt, frisch und ein wenig frech. Mit drei Gläsern in die nächste Runde!

VIALA, SWEET, BIANCO, 2012 € 2,99
Das heutige Horoskop versprach eine angenehme, süße Überraschung. Guter Anfang, aber vielleicht bringt mir auch noch jemand Schokolade mit.

VILLA ANTINORI, TOSCANA, 2012 € 10,99
Oma ist noch geschmeidig in den Hüften, die Brüste sind mit Silikon gefüllt, die Wangen voller Botox. Knackig, aber albern. Zuviel des Guten.

NEUSEELAND

ISLAND BAY, SAUVIGNON BLANC, 2013 € 5,59
Duftet nach Stachelbeeren und schmeckt angenehm herb und knackig. Auf diese Insel lässt man sich gerne verfrachten! Für Menschen, die das wirklich Außergewöhnliche lieben.

ÖSTERREICH

GRÜNER VELTLINER, TROCKEN, LITERFLASCHE, 2012 € 2,99
Veltliner für Flachlandtiroler, ein bisschen mehr Pfeffer würde der Sache guttun.

KREMS, GRÜNER VELTLINER, SANDGRUBE 13, 2013 € 5,29
Sonntagsessen beim Heurigen: Das Wiener Schnitzel ist sogar vom Kalb, der Vogerlsalat pikant und der Veltliner rundet sie Sache ab. Frisch, feine Citrusnote und die berühmte Prise Pfeffer.

WEINMANUFAKTUR KREMS, GRÜNER VELTLINER, TROCKEN, 2013 € 6,79
Servus! Wir geben zu, inzwischen sind wir Riesen-Fans der Kremser Winzer. Und auch hier haben sie uns nicht enttäuscht. Ein perfekter Grüner

Veltliner, frisch, fruchtig, knackig und das für diese Rebsorte typische „Pfefferl", ein zartes Aroma wie weißer Pfeffer. Das macht ihn so besonders.

RUMÄNIEN

VAL DUNA, PINOT GRIGIO, 2013 — € 2,99

Rumänien, willkommen in der EU. Das mit dem Pinot Grigio klappt schon mal gar nicht so schlecht, aber da ist noch Luft nach oben.

SPANIEN

FREIXENET, LEGERO 9%, BLANCO, 2012 — € 3,99

Campingurlaub in Benidorm. Die Paella ist angebrannt, der Campingplatz ist überfüllt. Und jetzt noch dieser Wein. Nichts wie zurück nach Deutschland.

VIÑA SOL, MIGUEL TORRES, 2013 — € 5,99

Ein bisschen blass um die Nase, er sollte mal öfter an die Sonne gehen.

SÜDAFRIKA

GOLDEN KAAN, SAUVIGNON BLANC, TROCKEN, 2013 — € 2,79

Wer nichts macht, macht nichts verkehrt. Und ein Wein, der gut riecht und nach wenig schmeckt, wird kaum jemandem nicht schmecken. Man könnte ihm aber auch mal ein bisschen mehr Frucht und Schmelz mitgeben. Der hier hat durchaus Potenzial, man muss es nur richtig nutzen. Vielleicht im nächsten Jahr.

NEDERBURG FOUNDATION, SAUVIGNON BLANC, 2013 — € 4,99

Viel Marketing - wenig Wein. Cordulas Tipp: nebst P von Präsentation und P von Preis das P von Produkt nicht vergessen.

TWO OCEANS, SAUVIGNON BLANC, 2013 — € 4,49

„Buchsbaum mit Katzenpipi" ist ein Klassiker für Sauvignon Blanc. Ehrlich! Kein Scherz! Aber Sauvignon, der nach öffentlicher Toilette riecht, ist nicht einladend. Er schmeckt allerdings viel besser als er riecht, das muss man ihm lassen.

UNGARN

GRAF KAROLYI, CHARDONNAY SAUVIGNON BLANC, 2013 € 2,99 🍷🍷

Heiteres Rebsortenraten. Auch nach dem zweiten Glas kommt keiner auf Chardonnay oder Sauvignon Blanc. Aber der Wein schmeckt frisch und fruchtig.

PANNON, GRÜNER VELTLINER, TROCKEN, LITERFLASCHE, 2012 € 3,29 🍷

Ungar bleib bei Deinem Gulasch, das ist nicht so fad wie dieser Wein.

USA

GALLO FAMILY VINEYARDS, CHARDONNAY, 2012 € 4,99 🍷

Man könnte fast meinen, die Gallos hätten das Weinmachen aus einem kleinen Heft der örtlichen Leihbibliothek gelernt. Vielleicht hat der selige Ernesto das Büchlein mit ins Grab genommen und jetzt weiß beim Chardonnay keiner mehr, wie's geht.

GALLO FAMILY VINEYARDS, MOSCATO, SÜSS, 2011 € 4,99 🍷

Vielleicht tun wir den Gallos ja Unrecht. Es bleibt zu bedenken, dass man in Amerika diese Weine viel kälter trinkt als bei uns (und auch vor dem Eiswürfel nicht zurückschreckt). Und dass man es auch gerne richtig knallsüß mag. Unter diesem Aspekt ist der Wein so wie es von ihm erwartet wird. Nur, was will er dann hier bei uns?

GALLO, FAMILY VINEYARDS, PINOT GRIGIO, 2012 € 4,99 🍷🍷

Irgendwie vorhersehbar, alle diese amerikanischen Serien. Und als ob man nicht wüsste, wann der Witz zu Ende ist, gibt es noch Lacher vom Band.

ROSÉ

DEUTSCHLAND

BREE ROSÉ, PINOT NOIR, TROCKEN, 2013 € 3,99 🍷🍷

So vorhersehbar und bemüht wie eine deutsche Vorabend-TV-Serie. Aber die Flasche ist wirklich elegant. Wenn eins drauf wäre, könnte man glatt von Etikettenschwindel sprechen. Pinot Noir?

ERBEN LANDWEIN, HALBTROCKEN, 2012 € 2,99
Unsre Oma trinkt im Kuhstall den Roséwein, unsre Oma ist ‚ne ganz patente Frau! Der graust vor nix.

BADEN

ALDE GOTT, SPÄTBURGUNDER WEISSHERBST, TROCKEN, 2012 € 7,99 🍷🍷🍷
Der erste Tag mit strahlend blauem Himmel und klarem Sonnenschein, aber das Thermometer klettert kaum über 7°C. Trotzdem sind die Straßen voll von Cabriofahrern mit offenem Verdeck, in dicke Daunenjacken eingepackt und mit schicker Sonnenbrille. Macht aber auch Spaß. Und am Abend nehmen sie sicherheitshalber ein Aspirin. Rein vorbeugend.

HEINRICH HANSJAKOB, SPÄTBURGUNDER WEISSHERBST TROCKEN, LITERFLASCHE, 2013 € 4,99 🍷🍷🍷
Essen beim Chinesen, knusprige Entenbrust mit Ananas, köstlich wie immer. Nur den Satz im Glückskeks haben wir nicht verstanden: Auch ein Affe fällt vom Baum.

MOSEL

MOSELLAND AKZENTE, SPÄTBURGUNDER ROSÉ, HALBTROCKEN, 2013 € 4,49 🍷🍷
Der Barista hat sich so viel Mühe gegeben! Der Cappuccino prunkt mit dem Bildnis zweier ineinander verschlungener Herzen im Schaumkrönchen. Und was macht der ignorante Kunde? Wirft drei Zuckerwürfel rein ...

NAHE

DR. FAUST, SPÄTBURGUNDER ROSÉ, 2013 € 4,99 🍷🍷🍷
Man kann durchaus zum roten Steak Rosé trinken! Selbst als Mann! Macht Dr. Faust auch. Gretchen trinkt ihn zum Rote Beete Carpaccio.

PFALZ

DEUTSCHES WEINTOR, DORNFELDER, HALBTROCKEN, 2012 € 4,69 🍷🍷
Mit diesem eisgekühlten Rosé wird sogar das Picknick mit den Schwiegereltern gesellig, und der trockene Hähnchenschlegel rutscht gleich viel besser.

ROSÉ - DEUTSCHLAND - PFALZ - RHEINHESSEN - WÜRTTEMBERG

ERBEN ORIGINAL, WEISSHERBST, LIEBLICH, 2013 € 3,99

Dieser blaue Portugieser ist den Erben wirklich gut gelungen. Ist natürlich nur etwas für die Süßmäuler.

RHEINHESSEN

ROSIÈRE, SÜSS & FRUCHTIG, 2013 € 2,99

Warum nicht mal ein Rosé zum Dessert? Dieser wäre gerade richtig.

ROTWILD, DORNFELDER, LIEBLICH, 2013 € 3,49

Statt Rotwild sollte er wohl besser Hello Kitty heißen.

VOLLMER, PORTUGIESER ROSÉ, TROCKEN, 2012 € 4,99

Den Männern, die Rosé für einen knallsüßen Mädelswein halten, sollte man mal die Augen verbinden und sie diesen herbfrischen ein bisschen rauchigen Rosé probieren lassen. Beim Blindprobieren haben sich schon die größten Koryphäen wunderschön blamiert.

WÜRTTEMBERG

LAUFFENER KATZENBEISSER, SCHWARZRIESLING ROSÉ, TROCKEN, 2013 € 4,49

Strawberries, cherries and an angel's kiss ... Perfekter als mit dem Song „Summerwine" von Lee Hazelwood kann man diesen Wein nicht beschreiben.

LAUFFENER WEINGÄRTNER, ROSÉ HALBTROCKEN, 2013 € 4,49

Hier wird man glatt zum Halbtrockener-Rosé-Trinker! Trotz der subtilen Süße unglaublich erfrischend. Kein Wunder, dass man in Deutschland nirgends mehr Rosé d'Anjou kaufen kann.

LAUFFENER WEINGÄRTNER, SCHILLERWEIN, TROCKEN, BIO, 2012 € 4,99

Dorade vom Grill, frischer Salat, ein Glas gekühlter Wein - die Nachbarin schaut auch gerne auf ein Glas vorbei und bleibt bis nach dem Essen.

FRANKREICH

CORSAIRE, RÉSERVE DU PRÉSIDENT, 2013 — € 4,99

Der Rosé mit den fünf F: frisch, fruchtig, floral, fein - einfach ferführerisch ;-)

GRAND SUD, GRENACHE, LIEBLICH, LITERFLASCHE, 2013 — € 3,49

Stoppover auf der Fahrt ans Mittelmeer. Ins F1-Hotel noch schnell eine Flasche Rosé mit aufs Zimmer genommen, für die Bettschwere.

GRAND SUD, MERLOT, TROCKEN, LITERFLASCHE, 2013 — € 3,49

Der mitgebrachte Urlaubs-Rosé schmeckte zu Hause auf einmal gar nicht mehr ... Jedes Jahr dasselbe! Darum spart man sich das Mitbringsel und trinkt stattdessen Grand Sud.

JP CHENET, GRENACHE CINSAULT, 2013 — € 3,29

Viele schwören auf ein Glas lauwarmes Zitronenwasser nach dem Aufstehen. Wir halten es eher mit einem Glas gut gekühlten frischen Rosé als Sundowner.

LE BONJOUR, PAYS D'HERAULT, LITERFLASCHE — € 2,39

Mit 45 sind Zöpfchen, Faltenrock, Kniestrümpfe und Lackschühchen nicht mehr süß.

LE FILOU, ROSÉ, 2013 — € 2,99

Erstes Rendezvous, Lucien hat seine Magalie zum Essen ausgeführt und jetzt weiß er nicht, ob er Rot- oder Weißwein bestellen soll. Mit Rosé, meint er, kann er nichts falsch machen. Aber vielleicht sollte er zum Essen einen etwas trockeneren nehmen.

LE SWEET FILOU — € 2,99

Der Wein zu Fifty Shades of Grey. Süßer Schmerz. Ohne jede Raffinesse. Und tut auch nicht weh.

MEDINET, HALBTROCKEN, LITERFLASCHE — € 3,29

Dass es an Frankreichs Tankstellen bessere Weine gibt als in deutschen Supermärkten ist ein durch nichts bewiesenes Gerücht.

ITALIEN

AURORA, PINOT GRIGIO DELLE VENEZIE, FOLONARI, 2013 € 3,29

Aurora hat solange gequengelt, bis sie endlich ein Himbeerbonbon bekommen hat. Hätte sie ein bisschen gewartet, hätte Oma ein dickes Schokoladeneis spendiert. Jetzt ist das zu spät, da ist Oma eisern.

D'AMATI, NERO D'AVOLA SYRAH ROSATO, LITERFLASCHE, 2013 € 3,79

Die ersten Proben für das Karnevalsmännerballett sind noch sehr mühsam. Bei den Pirouetten fallen die Herren reihenweise um. Vielleicht halten sie sich besser, wenn man ihnen einen Ball vor die Füße spielt.

VIALA, SWEET, ROSATO, 2012 € 3,29

Der Duft nach Lavendelseife ist schon sehr ... interessant. Im Mund ist dieser Wein hauptsächlich süß mit ein bisschen Zitronenaroma. Mehr als ein Glas mag man davon nicht trinken.

MAZEDONIEN

REPUBLIK MAZEDONIEN, ROSÉWEIN, 2013 € 1,59

Da steht das arme Mädchen, das immer als letzte in die Völkerballmannschaft gewählt wird. Sie tut einem wirklich leid. Aber, um ehrlich zu sein, sie kann's auch wirklich nicht.

ÖSTERREICH

WINZER KREMS, SANDGRUBE 13, ZWEIGELT ROSÉ, 2013 € 5,29

Das Picknick in der Sandgrube hat er perfekt vorbereitet und liebevoll in Szene gesetzt. Trauben, Äpfel und Birnen, eine Platte mit köstlichen Sandwiches, gegrilltes Huhn, kleine Obstkuchen und auch den Sonnenschirm hat er nicht vergessen. In der Kühltasche wartet ein duftig zarter, frischherber, fruchtiger Rosé.

SPANIEN

AMSELKELLER, LIEBLICH, 2013 € 1,99

Der alte Oberkellner weiß genau mit welchem Wein er die Damen aus dem Saunaclub „die lustige Schweißperle" erfreuen kann, wenn sie ihre Clubkasse auf den Kopf hauen. Hauptsache süß.

FREIXENET, LEGERO, ROSADO, 2012 — € 3,99

Sollte mit Zungenreiniger geliefert werden, damit man den Geschmack wieder aus dem Mund bekommt. Die armen Trauben, die hierfür sterben mussten.

USA

GALLO FAMILY VINEYARDS, GRENACHE, 2012 — € 4,99

Wenn auf dem Etikett „lieblich" gestanden hätte, wären alle Informationen komplett gewesen und wir hätten fast 3 Gläser geben können.

GALLO FAMILY VINEYARDS, WHITE ZINFANDEL, 2012 — € 4,99

Gallos Revenge! Dabei hat denen doch keiner was getan.

ROT

DEUTSCHLAND

ERBEN LANDWEIN, HALBTROCKEN, 2012 — € 2,99

Wer das einfache Landleben hymnisch preist, ist noch nie auf einem schlaglöchrigen Feldweg zwei Stunden lang hinter einem Trecker hergefahren, vorbei an allen Kuhställen der Gegend, im Regen ... und musste dabei dringend aufs Klo.

WAPPENLESE, LIEBLICH,1L TETRAPAK — € 1,49

Ist da Alkohol drin? Oder ist das Kirschsaft? Also nicht der, für den man echte Kirschen braucht, sondern der aus dem Chemiebaukasten.

BADEN

HEINRICH HANSJAKOB, SPÄTBURGUNDER ROTWEIN, TROCKEN, LITERFLASCHE, 2012 — € 5,99

Spätburgunder? Thema verfehlt! Setzen, fünf! Und schmecken tut's auch nicht.

MARTIN SCHONGAUER, SPÄTBURGUNDER, TROCKEN, 2012 — € 4,99

Sonntags trifft sich die ganze Familie bei Opa auf dem Bauernhof. Oma kocht, wie immer, für alle. Im Sommer isst man an der langen Tafel im Garten. Die Runde wird von Jahr zu Jahr größer: Kinder, Kindeskinder,

Schwiegertöchter und -söhne ... Wie gut, dass der Wein nie ausgeht! Das glückliche Landleben!

MOSEL

MOSELLAND, REGENT, TROCKEN, 2012 € 4,99 🍷🍷🍷

Einfacher, ehrlicher Schoppenwein, der einem das Mittagsmenü in der Dorfwirtschaft aufwertet. Die Roulade schmeckt gleich doppelt so gut.

NAHE

DR. FAUST, DORNFELDER, LIEBLICH, 2012 € 4,99 🍷

Kaffee mit ganz viel Milch und einer extra Portion Zucker. Aber in rot, kalt und mit Alkohol.

PFALZ

DEUTSCHES WEINTOR, DORNFELDER MILD, 2013 € 4,69 🍷🍷

Falls es mal keinen Nachschub gibt, Johannisbeersaft und halbtrockenen Sekt mischen - fertig ist so ein milder Dornfelder.

DEUTSCHES WEINTOR, DORNFELDER, LIEBLICH, 2013 € 4,69 🍷🍷🍷

Patrick Lindner in Flüssigform: eingängige Melodie, lieblicher Refrain. Unterhaken und mitsingen.

DEUTSCHES WEINTOR, DORNFELDER, TROCKEN, 2013 € 4,69 🍷🍷

Mehr Dorn als Felder. Nach einem gierigen zweiten Schluck des Messweins sind heute Abend 3 Peitschenschläge zur Selbstkasteiung fällig. Genuss ist Sünde!

DEUTSCHES WEINTOR, SPÄTBURGUNDER TROCKEN, 2011 € 4,69 🍷

Ich schmeck das sowieso nicht, sagt Tante Anna immer. Da habe ich hier genau den richtigen Wein für sie, da gibt es auch nicht viel zu schmecken.

ERBEN EXKLUSIV, DORNFELDER BARRIQUE, 2012 € 4,99 🍷🍷

Den sollte man eher Dornwälder nennen, soviel Holz bringt der mit. Wir hätten gerne etwas mehr von eigentlichen Wein geschmeckt.

ERBEN ORIGINAL, DORNFELDER TROCKEN, 2013 — € 3,99

Nach der trockenen Verlesung des Testaments gibt es Schnittchen und Dornfelder. Im Großen und Ganzen sind alle zufrieden.

KENDERMANNS, DORNFELDER, TROCKEN, 2012 — € 4,49

Was unterscheidet die Pfälzer von den Holländern? Die Holländer bekommen rotes Wasser schnittfest, bei den Pfälzern bleibt es flüssig.

MICHEL SCHNEIDER, DORNFELDER IM BARRIQUE GEREIFT, TROCKEN, 2010 — € 3,99

Das Fass hilft hier auch nicht. Wenn kein Aroma im Wein drin ist, dann schmeckt er eben nach nix mit ein bisschen Holz.

MICHEL SCHNEIDER, DORNFELDER, TROCKEN, 2012 — € 2,99

Dem älteren Herrn kann man einfach nichts recht machen. Egal wie freundlich wir ihn grüßen, er knurrt grantig zurück und beschwert sich über die Fahrräder im Flur.

MICHEL SCHNEIDER, SPÄTBURGUNDER, TROCKEN, 2012 — € 2,99

Der Opel Corsa unter den Spätburgundern. Ordentlicher Gebrauchtwagen mit noch zwei Jahren TÜV.

RIETBURG CREATION, REGENT, SÜSS, 2013 — € 3,89

Süß wie Cherry-Coke ... Höchste Zeit für eine Zero und eine Light Version.

RIETBURG CREATION, SPÄTBURGUNDER, TROCKEN, 2013 — € 4,99

Die Oldtimer Rallye macht Mittagspause mit Picknick am Waldrand. Die hübsche karierte Picknickdecke wird ins Gras gelegt, aus dem geflochtenen Korb kommen Teller, Besteck und Gläser. Die Hähnchenschlegel sind aus dem Delikatessengeschäft und der Spätburgunder wird im Bach noch kurz auf 16 Grad gekühlt. Ein Drei-Sterne-Ereignis.

RIETBURG, ACOLON, TROCKEN, 2012 — € 3,59

Pocahontas Teil 2 ... Man geht hin, weil einem der erste Teil so gut gefallen hat. Die Geschichte war aber auch eigentlich zu Ende erzählt ... Der Inhalt ist ein bisschen an den Haaren herbeigezogen.

RIETBURG, DORNFELDER IM BARRIQUE GEREIFT, 2012 — € 5,99

Der Koch hat heute seinen experimentellen Tag. Vorratsschrank auf, und von allem, was er findet muss etwas mit in das Gericht. Sehr kreativ! Mit Humor kann man es sich dann auch noch schmecken lassen ... Wetten, dass es dem Koch nicht gelingt, dieses Menu ein zweites Mal zu zaubern? (Und das ist auch gut so! Irgendwo hört der Spaß auf.)

RIETBURG, DORNFELDER, TROCKEN, 2012 — € 3,99

Ein sympathischer Schwindler, dem man kaum übel nehmen kann, dass er sich für einen ‚Trocken' ausgibt. Man lässt sich gerne von seinen Geschichten mitreißen.

ROTWILD, DORNFELDER UND REGENT, SÜSS, 2012 — € 3,79

Pflaumenkuchen steht auf dem Tisch, der frisch gebrühte Kaffee duftet aus der Küche. Jetzt noch schnell Sahne schlagen und die Küchenschürze ausziehen, bevor man sich zu den anderen an den Tisch setzt.

ROTWILD, DORNFELDER, TROCKEN, 2013 — € 3,79

Die Jagd auf das Rotwild war heute noch nicht erfolgreich. Auf der Hütte gibt es darum Würstchen aus der Vakuumverpackung, Erbsen und Möhren aus der Dose und ein Glas Dornfelder. Morgen ist auch noch ein Tag! Waidmanns Heil.

RHEINHESSEN

CARL ZUCKMAYER, DORNFELDER, HALBTROCKEN, 2012 — € 4,49

Ein berühmter Schriftsteller, der Weinkenner ist, trinkt keinen halbtrockenen Wein ... Also, er könnte schon, aber er würde nicht! Das ist so, wie Tiger Woods, der mit einem Plastikschläger auf dem Golfplatz erscheint, oder Cristiano Ronaldo, der mit einem Strandball zum WM-Training kommt.

ERBEN ORIGINAL, DORNFELDER, LIEBLICH, 2012 — € 3,99
Auch zum Nachmittagsschwatz mit der Nachbarin macht man sich ein bisschen zurecht. Man weiß ja nie, wer noch vorbei kommt. Und außerdem soll sie sich ruhig über die schicke neue Bluse ärgern. Escada aus dem Ausverkauf.

ERBEN ORIGINAL, SPÄTBURGUNDER, LIEBLICH, 2012 — € 3,99
Halb und halb mit Sprudel gemischt, Spritzer Zitronensaft rein und schon hat man einen lieblichen Rosé. Eiswürfel nicht vergessen.

FALKENBURG, DORNFELDER, TROCKEN, 2013 — € 2,99
Der Falke auf dem Etikett sieht eher aus wie eine Schwalbe. Der Dornfelder schmeckt aber nach Dornfelder.

JACOB EINIG, SPÄTBURGUNDER, TROCKEN, 2011 — € 3,99
Jakob, wir sind uns einig, mehr als ein Glas können wir leider nicht geben. Wir wollten Wein und keine Halswehspülung.

LANDLUST, SPÄTBURGUNDER DORNFELDER, TROCKEN, BIO, 2013 — € 4,99
Sieht aus wie Himbeersaft, schmeckt ungefähr wie Himbeersaft, soll aber Wein sein. Steht jedenfalls auf dem Etikett.

ROSIÈRE, 2013 — € 2,99
Hauptsache süß, denken sich die unternehmungslustigen männlichen Teenager, dann trinken die Mädchen mehr. Auf Geschmack kommt es da weniger an.

ROTKÄPPCHEN, DORNFELDER, HALBTROCKEN, 2012 — € 3,99
Rotkäppchen kommt mit seinem Gabenkorb zu spät. Großmutter ist schon vor einigen Tagen von uns gegangen.

ROTKÄPPCHEN, SPÄTBURGUNDER, TROCKEN, 2012 — € 3,99
Rotkäppchen hat unterwegs die Kirschen aufgegessen und füttert die Großmutter nun mit den Kernen. Die sieht ja sowieso nichts.

WÜRTTEMBERG

LAUFFENER KATZENBEISSER SAMTROT, KABINETT, 2012 € 4,99

Wenn es Kuschelrock in der Flasche gäbe, dann hätten wir ihn hier gefunden. Weich, schmeichelnd, verführerisch.

LAUFFENER KATZENBEISSER, LEMBERGER, TROCKEN, 2012 € 4,79

Sonntags gibt es Rinderbraten. Der hat lange geschmort. Der Tisch ist fein gedeckt, und der Wein funkelt schon im Glas. Wenn der Braten so köstlich ist wie der Wein, ist der Sonntag perfekt.

LAUFFENER KATZENBEISSER, SAMTROT, LIEBLICH, 2012 € 4,59

Immer nur Kaffee und Kuchen für die Damenrunde ist doch auf Dauer langweilig. Wie wär‘s zur Abwechslung mal mit Käseschnittchen und Samtrot.

LAUFFENER KATZENBEISSER, SCHWARZRIESLING, HALBTROCKEN, 2012 € 4,99

Frühling: Endlich kann man die Winterklamotten wegpacken. Mit der neuen Bluse im frisch blühenden Balkonien auf ein Glas Schwarzriesling - Kurzurlaub mit dem Liebsten. Was will man mehr.

LAUFFENER KATZENBEISSER, TROLLINGER AUS TERRASSENLAGE, 2011 € 4,79

Beim Fußballtraining lief es noch nicht ganz rund. Bei der anschließenden Skatrunde schon besser. Weil es wieder mal spät geworden ist, bringt Klaus seiner Liebsten noch eine Flasche Wein mit. So ist der Abend eine runde Sache.

LAUFFENER KATZENBEISSER, TROLLINGER MIT LEMBERGER, HALBTROCKEN, 2012 € 4,59

Der Bürgersteig ist gefegt, die Linsen köcheln auf dem Herd, die Wäsche ist gebügelt. Das größte Kompliment für die schwäbische Hausfrau „Du sieht aber geschafft aus!“ Darauf einen guten Schoppen!

LAUFFENER WEINGÄRTNER, SCHWARZRIESLING, TROCKEN, 2012 — € 4,49

In Frankreich kennt man Schwarzriesling als Pinot Meunier im Champagner. Aber auch hier macht er eine gute Figur. Wie ein guter Champagner, wird auch der Schwarzriesling lieber etwas kühler getrunken.

LAUFFENER, „FRIEDRICH HÖLDERLIN", SCHWARZRIESLING SPÄTLESE, TROCKEN, 2012 — € 6,99

„Das Angenehme dieser Welt hab ich genossen", schreibt Hölderlin. Dem kann man sich mit diesem Wein voll und ganz anschließen. Er fließt wie ein Gedicht mit seinen Duft nach Johannisbeeren und seinen zarten Holznoten.

LAUFFENER, SCHWARZRIESLING MIT SAMTROT, 2012 — € 4,49

Mädelsabend mit Schminktipps und DVDs, der Wein wartet im Kühlschrank. Viel Gekicher, gute Laune und der Wein trägt seinen Teil dazu bei.

WÜRTTEMBERG, LEMBERGER, TROCKEN, 2012 — € 5,99

Die stählerne Faust auf dem Etikett zeigt die Kraft an, die einem hier in der Flasche begegnet. Aber zum Glück hat der Ritter den Handschuh bereits abgelegt. Sein Händedruck ist warm und freundlich. Ein gutmütiger Kraftprotz, dessen deutliche Vorliebe reife Kirschen sind.

WÜRTTEMBERGER TROLLINGER, LITERFLASCHE — € 4,49

Linsen, Spätzle und Saitenwürschtle, dazu der Trollinger, schwäbische Glückseligkeit. Der Rest der Republik hat andere Vorlieben.

WÜRTTEMBERGER, LEMBERGER, TROCKEN — € 4,29

Dünn wie der Reifen eines Rennrads. Läuft schnell, bietet wenig Widerstand aber hat auch wenig Polster.

WÜRTTEMBERGER, SCHWARZRIESLING, HALBTROCKEN — € 4,29

Eine raue Hand im Samthandschuh. Ernsthafter Wein, der in eine schmeichelnde, milde Hülle gepackt ist.

WÜRTTEMBERGER, TROLLINGER, HALBTROCKEN € 4,29 🍷🍷

Fröhlicher Schoppen für Anfänger. Der erste Schritt nach der Limo ... Für Weintrinker, die in der ersten Fahrstunde noch erklärt bekommen müssen, wo das Gaspedal und wo die Bremse ist.

AUSTRALIEN

LINDEMANS, BIN 50, SHIRAZ, 2013 € 6,49 🍷🍷🍷🍷

40°C ist alles andere als „freakin hot“! Wir sind hier in Australien - no country for sissies. Da geht immer noch ein ordentlicher Shiraz zum Barbecue. Der schmeckt nach Brombeeren und Vanille und geht runter wie Öl.

PENFOLDS, RAWSON'S RETREAT, MERLOT, 2011 € 6,99 🍷🍷🍷🍷

Weich, elegant und samtig wie ein feiner Damenhandschuh mit der gleichen sinnlichen Ausstrahlung.

PENFOLDS, RAWSON'S RETREAT, SHIRAZ CABERNET, 2012 € 6,99 🍷🍷🍷🍷

Alle Highlights Australiens in einer Flasche: die Originalität eines Kangurus, die Eleganz der Oper in Sydney, die Größe des Outback, der niedliche Koalabär, und natürlich auch das unvermeidliche Eukalyptusbonbon.

YELLOW TAIL, CABERNET SAUVIGNON, 2013 € 5,29 🍷🍷

Das Känguru ist in die Backstube gehüpft und hat Vanillezucker, Kirschmarmelade und Walnüsse gemopst. Jetzt kann Peggy leider keinen Kuchen mehr backen.

YELLOW TAIL, MERLOT, 2013 € 5,29 🍷

Das ist Dr. Pepper für Erwachsene. Schräge Limo mit Alkohol.

YELLOW TAIL, SHIRAZ, 2013 € 5,29 🍷

Ausgefallenes Rezept: Karamellisiertes Känguru vom Grill mit Preißelbeerdip an Zuckerwatte.

BULGARIEN

ROSENTHALER MERLOT, HALBTROCKEN, 2012 € 2,99

Er passt in der Karaffe farblich ganz toll zu Omas Rosenthalservice auf dem Tisch. Immerhin etwas.

ROSENTHALER MERLOT, LIEBLICH, 2012 € 2,99

Lieblichen Merlot braucht man ungefähr genauso dringend wie einen Pickel auf der Backe. Beides ist aber harmlos. Den Pickel kann man überschminken und vielleicht findet sich sogar ein Liebhaber dieses weich-süßen Getränks.

CHILE

ESPIRITU DE CHILE, CABERTNET SAUVIGNON, 2012 € 3,99

Das soll Cabernet Sauvignon sein? Das müssen wir aber noch mal üben.

ESPIRITU DE CHILE, CARMENÈRE, 2013 € 3,99

Das hat sich der alte Indio hoffentlich gut bezahlen lassen, dass man sein tolles Familienwappen aufs Etikett drucken durfte. Er muss sich aber für das Produkt nicht schämen. Der Wein macht seinem Land alle Ehre, darauf können sie wirklich stolz sein.

FRANKREICH

CALVET, RESERVE DES PRINCES, BORDEAUX € 4,99

Reserve der Prinzen? Wir dachten, die Monarchie sei abgeschafft. Die besseren Bordeaux hat man ihnen jedenfalls nicht reserviert.

CALVET, RESERVE, MERLOT CABERNET SAUVIGNON, BORDEAUX, 2012 € 5,99

Bei interessanten Pfefferaromen im Bordeaux meint man aber nicht übersäuerten eingelegten grünen Pfeffer, liebe Firma Calvet.

CHÂTEAU SABRAN, CORBIÈRES, 2012 € 3,99

Das Schloss ist heute eine Jugendherberge. In der großen Halle mit den rostigen Rüstungen und dem großen Kamin ist jetzt der Frühstücksraum. Es riecht nach Kaffee, frischem Brot und Kirschmarmelade. Leider aber auch nach den ungelüfteten T-Shirts von fünfundvierzig Schülern.

CHÂTEAU SAINT BÉNÉZET, COSTIÈRES DE NÎMES, 2012 — € 2,99 — 🍷🍷

Endlich hat jemand den Trick raus, wie man aus Vanillepudding mit Kirschsaft Wein macht. Ob auch die Rückverwandlung wieder klappt?

CORSAIRE, RÉSERVE DU PRÉSIDENT, TRADITION, 2013 — € 4,99 — 🍷🍷

Tradition ist nicht die Anbetung der Asche sondern die Weitergabe des Feuers, soll Gustav Mahler einmal gesagt haben. Dann bitte gut achtgeben, dass die Flamme nicht erlischt.

FRANCOIS DULAC, LIEBLICH, LITERFLASCHE, 2012 — € 2,69 — 🍷

Klappriger alter Ferrari mit H-Kennzeichen, Hauptsache rot und macht ordentlich Krach; hat aber kaum noch Sexappeal.

FRANÇOIS DULAC, PAYS D'OC, FRUITY AND BALANCED, LITERFLASCHE, 2012 — € 2,69 — 🍷🍷

Fruchtig und ausgewogen verspricht das Etikett. Stimmt! Leider auch ein bisschen dünn.

GRAND SUD, CABERNET, TROCKEN, LITERFLASCHE, 2012 — € 3,49 — 🍷

Auf der Autobahnraststätte im Süden sitzen die Fernfahrer in kurzen Hosen und ausgelatschten Gummischlappen auf Campingstühlen um einen kleinen Grill herum und fummeln an den Fahrtenschreibern rum. Romantik des Südens sieht anders aus.

GRAND SUD, GRENACHE, LIEBLICH, LITERFLASCHE, 2012 — € 3,49 — 🍷

Man könnte mit ihm eine neue Eissorte kreieren - Brombeer-Rübensirup.

GRAND SUD, MERLOT, HALBTROCKEN, LITERFLASCHE, 2012 — € 3,49 — 🍷

Mit der Haarbürste vor dem Badezimmerspiegel klappte der Hüftschwung eigentlich ganz gut. Keine Ahnung, warum es beim Casting für das Elvisdouble nicht geklappt hat.

GRAND SUD, MERLOT, TROCKEN, LITERFLASCHE, 2012 — € 3,49 — 🍷

Das Beste an diesem Wein ist das Bier danach. Frisch gezapft, fein herb, kühl und erfrischend!

GRAND SUD, MERLOT, TROCKEN, LITERFLASCHE, 2012 € 3,49
Die Flasche ist imposant, ohne jede Frage. Wäre es der Inhalt doch nur auch.

GRAND VERDIER, CABERNET SAUVIGNON, 2012 € 2,69
Die Grande Nation ist so stolz auf ihren guten Wein. Dabei kann sie den hier aber nicht gemeint haben.

GRAND VERDIER, MERLOT, 2012 € 2,69
Grand Verdier? Fast schon Grande Catastrophe!

JP CHENET, CABERNET SYRAH, 2012 € 3,29
Letztes Jahr „süß und süffig", dieses Jahr leider ein bisschen bitter und dünn - 2012 war aber auch ein schwieriger Jahrgang.

JP CHENET, MEDIUM SWEET, 2013 € 3,29
So medium sweet wie ein durchgebratenes Steak medium ist, pappsüß wäre richtiger.

JP CHENET, MERLOT, 2013 € 3,29
Chenet feiert 30. Geburtstag. Da haben sie wohl vor lauter Feiern das Weinmachen vernachlässigt.

LE BONJOUR, PAYS D'HERAULT, LITERFLASCHE € 2,39
Leider hat die Tageseinnahme des Straßenkünstlers nicht zu mehr gereicht, womit er seinen Frust runterspülen kann. Aber wenn ihm die Bälle beim Jonglieren auch immer runterfallen.

LE SWEET FILOU, ROUGE € 2,99
Wer Zahnarztbesuche liebt, der steht auch auf diesen klebrig süßen Wein. Trotzdem: Nach Genuss Zähneputzen nicht vergessen.

MEDINET, HALBTROCKEN, LITERFLASCHE € 3,29
Der Halbtrockene für Trockentrinker, die ansonsten mehr Wert auf eine ungewöhnliche Flaschenform legen als auf den Inhalt.

MONOPOLES NICOLAS NAPOLÉON, GRANDE RÉSERVE, COSTIÈRES DE NÎMES, 2012 € 4,49
Harmloser Napoléon, der im Sessel sitzt und mit seinem Schoßhund kuschelt ...

MONOPOLES NICOLAS NAPOLÉON, BORDEAUX SUPÉRIEUR, 2011 € 5,49
Napoléon erlitt nicht nur ein Waterloo, sondern auch noch ein Bordeaux. Bitter.

MOUTON CADET, BORDEAUX, 2011 € 9,99
Das Schaf auf dem Etikett schaut ziemlich hochnäsig. Dazu hat es allerdings überhaupt keinen Grund.

NICOLAS NAPOLÉON, CABERNET SAUVIGNON, 2012 € 3,29
Hier trägt Nicolas sehr dick auf mit seinem ‚Sweet-Talk'. Mit Johannisbeersirup fängt man die Massen ...

NICOLAS NAPOLÉON, MERLOT, 2012 € 3,29
Er ist ein Schönredner und Volksdompteur und findet dann tatsächlich einfache Lösungen für schwierige Probleme. Zuckerbrot und Peitsche funktioniert in allen Epochen.

SAINT GILLES, GRANDE RÉSERVE, LES ALBIZIAS, 2011 € 3,99
Viel Tamtam auf der Flasche: Große Worte, goldene Siegel ... Viel Aufwand für eine einzige Brombeere und eine einsame Blaubeere! Und das Wichtigste wurde glatt vergessen: Élevé en fûts de caoutchouc!

TERTRE DE MOULIN, SAINT-EMILION GRAND CRU, 2011 € 10,99
Hier braucht es ein bisschen Luft, also ab in die Karaffe. Dann freuen wir uns auf einen einfachen, aber recht typischen Bordeaux mit einer feinen Moccanote und dem klassischen Beerenaroma.

ITALIEN

BARDOLINO, CA'VIVE, LITERFLASCHE, 2013 € 2,99
Tipp an die Marketingabteilung: Eine 0,75 Liter-Flasche reicht auch, wir trinken die Flasche sowieso nicht leer.

CABERNET SAUVIGNON DELLE VENEZIE, FOLONARI, 2012 € 3,29
Drei Stunden ist Vati hinter Mutti durch Ikea gezogen, um noch schnell ein Expedit-Regal zu kaufen, bevor es keine mehr gibt. Am Ende haben sie doch nur Teelichter und Papierservietten

mitgenommen. Und im Fernsehen lief Fußball. Es gibt Tage, da kommt einfach alles zusammen. Endlich zu Hause setzt er sich mit einem Glas Wein aufs Sofa. Egal welcher. Hauptsache, er hat seine Ruhe.

CHIANTI, CASA DEMONTE, 2013 € 2,59 🍷🍷
Warten auf die Pizza zum Mitnehmen. Der freundliche Pizzabäcker bietet ein Glas Wein an: „Trinkt sonst nur der Chef! Und besonders gute Kunden!“ Zur Pizza passt der Wein auch wirklich prima.

CORVO ROSSO, SICILIA, 2011 € 5,99 🍷
Die Kirschmarmelade ist angebrannt. Darauf erst mal einen doppelten Grappa.

D'AMATI, NERO D'AVOLA, MERLOT, LITERFLASCHE, 2012 € 2,99 🍷🍷
Beim Verkostungsseminar wurden wir aufgefordert, das hinzuschreiben, was uns als erstes in den Sinn kommt, wenn wir den Wein probieren. Bitteschön, vielleicht können Sie sich einen Reim daraus machen, hier mein erster Gedanke: Davon, dass man alle Viertelstunde die Seite vom Wetterbericht aufruft, wird das Wetter auch nicht besser.

INTRIGO, NERO D'AVOLA, 2012 € 4,99 🍷🍷🍷
Wieso Intrigen: Der ist offen und ehrlich, ein prima Kerl. Deswegen mögen ihn auch alle.

KÄFER, MERLOT, 2012 € 3,33 🍷🍷
Neu im Job, da gibt es erst einmal viele Fragen: Anzug oder Kombination? Du oder Sie? Einstand mit oder ohne Alkohol? Wenn „mit“ ok ist, dann sollte der Wein erstens nicht zu teuer sein und zweitens möglichst vielen Geschmäckern gerecht werden. Gut, dann ist die Frage nach dem Wein hier schon mal abgehakt. Die passenden Häppchen wären Roastbeefschnittchen und Käsespieße mit Salami.

KÄFER, MONTEPULCIANO D'ABRUZZO, 2012 € 3,33 🍷🍷
Ein Käfer Cabrio ist es nicht gerade. Solide und zuverlässig, aber ohne jeden besonderen Spaßfaktor.

LAMBERTI, SANTEPIETRE, BARDOLINO, 2013 € 3,99 🍷
Hach, denkt sich der alte Pietro, als wieder einmal ein besonders scharfes Vögelchen vorbei stöckelte, wenn man früher mit den Händen soweit gekommen war, wie man heute mit den Augen

gucken kann, war man schon nass geschwitzt. Und dann verkneift er sich lieber das Hinterherpfeifen, bei den modernen Frauen weiß man ja nie.

LAMBERTI, SANTEPIETRE, MERLOT, 2012 € 3,99

Das Schreiben der Schule des hoffnungsvollen Filius war kein Blauer Brief sondern die Einladung zum Schulfest. Mit der Bitte um einen kleinen Unkostenbeitrag. Noch mal Glück gehabt.

LAMBERTI, SANTEPIETRE, VALPOLICELLA, 2011 € 3,99

Für 3,90 gibt es im Fußballstadion eine 1a Currywurst! mit Pommes!

MERLOT DELLE VENEZIE, FOLONARI, 2012 € 3,29

Liebe Leute aus Venetien, let's make a deal: Ihr lasst die Finger vom Merlot und wir versprechen Euch, dass wir nie was mit Sangiovese anfangen. Herzliche Grüße aus Pomerol/Bordeaux!

MONTEPULCIANO D'ABRUZZO, 2012 € 2,29

Mama ist ganz gerührt. Sohnemann (15) bringt seine erste Freundin mit nach Hause und kocht sogar für sie. Maccheroni and cheese. Und einen Wein hat er auch besorgt. Nur für Mama natürlich, die auch mit essen darf! Alles von seinem Taschengeld. Da geht einem das Herz auf, und die Kirschen im Wein schmecken noch besser!

SANTA CRISTINA, TOSCANA, 2013 € 8,99

Die Frattinis sind die einzigen in ganz Maranello, die es kalt lässt, wenn der Pfarrer beim Sieg von Ferrari in Monza die Glocken läutet. Sie lassen sich bei ihrer Portion Pasta und dem Gläschen Roten von nichts stören.

TAVERNELLO NO. 1, 1L TETRAPAK € 1,99

Wer Zwiebeln, Maiglöckchen und Diesel in einem Getränk mag, der wird hier seinen neuen Lieblingsstoff finden. Aber wer mag schon so was?

VIALA, SWEET, ROSSO, 2012 € 3,29

Vor lauter Zucker schmeckt man gar nichts mehr vom Wein. Vielleicht ist das ja gut so.

KOSOVO

AMSELFELDER, LIEBLICH, 2012 — € 3,29

Ob Amselfelder, Amselkeller, bei den guten Trauben war die Amsel schneller. Hat sie mitgenommen in ihr Nest, und dem Wein blieb nur der Rest.

MAZEDONIEN

REPUBLIK MAZEDONIEN, ROTWEIN, 2013 — € 1,59

Wir haben drei Mal nachgesehen: Es ist wirklich kein Erdbeerwein. Steht zumindest nicht auf der Flasche. Riecht aber so. Und schmeckt auch so.

ÖSTERREICH

LENZ MOSER, SELECTION, BLAUER ZWEIGELT, BURGENLAND, 2012 — € 4,99

Wenn er will, kann er ja, der Lenz. Hat Oma Moser schon immer gesagt. Unkomplizierten Blaufränkisch für ordentlichen Trinkspaß kann er!

WINZER KREMS, SANDGRUBE 13, BLAUER ZWEIGELT, 2012 — € 5,29

Die 13 Winzer dürfen sich ein kräftiges Feierabendgulasch gönnen. Und auch wenn die Puristen meinen, dazu schmecke am besten ein Bier: Dieser fruchtig feine Zweigelt mit dem feinen Blaubeerduft passt auch hervorragend.

Z, BLAUER ZWEIGELT, 2012 — € 1,99

Das Z steht keinesfalls für zahnlos, sondern eher dafür, dass man getrost auch zwei Flaschen von diesem feinen Wein kaufen kann. Und dazu gibt es Tafelspitz.

SPANIEN

AMSELKELLER, LIEBLICH, 2012 — € 1,99

Wein aus der Europäischen Union. Wenn man sieht, wie es in weiten Teilen um die EU bestellt ist, kann man diese Angabe nur als Warnung verstehen.

BIOREBE, TEMPRANILLO, BIO, 2013 — € 4,19

Niemand traut sich, Juan zu sagen, dass er Schweißfüße hat. Warum nur? Man würde ihm und sich selbst viel Ärger ersparen. Er ist doch so ein netter Kerl.

CAMPO VIEJO, RIOJA, RESERVA, 2008 € 8,79

Der junge Antonio Banderas in einem Film von Pedro Almodóvar, kraftvoll, verführerisch, geheimnisvoll. Die DVD ist in HD-Qualität, wohlig in die Wolldecke gekuschelt und ein Glas Campo Viejo, das ist perfekt für ein verregnetes Herbstwochenende. Der Wein schmeckt warmwürzig nach Holz, Kirsche und Bitterschokolade mit einem Hauch Vanille. Und Banderas ist sowieso zum Dahinschmelzen.

CAMPO VIEJO, TEMPRANILLO, 2012 € 4,99

Olà! So muss ein guter Tempranillo schmecken, ein bisschen Kirscharoma, ein bisschen Rauch und Würze und den langen Abgang gibt es noch obendrauf. Dazu scharfe Chorizo, Piementos und ein gutes Brot. Gibt uns ein fröhliches Urlaubsgefühl.

CLISOS TEMPRANILLO, RIOJA, PATERNINA, 2011 € 3,99

Zur Vorspeise Serranoschinken und Melonen, auf dem Holzkohlegrill brutzeln die Steaks, dazu die Kartoffeln in der Schale gegart und dieser kräftige Wein mit seinem feinen Kirscharoma und der würzigen Holznote. Der Grillabend mit dem Chef wird ein voller Erfolg. Die Beförderung ist so gut wie sicher.

EL PRADO, MONASTRELL CABERNET SAUVIGNON, LITERFLASCHE, 2013 € 2,99

Da hat die Kindergartengruppe „Maikäfer" Werke der Meister aus dem Prado abgemalt. Und als sie fertig waren, hat Lotta versehentlich das Wasserglas von den Aquarellfarben drüber ausgekippt.

FREIXENET, MEDERAÑO, TINTO, 2012 € 3,99

Gestern Abend in der Disco - Filmriss - wo bin ich nur gelandet. Ein bittersüßer Nachgeschmack. Schnell in die nächste Apotheke: einmal Aspirin und die Pille danach.

FREIXENET, MIA, 2012 € 3,99

Mia sollte lieber weiterhin hübsche bunte Mosaiken basteln und anderen das Weinmachen überlassen.

RASGÓN, TEMPRANILLO, 2013 — € 3,99

Die neue Kollegin hat Stil und Temperament und ist dabei noch herrlich unkompliziert. Kein Wunder, dass die Jungs alle ein wenig verliebt in sie sind. Und die Mädels mögen sie auch.

SANGRE DE TORO, TORRES, TROCKEN, 2012 — € 6,99

Stierblut, das klingt so blutrünstig. Im Grunde seines Herzens ist dieser feurige Spanier aber ein ganz reizender Kerl. Der nimmt das kleine Stierfigürchen, das an der Flasche hängt, und schenkt es seinem Neffen für den Lego-Bauernhof.

VINA ALBALI GRAN RESERVA, FELIX SOLIS, 2007 — € 5,99

Eine Kavalier alter Schule und eine Respektsperson vom Scheitel bis zur Sohle, immer perfekt gekleidet, Maßanzug, frisch gestärktes Hemd, dezente Manschettenknöpfe, ein Tropfen Kölnisch Juchten ins exakt gebügelte Leinentaschentuch. Dabei ausgesprochen höflich. Eigentlich schade, dass dieser Menschenschlag langsam ausstirbt.

SÜDAFRIKA

GOLDEN KAAN, CABERNET SAUVIGNON, 2012 — € 4,99

Es wurde eine Safari versprochen. Geliefert wurde eine Führung durch das Elefantengehege im Zoo. Die Elefantenäpfel waren noch nicht weggeräumt. Trotz des gebrannten Kaffees wurde der Tag noch ganz nett.

GOLDEN KAAN, SHIRAZ, 2012 — € 4,99

Frau Hallmackenreuter legt immer das ganz schwere Parfüm auf und davon nicht wenig, das sollen doch alle riechen. Auch wenn es nur zum Kaffeeklatsch bei ihren Freundinnen geht. Es gibt zuckrigen Butterkuchen und dünnen Kaffee.

NEDERBURG, FOUNDATION, CABERNET SAUVIGNON, 2013 — € 4,99

Typisch südafrikanischer Rugbyspieler: Hände wie Kohlenschaufeln, Beine wie Baumstämme und ein Rücken wie ein Schrank. Er steht barfüßig und in kurzen Hosen am Grill und wendet die kiloschweren T-Bone-Steaks ...

NEDERBURG, FOUNDATION, SHIRAZ, 2012 € 4,99

So lieben wir den Shiraz, Kirscharoma, feine Holznote, kräftig, man sollte ihm ein bisschen Zeit in der Karaffe gönnen zum Lüften, dann zeigt er sich geschmeidig wie ein Leopard.

ROODEBERG, 2012 € 6,99

Ein sympathischer südafrikanischer Rugbyspieler: 2m groß, stark wie ein Büffel, immer in kurzer Hose und ohne Schuhe. Super nett, aber nicht subtil.

TWO OCEANS, VINEYARD SELECTION, CABERNET SAUVIGNON MERLOT, 2012 € 4,49

Hier ist mal die Karaffe angesagt. Eine gute Stunde Luft und der Wein zeigt sich von seiner allerbesten Seite, harmonisch, fruchtbetont, kraftvoll.

UNGARN

GRAF KÁROLYI, CABERNET SAUVIGNON MERLOT, 2012 € 2,99

Eigentlich heißt Graf Károlyi Karl Baumeister und war mal Oberkellner in der Wirtschaft „Zum Goldenen Lamm“. Nun strebt er nach Höherem. Da muss er aber noch ein bisschen streben, noch nimmt man ihm den Adel nicht ab.

USA

GALLO FAMILY VINEYARDS, CABERNET SAUVIGNON, 2012 € 4,99

Drittklassiger B-Western, leider noch nicht mal unfreiwillig komisch. Schade um die Nachos ‚n Cheese, die jetzt auf meinen Hüften sitzen.

GALLO FAMILY VINEYARDS, MERLOT, 2012 € 4,99

Wir wollen nicht hoffen, dass die süße kleine Tochter des Kellerchefs heimlich das Kilo echt holländische Salzlakritze von Tante Cordula in den Tank entsorgt hat.

GALLO FAMILY VINEYARDS, SUMMER RED € 4,99

Reiner Himbeersaft und das Tückische daran, da ist Alkohol drin. Wir empfehlen dringend Cross Selling mit Aspirin.

GALLO FAMILY VINEYARDS, ZINFANDEL, 2012 — € 4,99

Wenn man lange genug reinschmeckt, kommt am Ende etwas Schokolade. Aber wer hält schon so lange durch, wenn er nicht muss?

GALLO FAMILY VINEYARDS, SHIRAZ, 2012 — € 4,99

„Warum sollte ich dieses Buch lesen?“ hat Marcel Reich-Ranicki immer gefragt, und wir fragen uns, warum wir diesen Wein trinken sollen. Ach ja, weil wir was drüber schreiben müssen. Nur was?

PACIFIC BIRD, ZINFANDEL, TROCKEN, 2012 — € 2,49

Es gibt schönere Ecken am Pazifik, wo der Vogel hinfliegen könnte. Aber die Macht der Gewohnheit lässt ihn immer wieder über den langweiligen Vorstädten von San Diego kreisen. Dort kreist er aber sehr elegant.

PRICKELND

Im folgenden Kapitel sind die Schaum- und Perlweine, die exklusiv bei REWE geführt werden, aufgelistet. Alle allgemeinen Marken, die sowohl hier als auch anderswo zu finden sind, haben wir unter „PRICKELNDE MARKEN“ ab Seite 283 zusammengetragen.

FRANKREICH

CHARLES BACH, CHAMPAGNE, BRUT — € 12,99

Wer den Flair der von Champagner will, aber eigentlich lieber Sekt trinkt, der ist hier richtig. Schmeckt citrusfrisch und ein bisschen nussig und lässt die Feierstimmung steigen.

MONCONTOUR, CRÉMANT DE LOIRE BRUT — € 11,99

Mit diesem Crémant wird es nichts mit der Versöhnung. Da bleibt immer noch ein bitterer Nachgeschmack.

MONCONTOUR, CRÉMANT DE LOIRE, BRUT ROSÉ — € 11,99

Das kommt heraus, wenn man von der herben Schönheit die Schönheit subtrahiert.

ITALIEN

CANTI, ASTI MILLESIMATO, 2012 € 4,49
So süß, so lecker. Die Süßmäulchen können gar nicht genug bekommen.

DOLCE VITA, VINO SPUMANTE, DOLCE € 2,29
So anmutig, zart und süß wie die Kleinen bei der Ballettaufführung. Da läuft nicht nur Muttis Herz über.

KÄFER, EMILIA LAMBRUSCO, DOLCE FRIZZANTE € 3,99
Ausgerechnet Bananen, ... oder ist das am Ende doch Wein? Egal, der Verschluss ist wirklich todschick!

LARSINI BIANCO, PERLWEIN € 1,59
Wer hätte das gedacht? Süß, fein, zart schäumend, fein fruchtig. Manchmal muss man nur einen einzigen Frosch küssen und schon wird es ein Prinz.

MIONETTO, PROSECCO, FRIZZANTE € 5,49
Trotz (oder wegen?) Kronkorken, mit noch ein bisschen mehr Frucht hätte das sogar ein Super Schoppen werden können. Harmonisch, schmeichelnd und zart perlend.

PROSECCO, TREVISO, BELLA AURA ORO € 4,49
Die letzten goldenen Sonnenstrahlen verschwinden hinter dem Garten. Schade, dass die Flasche schon leer ist. Und der Schraubverschluss ist äußerst praktisch.

SCAVI&RAY, PROSECCO FRIZZANTE € 5,99
Siegfried und Roy stoßen auf das neugeborene Tigerbaby an. Wie soll der Kleine denn heißen? Noch ein Glas, dann fällt ihnen sicher ein toller Name ein.

SPANIEN

GRAN GAMAN, SEMI SECCO € 3,59
Nach traditioneller Methode hergestellt. Manchmal täte weniger Tradition und ein wenig frischer Wind auch gut.

ROSSMANN

„Blumen anschauen hat etwas Beruhigendes: Sie kennen weder Emotionen noch Konflikte," würde Sigmund Freud hier zum Besten geben.

Ein friedliches Blumenmeer aus dem europäischen Garten schmückt das Rossmann-Weinregal, so völlig frei von schrillen Exoten aus Übersee. Rosen in allerlei Variationen, Geranien, wie das Herz begehrt, Tulpen, Nelken und Narzissen, mit krausem Blatt und auch mal glatt. Angenehm, weil es vertraut ist, auch wenn sich vieles ähnlich ist, vergleichbar schmeckt und auch (fast) das gleiche kostet.

Wäre er Sünde, der spannende Traum von der neuen Welt?

Es wurden insgesamt 96 Weine verkostet.

Davon waren:

ϟ	0	0,0 %
	4	4,2 %
🍷	18	18,8 %
🍷🍷	52	54,2 %
🍷🍷🍷	14	14,6 %
🍷🍷🍷🍷	8	8,3 %
SUPER SCHOPPEN (S)	11	11,5 %

WEISS

DEUTSCHLAND

BADEN

DATTINGER BURG NEUENFELS, WEISSER BURGUNDER, 2013 € 4,49 🍷🍷

Lokalpolitiker, der endlose Reden schwingt und jeden an die Wand quatscht. Seine Wortgewalt macht Eindruck. Darum wird er auch wiedergewählt. Ob er auch Veränderungen durchsetzt? Eher nicht.

FELIA, FRUCHTIG, 2013 € 3,49 🍷🍷

Seit Jahren fragen wir uns, warum die Tapete aus dem Babyzimmer die Flasche ziert ... Nein, man darf auch nicht mehr dem Baby beim Zahnen den Gaumen mit Wein einreiben! Achtzehnjährigen Mädchen würde der Wein sicher schmecken, aber die haben auch keine Schmetterlinge und Blümchen mehr an der Wand ... Sei's drum ... Felia ist wirklich niedlich.

GRAUER BURGUNDER, OBERBERGENER VULKANFELSEN, KAISERSTUHL, TROCKEN, 2013 € 4,99 🍷🍷

Man fragt sich, ob man noch Spülireste im Glas hat ... Viel Pfirsich und ein Schuss Seife. Sauber! :-)

OBERKIRCHER WINZER, GRAUBURGUNDER, TROCKEN, 2013 € 4,99 🍷🍷

Grauburgunder vom Lande. Wenn er Holländer wäre, hätte er Holzschuhe an ... Latzhosen kommen auch immer wieder in Mode. Jetzt sind sie aber gerade nicht der Hit.

OBERKIRCHER WINZER, RIESLING, TROCKEN, 2013 € 4,99 🍷🍷

BMW 323i mit zu niedrigem Luftdruck in den Reifen. Klebt prima auf der Straße, fliegt nicht aus der Kurve, aber so richtig flott voran kommt er nicht.

PFALZ

CUVEÉ 2, RIESLING CHARDONNAY, FEINHERB, 2013 € 3,79 🍷🍷

Patrick Duffy und Mireille Mathieu singen „Together we are strong!“ Immer wieder schön und gar nicht mal so kitschig.

GRAUER BURGUNDER, TROCKEN, 2013 € 3,79

Grauer Burgunder für Romantiker. Duftet nach Lippenstift (ja, Lippenstift kann man riechen). Hübsches Mädchen, das sich zum Ausgehen fein gemacht hat. Gut gelaunt und frisch.

WEISSER BURGUNDER, TROCKEN, 2013 € 3,79

Charmante junge Dame, die ihren Babyspeck noch nicht los ist, allerdings nicht mehr in den Kinderschuhen steckt. Ihre unschuldige Unverdorbenheit macht sie attraktiv.

RHEINHESSEN

GEORG JULIUS, BERMERSHEIMER HASENLAUF, RIESLING, TROCKEN, BIO, 2013 € 5,99

So stellt man sich modernes Bio vor. Zeitgemäß, weltgewandt und trendy. Er spricht bestimmt auch akzentfrei Englisch! Trockener, kompakter Riesling, der viel Säure hat, aber nicht sauer ist. Erquickend.

SILVANER, TROCKEN, 2013 € 3,79

Ein Wein für Leute, die finden, dass 4711 Parfüm sei ... Viel Geruch, viel Geschmack, aber wenig Subtilität.

ZELLERTALER KELLER, RHEINHESSEN RIESLING, TROCKEN, 2013 € 3,99

Zum Glück hat man ganz groß ‚Riesling' auf die Flasche geschrieben. Man wäre nicht drauf gekommen. Aber ein netter harmloser Weißwein ist es allemal.

FRANKREICH

FLEUR D'ANGELY, CHARDONNAY, 2013 € 3,49

Die Lilien, die inzwischen die Köpfe hängen lassen, richtet man mit einem Draht im Stängel einfach wieder auf. Jetzt kann man sie noch mal eine Woche stehen lassen. Sie durften ja so schön.

MAISON NINON, BLANC, 2013 € 3,99

Wenn man im Strandcafé an der Côte d'Azur ein Glas hiervon für unter € 5,- von einem Ober bekommt, der freundlich guten Tag sagt, dann kann der Urlaub nicht mehr schief gehen! Honigmelone und Citrus sorgen für südländisches Flair.

RÉSERVE SAINT MARC, CHARDONNAY, 2013 € 3,79 🍷🍷
Deutlich ein echter Chardonnay! Allerdings aus dem verarmten Zweig der Adelsfamilie. Den Knigge beherrscht er prima, aber Fleisch kommt nur am Sonntag auf den Tisch und wochentags gibt es Margarine aufs Brot.

RÉSERVE SAINT MARC, SAUVIGNON, 2013 € 3,79 🍷🍷
Talentvoller Nachwuchsschauspieler aus dem Dorftheater, der zum ersten Mal ins Ausland auf Tournee geht. Vor lauter Aufregung wird er ganz schüchtern. Seinen Text beherrscht er fehlerlos, aber entfalten kann er sich in der neuen Umgebung kaum. Die Bescheidenheit ist gar nicht nötig! Ist doch alles in bester Ordnung!

ITALIEN

CIELO, CHARDONNAY, TROCKEN, 2013 € 3,29 🍷🍷
Das Model Chardonnay möchte auch in Mailand berühmt werden ... Mager und bleich stolziert sie über den Laufsteg. Scheint ja in zu sein. Aber irgendwie war sie in Frankreich glücklicher, wo man ihre runden Kurven noch zu schätzen wusste.

CIELO, PINOT BIANCO, PINOT GRIGIO, 2013 € 3,29 🍷
In der Pinot-Ehe ist die Spannung verflogen. Man streitet sich zwar nicht, aber der Ruhe wegen hat man inzwischen getrennte Schlafzimmer. Bianco geht gerne früh ins Bett und Grigio schaut bis in die Puppen fern. Wenigstens wünscht man sich noch gute Nacht ... aber es schleicht keiner heimlich nachts durch den Flur.

TENUTE DEI COLLI, CHARDONNAY PINOT GRIGIO, VENETO, 2013 € 3,49 🍷
Stumpf wie ein Buttermesser.

ÖSTERREICH

FERDINAND MAYR, GRÜNER VELTLINER, 2013 € 4,99 🍷🍷
Miss Piggy im Tütü tanzt den Schweinesee, ehhhhh Schwanensee. Sehr originell und sicher ausgesprochen unterhaltsam. Die Ähnlichkeiten zum Original sind allerdings nicht auf den ersten Blick zu erkennen.

PORTUGAL

ALBATROZ, VINHO VERDE, 2013 € 3,99

Ab in die Kühlbox voller Eis, mit auf den Strand. Wenn der Fisch gefangen ist und das Lagerfeuer brennt, zischt dieser Albatroz wie Apfelsaft! Aber dann in der Citrusversion.

SPANIEN

ALAS DEL REAL, VIURA & CHARDONNAY, 2013 € 3,99

Alles, außer real! Parfüm, Bonbons und eingelegte Zitrone. Stark geschminkte Teenager-Braut auf dem Weg zum Kuschel-Rock-Konzert.

NUVIANA, CHARDONNAY, 2013 € 3,99

Nuviana möchte so gerne Chardonnay sein, dass sie alle Eigenschaften überzeichnet. Karamell, Melone, mehliger Apfel, und jedes Mal mit Ausrufezeichen.

PENROSA, SAUVIGNON BLANC VERDEJO, 2012 € 3,29

Sauvignon und Verdejo teilen sich im Altersheim ein Zimmer. Wenn es abends dunkel wird, erzählen sie sich traurige Geschichten von früher.

STORK'S TOWER ESTATE, SAUVIGNON BLANC VERDEJO, 2013 € 3,79

Dieser Wein hat Fokus! Und er rast in hohem Tempo auf sein Ziel zu. Ein Schluck und man hat für die nächste Stunde Energie. Duracell in der Flasche. Pfiffig und erfrischend.

ROSÉ

FRANKREICH

FLEUR D'ANGELY, ROSÉ, 2013 € 3,49

Herber südfranzösischer Rosé, der schamlos auf den Filmfestspielen in Cannes auftreten dürfte.

MAISON NINON, 2013 € 3,99

Der Wein manifestiert schon mal seine Zukunftsträume: Es ist ein hübscher Schmetterling auf dem Etikett abgebildet. Man glaubt es ihm gerne. Momentan ist er allerdings noch in seinem Kokon verpuppt. Er muss sich noch richtig entfalten.

RÉSERVE SAINT MARC, SYRAH ROSÉ, 2013 € 3,79

Marcella fühlte sich als Kind schon wohler als Junge. Sie hat sich die Haare kurz geschnitten, spielt besser Fußball als die Kerle im Dorf, und ab sofort nennen alle sie Marc! Alle sind glücklich! Wenn Marc 18 ist, will er Rotwein werden. Er weiß es genau! Rosé, der seine sanften Seiten hat, aber dank seiner Muskeln auch ein herzhaftes Fleischgericht verträgt.

PORTUGAL

LAB, VINHO REGIONAL LISBOA, 2013 € 3,99

Zauberwein! Der Hut ist leer, der Hut ist leer ... Simsalabim, auf einmal springt ein Kaninchen heraus! Hier kommt plötzlich ein Weingummi aus dem Glas gehüpft.

SPANIEN

STORK'S TOWER, TEMPRANILLO SHIRAZ, 2013 € 3,79

Riecht nach Babypuder, aber schmeckt schon richtig erwachsen! Saftige Beeren mit einem Hauch erfrischender Pampelmuse. Dieser Rosé darf nicht nur auf der Gartenterrasse serviert werden. Er fügt sich auch zur Tischgesellschaft, wenn der Hauptgang serviert wird.

PENROSA, TEMPRANILLO ROSÉ, 2013 € 3,29

Hipper, trendiger Spanier. Er singt ganz sicher unter der Dusche! Fruchtcocktail aus Erdbeeren und roter Grapefruit? Nein, Wein! Überraschend lecker.

ROT

DEUTSCHLAND

BADEN

CAMIROSSO, DATTINGER BURG NEUENFELS, CUVÉE, 2012 € 4,49

Ein fehlerloser Wein, der sich leider mit einem Unentschieden zufrieden gibt. Wir wünschen uns aber doch noch ein Tor in der 89. Minute!

OBERKIRCHER WINZER, SPÄTBURGUNDER, TROCKEN, 2012 — € 4,99

Kohlsuppe im französischem Stil kann lecker sein ... Badische Himbeeren wären mir jetzt gerade lieber.

SPÄTBURGUNDER, OBERBERGENER VULKANFELSEN, KAISERSTUHL, TROCKEN, 2012 — € 4,99

Aus diesem Vulkan sprudeln die Beeren! Schlaraffenland mit Blumen und Schmetterlingen. Hier grüßt das gute Leben.

PFALZ

CUVÉE 2, DORNFELDER MERLOT, 2013 — € 3,79

Eine Schnulze in der Flasche ... Was soll man sagen? Feinherb oder bittersüß? Dick aufgetragenes Sentiment.

FABIAN, DORNFELDER, LIEBLICH, 2013 — € 3,79

Die gute Nachricht ist, dass es selbst für die armseligsten Trauben noch eine Weinzukunft gibt. Die zweite gute Nachricht ist, dass man hiervon nicht erblindet. Die dritte gute Nachricht? Fällt mir nicht mehr ein!

RHEINHESSEN

DORNFELDER, TROCKEN, 2013 — € 3,79

Dornfelder in homöopathischer Verdünnung. War es jetzt D6 oder C200?

FLORIAN, DORNFELDER, LIEBLICH, 2012 — € 3,99

Hier haben wir ein echtes Schoßhündchen. So ein niedliches Tier, das auch in die Handtasche passt.

GEORG JULIUS, HEPPENHEIMER SCHNECKENBERG, MERLOT, TROCKEN, BIO, 2013 — € 5,99

In Frankreich macht man aus Merlot Petrus! Auf dem Schneckenberg nur Pappkarton ... Hier haben die Schnecken wohl die Trauben gefressen, weil sie nicht gespritzt waren?

ZELLERTALER KELLER, RHEINHESSEN DORNFELDER, 2013 — € 3,99

Pappsüßer Johannisbeersaft mit Alkoholzusatz. „Passt zu Wild"? Klar, wenn man ihn einkocht und Preißelbeersoße draus macht ...

FRANKREICH

BERGERAC, GRANDE RESERVE, CABERNET SAUVIGNON MERLOT, 2012 € 4,49 🍷🍷

Natürlich hat sich dieser Wein, der deutlich lieber ein Bordeaux als ein Bergerac geworden wäre, an Pascal Poussevin gewandt. Vielleicht kann der Weinschieber ihm ja helfen. Aber schon seltsam, dass er seine Geschichte so offen auf das Etikett schreibt ... Dazu auch noch mit deutlichem Warnhinweis: Produit de France. Der Arme muss ja ganz schön verzweifelt sein.

CHÂTEAU DAVID, BORDEAUX SUPÉRIEUR, 2012 € 5,49 🍷🍷

Die Krise auf dem Land dauert in Frankreich schon zu lange. David hat in der Stadt studiert und weiß, wie er den Familienbesitz rettet: Die beiden oberen Etagen im Schloss bekommen mit einem Eimer weißer Farbe und der Lilientapete aus dem Baumarkt ein schnelles Facelift. Hier und da ein kleiner goldfarbener Akzent aus der Tube, Studenten bekommen Kost und Logis im Tausch gegen 8 Stunden Arbeiten und Erfahrungen in der französischen Sprache ... Die Feriengäste können kommen! Viel Trara auf den ersten Blick ...

CHÂTEAU DE LA VIEILLE TOUR, LES CARMES, BORDEAUX SUPÉRIEUR, 2012 € 5,99 🍷🍷🍷

Frankreich ganz klassisch: Wer gut erzogen ist, siezt auch seine Eltern, die Notablen werden in Limousinen von Citroën herum gefahren und jedes freistehende Haus mit einer Einfahrt und einem Tor davor hießt gleich Château ... Bei der Aufzählung muss man lächeln, aber wenn man dort ist, ist man von der Grandeur überzeugt.

FLEUR D'ANGELY, MERLOT, VIN DE PAYS D'OC, 2013 € 3,49 🍷

Riecht nach der Himbeersoße, mit der man Softeis garniert ... Und das Softeis schmeckt man auch noch.

FLEUR D'ANGELY, SYRAH, VIN DE PAYS D'OC, 2013 € 3,49 🍷🍷

Fleur ist ein südfranzösisches Mauerblümchen. Sie ist noch nicht weiter gereist als bis zum Dorfplatz. Aber das will sie auch nicht. Sie ist mit wenig zufrieden und glücklich.

LES CAPSELLES, VENTOUX, 2012 €4,49

Der Postbote aus Ventoux, der gerade auf seinem Dienstfahrrad von einer Gruppe Radrennfahrer überholt wurde, die auf dem Berg trainieren. Er krempelt die Ärmel hoch, klappt die Satteltaschen zu und tritt kräftig in die Pedale. Mühelos schafft er den Anschluss an die Lycra-Sportler mit ihren rasierten Beinen. Es muss nicht immer teuer und technisch sein! Manchmal reicht auch Power für den Erfolg.

MAISON NINON, VIN DE PAYS D'OC, 2013 €3,99

Das niedliche Tierchen auf dem Etikett täuscht ... Hier treffen sich aufgepumpte, alte Bodybuilder zum Stelldichein. Wer hat mit 70 noch die straffsten Muckis? Zum Abschied gibt es ein Eiweiß-shake ... Mit 17 konnte man das noch nachvollziehen. Aber jetzt?

MONPAYS, SELECTION VIEILLES VIGNES, 2012 €5,99

Die alten Reben haben viel zu erzählen. Heute erzählen sie die Geschichte der langen, kalten, einsamen Winter auf dem Hinterland ... Das ist schon ein Unterschied zu den fröhlichen Sommernovellen.

RÉSERVE SAINT MARC, CABERNET SAUVIGNON, 2012 €3,79

Cabernet Sauvignon hat endlich Urlaub! Er hat jede Menge Sonne getankt und wandert gut gelaunt über Südfrankreichs Hügel. Er sammelt unterwegs Kräuter und holt sich beim Bio-Bauern noch ein Huhn zum Abendessen. Das nennt man ‚regional'.

ITALIEN

CASA LEONE, CHIANTI, 2013 €4,99

Papa Leone liebt es handfest. Auf seinem Innenhof hinter der Küche ist jeder willkommen und die Küchentür steht immer offen. Das Fleisch wurde schon früh in den Ofen geschoben, schließlich hat man auf dem Land genug zu tun! Der Duft verbreitet sich einladend, und der Wein steht bereit: Ein ehrlicher Chianti mit warmen, herben Noten, der mit genügend Frucht dem Gaumen schmeichelt.

CASA LEONE, PRIMITIVO DI MANDURIA, 2012 € 4,99 🍷🍷
Schokolade und Rosinen sind ja momentan beim Thema Wein der große Renner. Ein paar Nüsse dazu wären gar nicht schlecht und ein paar Trauben ein Knaller!

CIELO, MERLOT, 2013 € 3,29 🍷🍷
Dieser Merlot ist noch grün hinter den Ohren und trägt Socken zu den Sandalen. In der ersten Frühlingssonne geht er in der kurzen Hose in die Schule, obwohl es eigentlich zu kalt ist. Er errötet beschämt, als ihm die Klassenkameradin einen Kuss auf die Wange schmatzt.

CIELO,TERRE SICILIANE, NERO D'AVOLA-SYRAH, 2012 € 3,29 🍷🍷
Nero d'Avola spielt Bach auf der Bratsche und Syrah zupft auf dem Bass einen lockeren Jazzrhythmus. Beide beherrschen ihr Instrument vorbildlich! Dennoch bleibt die Kombination gewöhnungsbedürftig.

COLLE LEONE, BARBERA, PIEMONTE, 2012 € 4,49 🍷🍷
Italiener vom platten Land, der noch nie die Stadt gesehen hat. Es ist alles so, wie es schon immer war, und das braucht man, seiner Meinung nach, auch nicht zu ändern.

COLLE LEONE, MONTEPULCIANO D'ABRUZZO, 2012 € 4,49 🍷🍷
Komisch, dass italienisches Design auf den ersten Blick immer Eindruck macht, aber alles doch sehr schnell rostet ... Das gilt für Autos, Gartenmöbel und offensichtlich auch für Wein. Aber charmant ist ‚Made in Italy' trotzdem.

COLLE LEONE, NERO D'AVOLA, SICILIA, 2012 € 4,49 🍷
Nero d'Avola hat klare Anweisungen erhalten. Natürlich macht sie, was ihr aufgetragen wurde, aber Lust dazu hat sie ganz deutlich nicht. Zack-zack und zickig. Hauptsache schnell fertig.

CONTE MAZZINI, NEGROAMARO, PUGLIA, 2011 € 4,99 🍷🍷🍷
Aus dem Herbststurm hat man sich in die warme Stube gerettet. Der Conte bietet einem nicht nur eine kuschelige Decke, er hat auch etwas, was von innen wärmt! Samtig, geschmeidig und wohlig.

CONTE MAZZINI, PRIMITIVO, PUGLIA, 2012 € 4,99

Auch wenn der Conte sein Landschloss aus finanziellen Gründen der Öffentlichkeit zugänglich machen muss und es ihm sicher besser gefiel, als er seinen Kaffee bei der Küchenfee bestellen konnte, statt ihn selber zu brühen, strahlt er Grandeur aus. Er erinnert sich gerne an die Zeiten, als der Zar im Sommer zu Besuch kam.

CONTE MAZZINI, SALICE SALENTINO, 2011 € 4,99

Erinnert an die guten alten Zeiten, als Oma noch das Obst einkochte. So ein feines Zwetschgenkompott zum Nachtisch ... mmmmm.

MASSERIA TORRE ROSSA, PRIMITIVO DI MANDURIA, 2011 € 8,99

SUPER SCHOPPEN

Italien von seiner besten Seite: vornehmer, aber eigensinniger Luxus. Der dezente Holzton macht ihn charmant, und er schmeichelt der hochwertigen italienischen Küche im mit Damasttischdecken geschmückten Restaurant, in dem natürlich der gelernte Ober bedient.

SENSO, ROSSO SALENTO, 2012 € 3,99

Höchste Zeit, dass in Süditalien die Sonne wieder scheint! Durch den Regen ist zwar alles üppig und saftig, aber es wäre doch nett, wenn man mal wieder ohne Gummistiefel den Weinberg besuchen könnte. Der viele Matsch schlägt einem aufs Gemüt.

TENUTE DEI COLLI, MERLOT - CABERNET, VENETO, 2011 € 3,49

Ein echter Kaminwein! Nur schade, dass beim Anblasen des Feuers Asche im Glas gelandet ist.

TENUTE DEI COLLI, MERLOT - PRIMITIVO, PUGLIA, 2013 € 3,49

SUPER SCHOPPEN

Der ältere Herr Primitivo genießt ganz offensichtlich die Gesellschaft der jungen Merlot. Ihr fröhliches Gemüt hebt seine Stimmung, und sie freut sich über seinen reichen Erfahrungsschatz.

TENUTE POGGIO, ROSSO SALENTE, 2012 € 3,99

Wenn Opa seine Pfeife auspackt und sich vor dem Haus in die Abendsonne setzt, hat er hiermit einen unterhaltsamen, passenden Begleiter gefunden.

TENUTE POGGIO, ROSSO, TOSCANA, 2013 — € 3,99

Mit seinen saftigen schwarzen Kirschen weckt er sofort die Erinnerungen an die wunderschöne Toskana: Mit dem Cabrio über die Hügel, die Sonne genießen und abends unter den Zypressen gemütlich ein Glas Wein zum Abschluss der Tour.

ÖSTERREICHT

FERDINAND MAYR, ZWEIGELT, 2013 — € 4,99

Dieser Zweigelt hat Pfeffer! Und zwar dann im wörtlichen Sinn. Und nicht nur eine Prise. Weißer Pfeffer in rotem Wein, das ist mal ganz was Neues!

PORTUGAL

LAB, VINHO REGIONAL LISBOA, 2011 — € 3,99

Dieser Labrador ist nicht der verspielte Familienhund. Es ist der streng abgerichtete Wachhund, der weiß, was er zu tun und zu lassen hat. Er lässt sich auch nicht mit zwei Koteletts und einem halben Hähnchen bestechen.

SPANIEN

ALAS DEL REAL, CARIÑENA, SYRAH & GARNACHA, 2012 — € 3,99

Alas' bedeutet auf Englisch ,leider'! Leider ist er echt abgestürzt, der Adler, als er high war und versuchte Iberico Berge zu fliegen ... Wirrer Trip. Hoffentlich erholt er sich davon.

ALTEZA, TORO, 2012 — € 4,99

Charmanter spanischer Macho. Gut gekleidet, straffe Muskeln, knackiger Hintern und wortgewandt! Er wird von den Männern bewundert und die Frauen fallen reihenweise vor Aufregung um ... Das könnte aber auch an den 14% Alkohol liegen!

CONDE GALIANA, CRIANZA, CATALUNYA, 2009 — € 3,49

Immerhin der billigste Sherry auf dem Markt!

CONDE GALIANA, GRAN RESERVA, CATALUNYA, 2007 — € 4,99

Ein gut gemeinter Rat für unsere spanischen Weinfreunde: Gran Reserva braucht kein Mensch! Ihr müsst immer viel zu lange auf euer Geld warten.

Das könnt ihr euch bei diesen wirtschaftlichen Verhältnissen gar nicht leisten! Und wir wollen das alte Zeug auch gar nicht trinken ... Auch nicht, wenn es mit goldenem Netz serviert wird. Vielleicht taugt das Netz ja zum Angeln?!

DEHESAS DEL REY, RIBERA DEL DUERO, CRIANZA, 2010 € 5,99

Wir wünschen dem neuen spanischen König Felipe, dass er sich andere Hobbies sucht, als das Tummeln in einem Wildpark ... „Dehesas del rey“ - der Wildpark des Königs - ist ein Erbe seines Vaters, das uns nicht in bester Erinnerung steht. Zeit für frischen Wind. Auch was den Wein betrifft.

EL PORTICO, RIOJA, CRIANZA, 2009 € 5,49

„Vanille und Kokosnuss“ verspricht das Etikett ... Wer das möchte, sollte vielleicht ein Piña Colada bestellen?! Mir schmecken im Wein eher rote Beeren!

EL PORTICO, RIOJA, RESERVA, 2008 € 5,99

Wer sein Fleisch gerne durchgeschmort mag, das Gemüse und die Kartoffeln weichgekocht und zum Nachtisch Rumrosinen isst, sollte mal auf den Klingelknopf drücken und Schwester Ursula bitten, ein Glas el Portico einzuschenken.

ENATE, TEMPRANILLO MERLOT, SOMONTANO, 2012 € 5,99

Ein echter Schatz aus dem kleinen, geheimgehaltenen Weingebiet Somontano in Nordspanien. Hier findet der Winzer alles was sein Herz begehrt: Den ganzen Tag Sonne, ausreichende Mengen Regen durch die Pyrenäen und den frischen Seewind Tramontana, der für knackige Trauben sorgt. Ein moderner Spanier, von dessen Art man sich mehr wünschen würde. Komplexe Fruchtaromen, subtiler Holzeinsatz und ideale Reife.

LOSARES, BLACK LABEL, 2011 € 3,99

Obwohl der Etikettendesigner hier deutlich versucht, die Jury zu beeinflussen, indem er alle 10 Finger in die Luft streckt, gibt es bei uns keine zehn Punkte ... Der kräftige Vanilleklotz bekommt zwei Gläser in der Wertung!

NUVIANA, TEMPRANILLO / CABERNET SAUVIGNON, 2012 — € 3,99

Zinedine Zidane, der französische Star, bei Real Madrid auf der Ersatzbank bei der U16. Die Jungs müssen sich alle noch zum ersten Mal rasieren! Vor dem Schlafengehen fragen sie jeden Abend: „Ach, Zinedine, erzählt uns noch einmal von deinem Köpfer gegen Materazzi." Die Moral von der Geschichte: Der hoffnungsvolle Wein ist noch jung und muss die Tricks der großen Stars erst lernen.

PENROSA, TEMPRANILLO SHIRAZ, 2013 — € 3,29

Rotwein-Cola-Schoppen fertig gemixt!

STORK'S TOWER, TEMPRANILLO SHIRAZ, 2013 — € 3,79

Tempranillo erlebt Mutterfreuden. Der Klapperstorch hat gerade den kleinen Shiraz gebracht. So lieb, so niedlich ... Wir gratulieren! Kaum vorzustellen, dass es mal ein Kraftprotz werden soll.

TERRA GRANDE, CRIANZA, 2010 — € 3,99

Kleiner Tipp von Cordula: Eigenlob stinkt! Wenn ich von mir selbst behaupte, ich sei Cordula, die Größte, oder Cordula mit der goldenen Zunge, oder Cordula, die Topautorin, dann rümpft man eher die Nase. Das gilt auch für einen Terra Grande. Vor allem, wenn man die Latte so hoch legt und dann drunter durch läuft. Netter Wein, aber nicht grande!

VIÑA DARUS, CAMPO DE BORJA, 2013 — € 2,99

Man schmeckt die Sonne, man schmeckt die frische Luft und man schmeckt das einfache Landleben. Was will man mehr? Milde und geschmeidig mit reifen Kirschen und Himbeeren.

VIÑA IÑAGO, CRIANZA, 2010 — € 3,99

Wer nasses Holz und Herbststimmung mag, der wird an diesem altmodischen Crianza seine Freude haben.

VIÑA IÑAGO, GRAN RESERVA, 2008 — € 4,99

Tempranillo ist es ja schon gewöhnt, dass er für Jahre im Keller eingesperrt wird. Dass hier Cabernet Sauvignon sein Schicksal teilen muss, erweckt ein bisschen Mitleid. Und dann auch noch in Isolationshaft „in the silence of our cellars"! Der Arme!

PRICKELND

DEUTSCHLAND

LOUIS FERNANDET, ROSÉ SEKT € 3,99

Louis Fernandet hat beschlossen, einen auf Chippendale zu machen ... Im knappen Höschen Hüften schwingen auf privaten Partys, das ist sein Traum. Natürlich gibt es auch Erdebeeren und Schlagsahne in seiner Show! Mit Haselnusskrokant!

LOUIS FERNANDET, SEKT, DEMI SEC € 3,99

Wer von Zuckerwatte träumt, sollte für festliche Gelegenheiten immer eine Flasche hiervon kalt stehen haben. Das Tolle ist, er klebt so im Mund, dass das Vergnügen lange anhält.

LOUIS FERNANDET, SEKT, TROCKEN € 3,99

Tolles Partyspiel: Auf Los muss jeder drei Butterkekse essen und dann gewinnt der, der zuerst ein Lied pfeifen kann. Zur Belohnung gibt es einen Schluck Louis Fernandet.

FRANKREICH

BEAUCHOISY, BRUT, CREMANT DE LOIRE € 7,99

Der gemeinsame Nenner, wenn man 100 Leute fragt, wie ein Cremant schmecken soll. Hiermit hat man niemanden brüskiert und alle sind zufrieden. Aber nicht immer ist Demokratie die spannendste Lösung.

BEAUCHOISY, BRUT, INTENSE, SAUMUR € 12,99

Elegantes Model auf dem Laufsteg bei der Prêt-a-Porter-Show. Voller Bewunderung folgt man ihren schwingenden Hüften, die allerdings sehr schmal ausgefallen sind.

BEAUCHOISY, ROSÉ BRUT, CREMANT DE LOIRE € 7,99

Erinnert an die Siebziger, in denen man den Herbstwald als Bildtapete hinter dem Sofa hatte. Interessanter Mix von erfrischendem Citrus, nassem Laub und dem Duft von Tannennadeln.

BEAUCHOISY, DEMI SEC, CREMANT DE LOIRE € 7,99

Leckerer Begleiter zum Zitronentörtchen.

ITALIEN

FARFALLA BIANCO, FRIZZANTE € 3,49

„Pures Lebensgefühl" verpricht das Etikett. Oh Mann! Man hat in der Tombola das goldene Los mit dem Sonderpreis! Juhuuu! Die Fantasie schlägt Purzelbäume. Man sieht sich schon im Porsche Cabrio fahren. Und was ist der Preis? Ein Jahresvorrat Zirtonenlutscher!

FARFALLA ROSATO, FRIZZANTE € 3,49

Billiger Abklatsch von Martini Rosso mit Sprudel. Kein Schmetterling, sondern eine Schmeißfliege. Liegt's am Geruch?

LA CANTINA DELLE 7 DONNE, SETTESECCO, BIANCO € 3,49

Die Engel, die auf dem Etikett zur Lobeshymne die Posaune blasen, sind wohl ein bisschen übereifrig ... Ich hoffe nicht, dass zum Manna Settesecco serviert wird, sonst muss ich mir das mit dem Ablass noch einmal überlegen.

LA CANTINA DELLE 7 DONNE, SETTESECCO, ROSATO € 3,49

Seine vornehme Blässe soll nicht darüber hinwegtäuschen, dass er ein echter ‚Out-door'-Typ ist. Er ist der Stimmungsmacher auf jedem Gartenfest und schmeckt aus dem Plastikbecher genauso gut wie aus dem langstieligen Kelch. Die Flasche hat schon so viel Stil, dass einem die Becher schon gar nicht mehr auffallen.

LAMBRUSCO DI MANTOVA € 3,29

Lambrusco bleibt ein Liebhabergetränk. Dieses Exemplar hat sich sogar als Wein vermummt! Versuchen Sie ihn mal zur Currywurst.

I LIKE SECCO, WHITE, 0,2L DOSE € 0,89

Es wurde nicht an Sprudel gespart und er schmeckt nach echten Pfirsichen. Die hippe Poolparty kann losgehen.

I LIKE ROSATO, FRIZZANTE, 0,2L DOSE € 0,89

Die eingekochten Erdbeeren sind in der Dose gelandet, der Sud wurde mit Sprudel aufgespritzt und abgefüllt ...

PRICKELNDE MARKEN

In diesem Kapitel ist aufgeführt, was an Schaumwein & Co. in jedem gut sortierten Supermarkt gleichermaßen im Regal zu stehen pflegt. Mit anderen Worten: das Basissortiment des sprudelnden Vergnügens, egal ob Sie bei EDEKA, Kaufland oder REWE einkaufen. Statt in steter Wiederholung, stellvertretend hier versammelt. Denn wie Ambrose Bierce schon sagt, mit seinem weltweiten Ruf als unbekannter Autor:

„Einmal: oft genug."

(Das Lesen, wohlgemerkt, und nicht das Trinken!)

Es wurden insgesamt 59 Weine verkostet.

Davon waren:

ϟ	0	0,0 %
	3	5,1 %
🍷	13	22,0 %
🍷🍷	28	47,5 %
🍷🍷🍷	12	20,3 %
🍷🍷🍷🍷	3	5,1 %
SUPER SCHOPPEN S	3	5,1 %

PRICKELND

DEUTSCHLAND

CARSTENS, JAHRGANGSSEKT, TROCKEN, BIO, 2012 € 4,99 🍷
Das kommt dabei heraus, wenn man die Antialkoholiker auf dem Biohof den Sekt machen lässt.

DEINHARD RUBIN, ROT, HALBTROCKEN € 3,99 🍷🍷
Der ist so ... rot. Und duftet ein bisschen nach Erdbeere.

DEINHARD, HALBTROCKEN € 3,99 🍷🍷
Wie man als Zugereister ein Dorffest überlebt: Erst mal allen Damen ein Glas Sekt ausgeben und dann mit den Herren an den Biertresen. Aufpassen, dass einem niemand einen Schnaps ins Bier schüttet. Und bloß nicht als erster nach Hause gehen.

FABER FINESSE, TROCKEN € 3,29 🍷🍷
Ob Faber bei Finesse vielleicht an Daniela Katzenberger gedacht hat? Hübsch gemacht ...

FABER KRÖNUNG, HALBTROCKEN € 3,69 🍷
Faber, überlass das mit der Krönung lieber denen von Jacobs-Kaffee.

FABER ROSÉ, TROCKEN € 3,49 🍷
Wieso nennt man rosé Sekt eigentlich Puffbrause? Ein Puff, der was auf sich hält, wird jedenfalls eine bessere Brause auf die Karte setzen als diese. Die Herren sollen ja nicht gleich wieder weglaufen.

FABER ROTLESE, MILD € 3,49 🍷🍷
Seht Ihr, Erdbeersekt geht auch ganz ohne Erdbeeren!

FABER, SECCO, PERLWEIN, TROCKEN € 3,69 🍷
Sind das die Spülmaschinentabs oder der Secco, was so aus dem Glas riecht? Man will es gar nicht so genau wissen.

FEIST, BELMONT, SEKT, TROCKEN € 3,89 🍷🍷🍷
Letzte Aufführung vor der Sommerpause. Die Requisite hat fast richtigen Champagner auf die Bühne geschmuggelt. Der Korken knallt. Die Schauspieler sind begeistert und trinken mehr als in der Regieanweisung steht. Der Sekt ist weich, duftig und fein perlend. Es gibt drei Vorhänge.

FÜRST VON METTERNICH, RIESLING SEKT, EXTRA TROCKEN € 8,99

Ein fürstliches Vergnügen. Bei der Eurovision der Schaumweine bekommt dieser Riesling von allen Jurymitgliedern „Douze Points". Der Star des Abends stellt sogar die Favoriten aus Frankreich völlig in den Schatten.

FÜRST VON METTERNICH, ROSÉ SEKT, TROCKEN € 8,79

Nobles Lachsrosa, der Star des fürstlichen Sommerpicknicks. Gräfinmutter nippt immer wieder ein winziges Schlückchen, der fruchtige, schmeichelnde Sekt ist aber auch zu köstlich.

GELDERMANN, CARTE BLANCHE € 8,99

Viel Aroma, viele Kräuter, viel Schaum. Jetzt bitte auch noch viel Frucht!

HENKELL, CUVÉE BRUT € 4,99

Da soll noch mal einer sagen, die Deutschen können keinen Schaumwein machen. Den bietet Herr Regierungsdirektor bei der Feier zur Beförderung sogar seinem Chef an.

HENKELL, DOSAGE ZÉRO, TROCKEN € 4,99

Dosage zéro bedeutet praktisch „kein Zucker". Stimmt! Wirklich trocken, ein eleganter Gaumenschmeichler.

HENKELL, HALBTROCKEN € 4,99

Die örtliche Prominenz drängt sich fürs Foto in der Lokalzeitung zusammen. Alle haben ein Glas Sekt in der Hand und versuchen, ihre Schokoladenseite ins rechte Licht zu rücken.

HENKELL, TROCKEN € 4,49

Damit stießen schon Oma und Opa auf ihre Verlobung an. Heute muss es kein besonderer Anlass sein, um sich mal ein richtig feines Gläschen zu gönnen.

HENKELL, TROCKEN, ROSÉ € 5,49

Die Medizin muss bitter schmecken, sonst wirkt sie nicht. Wieso aber sollte ein Sekt das?

JULES MUMM, DRY € 4,99

Alle Jahre wieder in München: Wiesngaudi, Kettenkarussell, Backhendl, Lebkuchenherz. Dafür hat sich Andrea extra ein neues Dirndl schneidern lassen. Bei der Anprobe gerne ein Gläschen Sekt, auf der Wiesn gibt's später noch genug Bier.

JULES MUMM, FRUITY, SWEET € 4,99

Der Höhepunkt der Dorfkirmes ist der Schützenumzug. Die jungen Damen tragen kunstvolle Hochsteckfrisuren und lange Kleider mit wogenden Krinolinen darunter. Ein Glas Sekt hat ihnen allen rote Bäckchen in die strahlenden Gesichter gezaubert. Dieser Heiratsmarkt funktioniert noch immer.

JULES MUMM, MEDIUM DRY € 4,99

Süß aber nicht zu süß, zart aber nicht zu zart, das mag Jules an seiner Julie.

JULES MUMM, ROSÉ DRY € 4,99

Girl's best friend: Kann gut zuhören, versteht, warum es unbedingt noch ein weiteres Paar Schuhe sein muss. Und er hat immer ein feines Glas Sekt im richtigen Augenblick zur Hand.

KELLERGEISTER, SECCO € 1,99

Oma soll ihr Lieblingsgetränk von früher in guter Erinnerung behalten. Deswegen lassen wir diese Flasche hier diskret verschwinden.

KLOSTER EBERBACH, RIESLING, BRUT, 2012 € 9,99

Bei Champagner begeht man Dummheiten, heißt es. Die größte Dummheit wäre es, für den doppelten Preis einen belanglosen Champagner zu kaufen, wenn es für gerade mal € 10,- so einen eleganten, feinperligen und aromatischen Sekt gibt.

KUPFERBERG, BRUT € 3,49

Stößt Bauer Johann im Schweinestall auf die neu geborenen Ferkel an? Oder ist es der Sekt, der so riecht? Wir sind der Frage nicht weiter nachgegangen.

KUPFERBERG GOLD, TROCKEN € 3,69

Wenn man nur lange genug wartet, wird alles mal wieder modern ... Aber dann bitte mit neuem Anstrich. Altmodisch, aber liebenswert.

MM EXTRA, HALBTROCKEN € 3,59

Früher gab es ein Gläschen MM zur Verlobung. Jetzt ist klar, warum sich heute niemand mehr verlobt. Es ist doch hoffnungslos altmodisch.

MM EXTRA, TROCKEN € 3,59

Die Flasche ist schon dreimal weiterverschenkt worden. Man muss ja schnell irgendwas greifen, wenn die Nachbarin spontan zur Dessousparty einlädt.

MM EXTRA, ROSÉ TROCKEN € 3,59

Flüssiger McFlurry Erdbeer mit Haselnuss-Topping.

MUMM & CO, ELEGANT, EXTRA TROCKEN € 5,99

SUPER SCHOPPEN

Silvesterabend! Mitternacht! Von der Dachterrasse aus können wir die vielen Feuerwerke sehen. Der elegante Sekt steht im Eiskübel. Gute Vorsätze? Dass alles so prima bleibt, wie es ist.

MUMM & CO, ELEGANT, TROCKEN € 5,99

Frappierend: Wenn der Sekt nicht kalt genug ist, Eiswürfel in einen Sektkübel geben, mit kalten Wasser auffüllen und zwei Esslöffel Salz dazu geben. Die Sektflasche hineingeben und fünf bis zehn Minuten langsam drehen. Durch die entstehende Verdunstungskälte wird der Sekt ruck-zuck gekühlt. Diesen Vorgang nennt man in der Bar-Fachsprache „frappieren".

MUMM & CO, ELEGANT, TROCKEN, ROSÉ € 5,89

Vornehme zartrosa Blässe. Die elegante Dame ist ein klein wenig langweilig, aber man fühlt sich in ihrer Gegenwart recht woh.l Vor allem mit einem Glas blumig duftendem herb-frischen Sekt.

ROTKÄPPCHEN, HALBTROCKEN € 2,55

Für den Urlaub auf Sylt hat es dieses Jahr nicht gereicht, dafür haben wir es uns auf dem Balkon mit vielen duftenden Blumen- und Kräuterkübeln besonders gemütlich gemacht und genießen die Sommerabende mit einem gut gekühlten Sekt. Zu Hause ist es doch immer noch am schönsten.

ROTKÄPPCHEN, MILD € 2,55

Für den bösen Wolf ist das wirklich kein Kompliment, wenn ihn alle kleinen Kinder streicheln wollen und einige ihn sogar ins Ohr kneifen. Eigentlich sollten sie doch wenigstens ein bisschen Angst vor ihm haben.

ROTKÄPPCHEN, RIESLING TROCKEN € 5,99

Hochzeitstag vergessen? Ein Hoch auf die langen Supermarkt-Öffnungszeiten! Flasche Sekt geschnappt und an der Kasse gibt es sogar noch einen frischen Strauß Moosröschen.

ROTKÄPPCHEN, ROSÉ, TROCKEN € 3,99

Lachs ist das neue Rosa! Rotkäppchen liegt damit farblich voll im Trend. Jetzt noch geschmacklich einen Gang höher schalten, dann wird's ein Hit!

ROTKÄPPCHEN, TROCKEN € 3,99

Rotkäppchen ist ganz schon gerissen. Die knackigen Äpfel isst sie selbst, die mit den Dellen nimmt sie der Großmutter mit ... Immerhin, so verkommt nichts.

ROTKÄPPCHEN, RUBIN € 3,99

Im Freigehege ist der Wolf nicht gefährlich und Rotkäppchen langweilt sich.

RÜTTGERS CLUB, MEDIUM DRY € 3,29

Das RC auf der Banderole am Flaschenhals steht nicht für den weltberühmten Champagner Roederer Cristal sondern für Rüttgers Club. Aber mit den Initialen kann man ja mal ein bisschen kokettieren, hat sich die Marketingabteilung wohl gedacht. Jedoch dieser Wein kann weder dem Experten noch dem Nichtfachmann etwas vormachen. Leider nur Durchschnitt.

SCHLOSS KÖNIGSTEIN, HALBTROCKEN € 2,79

Auf Schloss Königstein spukt es. Die Gespenster kegeln mit leeren Sektflaschen und den Golfbällen des Herrn Grafen.

SCHLOSS KÖNIGSTEIN, ROSÉ, TROCKEN € 2,79

Der Sekte von Schloss Königstein zeichnen sich durch gleichbleibende Qualität aus, keiner kommt über die 2 Gläser hinaus. Dabei hätte dieser Rosé durchaus das Zeug dazu, wenn er ein bisschen frischer und aromatischer wäre.

SCHLOSS KÖNIGSTEIN, TROCKEN € 2,79 🍷🍷
Der Sekt bleibt auch im Souvenirladen von Schloss Königsstein in den Regalen liegen. Jetzt versucht man, ihn im Paket mit einem T-Shirt an den Mann zu bringen.

FRANKREICH

BRUT D'ARGENT, ROSÉ, PINOT NOIR, MÉTHODE TRADITIONELLE, 2011 € 6,49 🍷🍷
Nicht Fisch noch Fleisch, aber die Flasche sieht sehr hübsch aus. Richtig edel.

BRUT D'ARGENT, BLANC DE BLANC, CHARDONNAY, MÉTHODE TRADITIONELLE, 2012 € 6,49 🍷🍷
Der Eindruck der fröhlichen blonden Schönheit wäre charmanter, wenn der Haaransatz noch einmal nachgefärbt und die Spitzen nachgeschnitten wären, so ist's ein bisschen nachlässig.

ITALIEN

BLÛ, PROSECCO, SECCO € 4,99 🍷
Wie erlegt man einen blauen Elefanten? Ganz klar, mit einem Blaue-Elefanten-Gewehr. Und blaue Proseccoflaschen? Im Grünglascontainer!

BLÛ, PROSECCO, SEMI SECCO € 4,99 🍷
Yves Klein dreht sich im Grab herum, sein wunderschönes Blau für so eine profane Flasche. Wir möchten erst gar nicht wissen, was er zum Inhalt gesagt hätte. Wahrscheinlich hätte er Hamlet zitiert: Der Rest ist Schweigen!

CINZANO, ASTI € 6,29 🍷🍷
Kinder wollen immer den Sirup von der Pfirsichkonserve trinken. Nicht, dass es hier zu Verwechslungen kommt.

LA GIOIOSA, PROSECCO, TREVISO € 4,49 🍷🍷
Festzeltprosecco zur Humpapa Musik für diejenigen, die kein Bier mögen. Alle bitte mit schunkeln!

LA GIOIOSA, PROSECCO, VALDOBBIADENE € 5,99
Heidi und Peter treffen sich zum Stelldichein im Geißenstall. Sie sind den Duft gewöhnt. Wir nicht.

MARTINI, PROSECCO € 5,99
Da hilft weder gerührt noch geschüttelt und auch keine Olive. Boaring!

FREIXENET, CARTA NEVADA, CAVA SECO € 5,99
Geburtagsfrühstück im Lehrerzimmer. Keine Angst, dass jemand beschwipst in den Unterricht geht. Der Anstandsschluck geht mit Lachsschnittchen prima runter.

FREIXENET, CARTA NEVADA, CAVA SEMI SECO € 5,99
Der Obstkuchen ist schon ein wenig trocken. Da hilft auch die dicke Schicht Puderzucker nichts.

FREIXENET, CARTA NEVADA, MILD € 5,99
Mehr Klammerblues als Flamenco, und kein bisschen aufregend.

FREIXENET, CARTA ROSADO, SECO € 5,99
Für echten Genuss nur riechen und nicht trinken: Der wirklich feine Duft verspricht mehr als der Geschmack hält. Aber ein Schlückchen in Ehren kann man vertragen.

FREIXENET, CARTA ROTIÑA, CAVA, SEMI SECO € 5,99
Beim nächsten Mal will Fred zum Valentinstag lieber echte Rosen und Original-Champagner mitbringen und keinen Cava, der ein bisschen von beiden hat, aber nichts richtig.

FREIXENET, CORDON NEGRO, CAVA SELECCION, BRUT € 7,99
Er passt so schön in die geschmackvolle Tischdekoration. Das Auge trinkt schließlich auch mit.

FREIXENET, MIA, FRUCHTIG SÜSS € 6,29
Ein klebriges Fruchtbonbon in Zitronenlimonade aufgelöst - wer‘s mag.

FREIXENET, SECCITO € 3,99
Da hat Mutti die Medizin in Zuckerwasser aufgelöst, damit sie nicht so bitter schmeckt.

UKRAINE

KRIMSEKT KRIMSKOYE, HALBTROCKEN € 11,99

Der Korken wollte partout nicht aus der Flasche gehen. So etwas hat Felix noch nie erlebt. Sein bestes Taschenmesser ist daran zerbrochen. Als wir den Sekt probiert haben, fanden wir, dass es besser gewesen wäre, wenn er gleich in der Flasche geblieben wäre. Schade um das gute Messer.

KRIMSEKT KRIMSKOYE, ROT-MILD € 11,99

Korkschmecker? Nein, der schmeckt wirklich so!

EINFACH SUPER!

Mit der Verkostung von 1.757 Weinen wird dieser Feldversuch beendet. Nach bestem Wissen und Gewissen wurde untersucht und beurteilt, bewertet und beschrieben. Mal hat die Arbeit mehr, mal hat sie weniger Spass gemacht ...

Aber der schönste Moment in einem Forschungsprojekt ist immer der, in dem man die Ergebnisse präsentieren darf, auf die man besonders stolz sein kann. Der rote Teppich wird ausgerollt, die Fotografen stehen bereit ...

Hier sind sie, unsere Absolventen summa cum laude:

Damit Sie das Buch beim nächsten Einkauf zu Hause lassen können, gibt es alle Super Schoppen auch kostenlos zum Herunterladen im App-Store. Den Link dorthin finden Sie auf unserer Webseite: www.superschoppen.com

SUPER SCHOPPEN

WEISS

1	**CIMAROSA, CHENIN BLANC, 0,25L, 2013** Südafrika - Lidl	€ 0,99	🍷🍷🍷
2	**CHARDONNAY, PAYS D'OC, TROCKEN, 2013** Frankreich - Netto	€ 1,99	🍷🍷🍷
3	**MORIO MUSKAT, LIEBLICH, 2013** Rheinhessen - Edeka	€ 1,99	🍷🍷🍷🍷
4	**RIVANER WEISSER BURGUNDER, 2013** Rheinhessen - Aldi Nord	€ 1,99	🍷🍷🍷
5	**STEFANO COLUCCI, SOAVE CLASSICO, 2013** Italien - Penny	€ 1,99	🍷🍷🍷
6	**WEISSER BURGUNDER RIVANER, TROCKEN, 2013** Pfalz - Netto	€ 1,99	🍷🍷🍷
7	**BIANCO DELLE DOLOMITI, LITERFLASCHE, 2013** Italien - Aldi Süd	€ 2,19	🍷🍷🍷
8	**RIESLING, HALBTROCKEN, 2013** Rheinhessen - Lidl	€ 2,19	🍷🍷🍷
9	**CASTILLO VAREZ, CHARDONNAY, 2013** Chile - Kaufland	€ 2,29	🍷🍷🍷
10	**WEISSBURGUNDER GRAUBURGUNDER, TROCKEN, 2013** Pfalz - Penny	€ 2,29	🍷🍷🍷
11	**B!O, TREBBIANO D'ABBRUZZO, BIO, 2013** Italien - Penny	€ 2,39	🍷🍷🍷
12	**BEREICH SÜDLICHE WEINSTRASSE, TROCKEN, LITERFLASCHE, 2013** Pfalz - Norma	€ 2,39	🍷🍷🍷

13	**MÜLLER-THURGAU, TROCKEN, LITERFLASCHE, 2013** Rheinhessen - Lidl	€ 2,39	🍷🍷🍷
14	**STONY CAPE, CHENIN BLANC, 2013** Südafrika - Kaufland	€ 2,39	🍷🍷🍷
15	**RIESLING CLASSIC, 2013** Rheinhessen - Aldi Süd	€ 2,49	🍷🍷🍷
16	**COLOMBARD SAUVIGNON, COMTÉ TOLOSAN, 2013** Frankreich - Aldi Nord	€ 2,79	🍷🍷🍷🍷
17	**HEURIGER GRÜNER VELTLINER, LITERFLASCHE, 2013** Österreich - Aldi Süd	€ 2,89	🍷🍷🍷
18	**BELLE TOUR, SAUVIGNON-VIOGNIER, PAYS D'OC, 2012** Frankreich - Norma	€ 2,99	🍷🍷🍷
19	**PINOT GRIGIO DELLE VENEZIE, 2013** Italien - Netto	€ 2,99	🍷🍷🍷
20	**FRÄNKISCHES WEINKONTOR, MÜLLER-THURGAU KABINETT, HALBTROCKEN, 2013** Franken - Aldi Süd	€ 3,19	🍷🍷🍷
21	**RIESLING, THÖRNICHER ST. MICHAEL, FEINHERB, 2013** Mosel - Lidl	€ 3,29	🍷🍷🍷
22	**RIETBURG, KERNER, TROCKEN, 2013** Pfalz - Edeka, Kaufland, Rewe	€ 3,69	🍷🍷🍷🍷
23	**STORK'S TOWER ESTATE, SAUVIGNON BLANC VERDEJO, 2013** Spanien - Rossmann	€ 3,79	🍷🍷🍷🍷

24 **FINCA DE LA VEGA, LA ALMENDRERA, VERDEJO, RUEDA,** 2013 — € 3,99
Spanien - Edeka

25 **LAUFFENER WEINGÄRTNER, SCHWARZ WEISS, TROCKEN,** 2013 — € 3,99
Württemberg - Edeka, Kaufland, Rewe

26 **MARTIN SCHONGAUER, WEISSER BURGUNDER, TROCKEN,** 2013 — € 3,99
Baden - Edeka, Rewe

27 **STEITZ & BECK, GRAUBURGUNDER, TROCKEN,** 2013 — € 3,99
Rheinhessen - Rewe

28 **STEITZ & BECK, SILVANER,** 2013 — € 3,99
Rheinhessen - Rewe

29 **GWF, MÜLLER THURGAU, KABINETT, TROCKEN,** 2013 — € 4,29
Franken - Kaufland

30 **H.P. SCHREINER, RIESLING, FEINHERB,** 2013 — € 4,29
Mosel - Rewe

31 **H.P. SCHREINER, RIESLING, TROCKEN,** 2013 — € 4,29
Mosel - Rewe

32 **JUNG, RHEINGAU RIESLING, TROCKEN,** 2013 — € 4,49
Rheingau - Kaufland

33 **LAUFFENER WEINGÄRTNER, RIESLING, TROCKEN,** 2013 — € 4,49
Württemberg - Edeka, Kaufland, Rewe

34 **MOSELLAND AKZENTE, ELBLING, TROCKEN,** 2013 — € 4,59
Mosel - Edeka, Kaufland, Rewe

35	**SILVANER KABINETT TROCKEN, FRICKENHÄUSER MARKGRAF BABENBERG,** 2013 Franken - Kaufland	€ 4,59	🍷🍷🍷🍷
36	**FLEUR D'ARTAGNAN, PLAIMONT, CÔTES DE GASCOGNE,** 2013 Frankreich - Edeka	€ 4,90	🍷🍷🍷🍷
37	1538, **RIESLING WEISSBURGUNDER, TROCKEN,** 2013 Pfalz - Penny	€ 4,99	🍷🍷🍷🍷
38	**KENDERMANNS, GRAUBURGUNDER, TROCKEN,** 2013 Pfalz - Edeka, Kaufland	€ 4,99	🍷🍷🍷🍷
39	**LANDLUST, WEISSER BURGUNDER TROCKEN, BIO,** 2012 Pfalz - Rewe	€ 4,99	🍷🍷🍷🍷
40	**MEZZACORONA, PINOT GRIGIO,** 2013 Italien - Kaufland	€ 4,99	🍷🍷🍷🍷
41	**ROSEMOUNT, FOUNDER'S SELECTION, CHARDONNAY,** 2013 Australien - Netto	€ 4,99	🍷🍷🍷🍷
42	**VALENTIN VOGEL, RIESLING, TROCKEN,** 2013 Pfalz - Netto	€ 4,99	🍷🍷🍷🍷
43	**VOLLMER, RIESLING TROCKEN,** 2012 Pfalz - Edeka	€ 4,99	🍷🍷🍷🍷
44	**DR. FAUST, WEISSER BURGUNDER, TROCKEN,** 2013 Nahe - Edeka, Kaufland, Rewe	€ 5,29	🍷🍷🍷🍷
45	**KREMS, GRÜNER VELTLINER, SANDGRUBE** 13, 2013 Österreich - Rewe	€ 5,29	🍷🍷🍷🍷

EINFACH SUPER!

46 **CIMAROSA, ESTATE SELECTION, SAUVIGNON BLANC, 2013** — € 5,49
neuseeland - Lidl

47 **DIVINO NORDHEIM, SILVANER, TROCKEN, 2013** — € 5,49
Franken - Kaufland

48 **ROMAN GRAEFT, RIESLING CLASSIC AUS DER STEILLAGE, 2012** — € 5,49
Mosel - Edeka

49 **ACHKARREN, GRAUER BURGUNDER, KAISERSTUHL, TROCKEN, 2013** — € 5,89
Baden - Kaufland

50 **GEORG JULIUS, BERMERSHEIMER HASENLAUF, RIESLING, TROCKEN, BIO, 2013** — € 5,99
Rheinhessen - Rossmann

51 **UNDURRAGA, CHARDONNAY, TROCKEN, 2013** — € 5,99
Chile - Edeka

52 **MOSELLAND, RIESLING SPÄTLESE AUS DER STEILLAGE, 2012** — € 6,49
Mosel - Edeka, Kaufland, Rewe

53 **WEINMANUFAKTUR KREMS, GRÜNER VELTLINER, TROCKEN, 2013** — € 6,79
Österreich - Edeka, Kaufland, Rewe

54 **DANIELLE DE L'ANSÉE, SAUVIGNON BLANC, TROCKEN, 2013** — € 6,99
Frankreich - Edeka

55 **G.H. VON MUMM, RIESLING FEINHERB, TAUNUSQUARZIT, 2013** — € 6,99
Rheingau - Edeka, Kaufland, Rewe

56	**MOSELLAND, RIESLING AUSLESE AUS DER STEILLAGE, 2012** Mosel - Edeka, Kaufland, Rewe	€ 7,69	🍷🍷🍷🍷
57	**ALDE GOTT, GRAUER BURGUNDER, TROCKEN, 2012** Baden - Edeka	€ 7,99	🍷🍷🍷🍷
58	**KLOSTER EBERBACH, HOCHHEIMER RIESLING, TROCKEN, 2013** Rheingau - Edeka	€ 7,99	🍷🍷🍷🍷
59	**GOLDSCHILD, RIESLING SPÄTLESE, MÜDENER FUNKENBERG, 2013** Mosel - Edeka, Rewe	€ 8,49	🍷🍷🍷🍷
60	**SCHNEIDER, RIESLING, 2013** Pfalz - Edeka	€ 9,99	🍷🍷🍷🍷
61	**SCHNEIDER, WEISSBURGUNDER, 2013** Pfalz - Edeka	€ 9,99	🍷🍷🍷🍷
62	**SCHNEIDER, KAITUI, 2013** Pfalz - Edeka	€ 10,99	🍷🍷🍷🍷

ROSÉ

1	**BODEGAS DE ABALOS, RIOJA, ROSADO, 2013** Spanien - Kaufland	€ 2,49	🍷🍷🍷
2	**SPÄTBURGUNDER WEISSHERBST, OPFINGER ATTILAFELSEN, FEINHERB, 2013** Baden - Lidl	€ 2,79	🍷🍷🍷
3	**FLEUR D'ANGELY, ROSÉ, 2013** Frankreich - Rossmann	€ 3,49	🍷🍷🍷
4	**SCHWARZRIESLING ROSÉ, TROCKEN, LITERFLASCHE, 2013** Württemberg - Aldi Süd	€ 3,79	🍷🍷🍷
5	**STORK'S TOWER, TEMPRANILLO SHIRAZ, 2013** Spanien - Rossmann	€ 3,79	🍷🍷🍷🍷
6	**LAUFFENER KATZENBEISSER, SCHWARZRIESLING ROSÉ, TROCKEN, 2013** Württemberg - Edeka, Kaufland, Rewe	€ 4,49	🍷🍷🍷🍷
7	**LAUFFENER WEINGÄRTNER, ROSÉ HALBTROCKEN, 2013** Württemberg - Edeka, Kaufland, Rewe	€ 4,49	🍷🍷🍷🍷
8	**CORSAIRE, RÉSERVE DU PRÉSIDENT, 2013** Frankreich - Edeka, Kaufland, Rewe	€ 4,99	🍷🍷🍷🍷
9	**LAUFFENER WEINGÄRTNER, SCHILLERWEIN, TROCKEN, BIO, 2012** Württemberg - Edeka, Kaufland, Rewe	€ 4,99	🍷🍷🍷🍷
10	**WINZER KREMS, SANDGRUBE 13, ZWEIGELT ROSÉ, 2013** Österreich - Edeka, Kaufland, Rewe	€ 5,29	🍷🍷🍷🍷
11	**LES ARCEAUX, CINSAULT ROSÉ, 2013** Frankreich - Edeka	€ 5,99	🍷🍷🍷🍷

ROT

1	**CHARETTE, MERLOT, PAYS D'OC, 2013** Frankreich - Aldi Nord	€ 1,79	🍷🍷🍷
2	**DORNFELDER, TROCKEN, 2012** Rheinhessen - Lidl	€ 1,79	🍷🍷🍷
3	**DORNFELDER, TROCKEN, 2013** Pfalz - Penny	€ 1,79	🍷🍷🍷
4	**BIOBIO, TEMPRANILLO, BIO, 2013** Spanien - Netto	€ 2,19	🍷🍷🍷
5	**BLAUFRÄNKISCH RESERVE, ÖSTERREICH, 2011** Österreich - Edeka	€ 2,19	🍷🍷🍷🍷
6	**LA FERIA, RIOJA, TEMPRANILLO, 2013** Spanien - Netto	€ 2,39	🍷🍷🍷
7	**BARDOLINO CLASSICO, 2012** Italien - Lidl	€ 2,59	🍷🍷🍷
8	**CAPE SPRING, PINOTAGE, 2013** Südafrika - Kaufland	€ 2,99	🍷🍷🍷
9	**GREEN BRIDGE, SHIRAZ CABERNET, 2013** Australien - Aldi Nord	€ 2,99	🍷🍷🍷
10	**GUTBIO, DORNFELDER SPÄTBURGUNDER, BIO, 2013** Pfalz - Aldi Nord	€ 2,99	🍷🍷🍷🍷
11	**HENRI DE MONTIGNAC, MERLOT CABERNET, GRANDE CUVÉE, 2012** Frankreich - Norma	€ 2,99	🍷🍷🍷
12	**LA GRANDE CLASSIQUE, CORBIÈRES, 2012** Frankreich - Penny	€ 2,99	🍷🍷🍷
13	**MIRET, TEMPRANILLO, CATALUNYA, 2012** Spanien - Norma	€ 2,99	🍷🍷🍷

14	**SPÄTBURGUNDER, FEINHERB,** 2013 Baden - Aldi Nord	€ 2,99	🍷🍷🍷
15	**VIÑA DARUS, CAMPO DE BORJA,** 2013 Spanien - Rossmann	€ 2,99	🍷🍷🍷
16	**DUCA DI SARAGNANO, NEGROAMARO-PRIMITIVO,** 2012 Italien - Norma	€ 3,49	🍷🍷🍷
17	**FITOU, RÉSERVE,** 2012 Frankreich - Penny	€ 3,49	🍷🍷🍷🍷
18	**TENUTE DEI COLLI, MERLOT - PRIMITIVO, PUGLIA,** 2013 Italien - Rossmann	€ 3,49	🍷🍷🍷
19	**CLISOS TEMPRANILLO, RIOJA, PATERNINA,** 2011 Spanien - Rewe	€ 3,99	🍷🍷🍷🍷
20	**LEMBERGER, TROCKEN,** 2012 Württemberg - Lidl	€ 3,99	🍷🍷🍷🍷
21	**TENUTE POGGIO, ROSSO, TOSCANA,** 2013 Italien - Rossmann	€ 3,99	🍷🍷🍷🍷
22	**VIÑA ALBALI, RESERVA,** 2009 Spanien - Edeka	€ 3,99	🍷🍷🍷🍷
23	**VINEYARDS EDITION, CABERNET SAUVIGNON MERLOT, FAIR TRADE,** 2012 Südafrika - Penny	€ 3,99	🍷🍷🍷🍷
24	**LAUFFENER KATZENBEISSER, LEMBERGER, TROCKEN,** 2012 Württemberg - Edeka, Kaufland, Rewe	€ 4,49	🍷🍷🍷🍷
25	**LAUFFENER KATZENBEISSER, SCHWARZRIESLING, HALBTROCKEN,** 2012 Württemberg - Edeka, Rewe	€ 4,49	🍷🍷🍷🍷

26 **LES CAPSELLES, VENTOUX, 2012** € 4,49
Frankreich - Rossmann

27 **RÉSERVE DE GRATIAS, CORBIÈRES, 2012** € 4,79
Frankreich - Kaufland

28 **ALTEZA, TORO, 2012** € 4,99
Spanien - Rossmann

29 **CAMPO VIEJO, TEMPRANILLO, 2012** € 4,99
Spanien - Edeka, Kaufland, Rewe

30 **CONCHA Y TORO, SENDERO DE CHILE, CABERNET SAUVIGNON, 2011** € 4,99
Chile - Kaufland

31 **I LECCIONI, CHIANTI, FRESCOBALDI, 2013** € 4,99
Italien - Netto

32 **LAUFFENER KATZENBEISSER SAMTROT, KABINETT, 2012** € 4,99
Württemberg - Edeka, Kaufland, Rewe

33 **MARTIN SCHONGAUER, SPÄTBURGUNDER, TROCKEN, 2012** € 4,99
Baden - Edeka, Rewe

34 **MEZZACORONA, MARZEMINO, TRENTINO, 2012** € 4,99
Italien - Kaufland

35 **MEZZACORONA, TEROLDEGO ROTALIANO, 2012** € 4,99
Italien - Kaufland

36 **NEDERBURG, FOUNDATION, SHIRAZ, 2013** € 4,99
Südafrika - Kaufland

37 **NEDERBURG, FOUNDATION, SHIRAZ, 2012** € 4,99
Südafrika - Rewe

38 **PRIMITIVO, PUGLIA,** 2011 — € 4,99
Italien - Netto

39 **RIETBURG CREATION, SPÄTBURGUNDER, TROCKEN,** 2013 — € 4,99
Pfalz - Edeka, Kaufland, Rewe

40 **ROSEMOUNT, FOUNDER'S SELECTION, SHIRAZ,** 2013 — € 4,99
Australien - Netto

41 **RUBINAIA, GRANDE AMOROSO, PUGLIA,** 2013 — € 4,99
Italien - Aldi Nord

42 **SENDERO, CARMENÈRE, CONCHA Y TORO,** 2012 — € 4,99
Chile - Edeka, Kaufland

43 **STEMMARI, NERO D'AVOLA, SICILIA,** 2012 — € 4,99
Italien - Kaufland

44 **BERTOLDI, MERLOT, CASTELNUOVO DEL GARDA,** 2012 — € 5,29
Italien - Kaufland

45 **WINZER KREMS, SANDGRUBE 13, BLAUER ZWEIGELT,** 2012 — € 5,29
Österreich - Edeka, Kaufland, Rewe

46 **MURVIEDRO, RESERVA,** 2009 — € 5,79
Spanien - Kaufland

47 **CHATEAUBRIAND, BEAUJOLAIS,** 2012 — € 5,99
Frankreich - Kaufland

48 **EDITION FRITZ KELLER, SPÄTBURGUNDER,** 2012 — € 5,99
Baden - Aldi Süd

49 **ENATE, TEMPRANILLO MERLOT, SOMONTANO,** 2012 — € 5,99
Spanien - Rossmann

50	**JUNGE WINZER, SPÄTBURGUNDER, TROCKEN,** 2012 Baden - Lidl	€ 5,99
51	**LAUFFENER, "FRIEDRICH HÖLDERLIN", SCHWARZRIESLING SPÄTLESE, TROCKEN,** 2012 Württemberg - Edeka, Kaufland, Rewe	€ 5,99
52	**LES ARCEAUX, SYRAH GRENACHE, MINERVOIS,** 2012 Frankreich - Edeka	€ 5,99
53	**TORRES, VIÑA BRAVA, TEMPRANILLO,** 2013 Spanien - Netto	€ 5,99
54	**WOLF BLASS, HERITAGE RELEASE, SHIRAZ,** 2012 Australien - Aldi Süd	€ 5,99
55	**WÜRTTEMBERG, LEMBERGER, TROCKEN,** 2012 Württemberg - Edeka, Kaufland, Rewe	€ 5,99
56	**LINDEMANS, BIN 40, MERLOT,** 2013 Australien - Kaufland	€ 6,49
57	**LINDEMANS, BIN 50, SHIRAZ,** 2013 Australien - Edeka, Kaufland, Rewe	€ 6,49
58	**WEINMANUFAKTUR KREMS, BLAUER ZWEIGELT,** 2012 Österreich - Kaufland	€ 6,79
59	**PENFOLDS, RAWSON'S RETREAT, MERLOT,** 2011 Australien - Edeka, Rewe	€ 6,99
60	**VALPOLICELLA RIPASSO, CLASSICO SUPERIORE,** 2011 Italien - Lidl	€ 6,99

61 **PENFOLDS, RAWSON'S RETREAT, SHIRAZ CABERNET, 2012** — € 7,99
Australien - Edeka, Rewe

62 **THE TAPAS WINE COLLECTION, TEMPRANILLO, 2011** — € 7,99
Spanien - Edeka

63 **ZONIN, RIPASSO, VALPOLICELLA SUPERIORE, 2012** — € 7,99
Italien - Kaufland

64 **NEDERBURG, MANOR HOUSE, SHIRAZ, 2011** — € 8,49
Südafrika - Kaufland

65 **CAMPO VIEJO, RIOJA, RESERVA, 2008** — € 8,79
Spanien - Edeka, Kaufland, Rewe

66 **MASSERIA TORRE ROSSA, PRIMITIVO DI MANDURIA, 2011** — € 8,99
Italien - Rossmann

67 **CHÂTEAU HAUT GROS CAILLOU, SAINT-ÉMILION GRAND CRU, 2011** — € 9,99
Frankreich - Kaufland

68 **SCHNEIDER, URSPRUNG, 2012** — € 9,99
Pfalz - Edeka

69 **VIA AL CASTELLO, BAROLO, 2010** — € 9,99
Italien - Edeka

70 **LES GRANGES DES ROTHSCHILD, HAUT-MÉDOC, 2010** — € 11,99
Frankreich - Kaufland

PRICKELND

1	**GRAF ARTOS, HALBTROCKEN** Deutschland - Kaufland	€ 1,49	🍷🍷🍷
2	**LARSINI BIANCO, PERLWEIN** Italien - Rewe	€ 1,59	🍷🍷🍷
3	**ALLINI, PROSECCO, TREVISO, 2013** Italien - Lidl	€ 1,99	🍷🍷🍷
4	**MARIO COLLINA, PROSECCO** Italien - Aldi Süd	€ 1,99	🍷🍷🍷
5	**LINDERHOF, JAHRGANGSSEKT, TROCKEN, 2012** Deutschland - Lidl	€ 2,79	🍷🍷🍷
6	**ERLENBRUNN, RIESLING SEKT, EXTRA TROCKEN** Deutschland - Aldi Süd	€ 3,79	🍷🍷🍷
7	**WALDENHOFF, PINOT CHARDONNAY, VINO SPUMANTE BRUT, 2013** Italien - Lidl	€ 3,79	🍷🍷🍷🍷
8	**SANT'OSSOLA, ASTI** Italien - Aldi Nord	€ 3,99	🍷🍷🍷🍷
9	**NICOLAS NAPOLÉON, MUSCAT BLANC, DOUX** Frankreich - Kaufland	€ 4,49	🍷🍷🍷🍷
10	**ALLINI, ASTI SPUMANTE, 2013** Italien - Lidl	€ 4,99	🍷🍷🍷🍷
11	**HENRI HERMANT, CRÉMANT DE LOIRE, BRUT** Frankreich - Kaufland	€ 5,89	🍷🍷🍷🍷
12	**MARQUIS DE BEAUCEL, CRÉMANT DE LOIRE** Frankreich - Aldi Süd	€ 5,89	🍷🍷🍷🍷

13 **MUMM & CO, ELEGANT, EXTRA TROCKEN** € 5,99 🍷🍷🍷🍷
Deutschland - Edeka, Kaufland, Rewe

14 **FÜRST VON METTERNICH, RIESLING SEKT, EXTRA TROCKEN** € 8,99 🍷🍷🍷🍷
Deutschland - Edeka, Kaufland, Rewe

15 **KLOSTER EBERBACH, RIESLING, BRUT,** 2012 € 9,99 🍷🍷🍷🍷
Deutschland - Edeka, Kaufland, Rewe

REGISTER

WEISS

ROSÉ

ROT

PRICKELND